Heidegger: una introducción

Arturo Leyte

Heidegger: una introducción

Alianza editorial
El libro de bolsillo

Primera edición: 2005
Segunda edición, revisada: 2024

Diseño de colección: Estrada Design
Diseño de cubierta: Manuel Estrada
Ilustración de cubierta: © Ullstein Bild Dtl./Getty Images
Selección de imagen: Carlos Caranci Sáez

PAPEL DE FIBRA
CERTIFICADA

Calle Valentín Beato, 21
28037 Madrid
www.alianzaeditorial.es

ISBN: 978-84-1148-812-9
Depósito legal: M. 15.872-2024
Printed in Spain

Índice

III. La finitud

A Felipe Martínez Marzoa,
que me enseñó a leer a Heidegger

Prólogo a la nueva edición

Han transcurrido casi veinte años desde la publicación de este libro. Entretanto, en buena parte como consecuencia de la aparición a partir del año 2014 de los conocidos «Cuadernos negros», la figura del filósofo, si cabía, todavía se ha enturbiado más, hasta el punto de que la condena biográfica –nacionalsocialismo, antisemitismo...– se ha proyectado sobre su propia obra, que de este modo se encontraría irredimiblemente contaminada. Como obedeciendo a un oscuro sobrentendido, la condena también se habría ido extendiendo de modo imperceptible a una forma de comprender la filosofía –metafísica, ontología, hermenéutica, fenomenología, filosofía de la existencia–, de la que Heidegger sería un representante eximio, aunque también, por qué no decirlo, casi *salvaje*. Si de su discípulo y gran filósofo Gadamer se llegó a decir que había llegado para «urbanizar» la provincia heideggeriana[1], es porque se presuponía que el maestro había ocupado previamente una provincia *rústica,* que a su vez habría gobernado con ciertos modales primitivos, algunos argumentos sentenciosos y un estilo casi iniciático, embargado siempre todo ello por una sombra de irracionalidad. Su «filosofía del ser», en definitiva, respondería a un supuesto indescifrable más que a un principio racional, incapaz por lo tanto de enfrentarse intelectualmente al complejo horizonte tardomoderno que, por otra parte, para el filósofo al menos, solo sería el resultado de una *equivocación* fundamental que habría conducido a una *pérdida* irreparable.

Del reproche de rusticidad, bien se podría aceptar que Heidegger «no fue un filósofo urbano», pero también que esta determinación, si acaso útil para explicar algunas de sus más oscuras decisiones como ciudadano, valdría igualmente desde la óptica del filósofo para poner bajo sospecha, y en su caso revisar, el propio carácter urbano del mundo, no fuera a ser que esa *urbanización* del planeta, además de haberse constituido en la condición del desarrollo de la avanzada sociedad moderna –conocimiento científico; libertad individual; democracia...–, también lo fuera de la tecnificación incondicionada e irreversible que podría conducir a su catástrofe. Esta dramática paradoja, que anida en el mismo corazón de su motivación filosófica, hace de Heidegger un *outsider,* capaz por eso de revelar una profundidad y un peligro que ningún defensor del orden alcanzado estaría en condiciones siquiera de vislumbrar. ¿Y si Heidegger pudiera enseñar mucho más respecto a la historia actual y su irreversible destino que la mayor parte de sus opositores filósofos, para los que, guiados por un optimismo teleológico, el cumplimiento político de la Ilustración bastaría para acabar con todos los males?

La obra de Heidegger tampoco dejó de pensar en aquellos males, pero no en menor medida que en aquellos supuestos bienes –a los que sin reserva alguna la historia occidental entregó su alma (por cierto, hasta perderla)–, a la postre tan responsables como los primeros de la inhospitalidad universal alcanzada. Heidegger reflejó esta paradójica ambigüedad del «bien», elevándola a la categoría de *incógnita,* imposible por lo tanto de reducirse, a sus ojos, a una fórmula conceptualmente manejable.

El proclamado *peligro* de su obra –como advierten muchos de sus detractores– no procedería, por lo tanto, de determinadas decisiones biográficas, sino del riesgo de exponerse a pensar sin engañarse el horizonte histórico que, ocultándose detrás de sus logros, no deja de denominarse «nihilismo», aquel que Nietzsche también llamó «el más inquietante de los huéspedes». Heidegger habría mostrado con una clarividencia inusual que aquel indeseado huésped ya había llegado, precisamente cuando la puerta le fue cerrada, encontrándose sin embargo ya dentro y aposentado. Porque el término «nihilismo», y eso resulta otro de los inesperados hallazgos del filósofo, lejos de remitir a un universo desordenado y sin valores, lo hace, al contrario, al nuevo estado de civilización acomodado que responde a la «técnica», que habría transformado de raíz nuestra comprensión y dominio tanto de la naturaleza como del espíritu (bajo todas sus formas: éticas, políticas, estéticas o meramente culturales). A Heidegger no se le perdonó tampoco esta unívoca visión, que de golpe puso en entredicho la autonomía ética y política como centro de decisión –el espacio del «diálogo», justo lo que se llamó «humanismo»– para desplazarlo a un ser –la técnica automática– ajeno desde su propia autonomía al pensamiento y la reflexión. Ciertamente, el descubrimiento de esta perspectiva puso en cuestión la Ilustración, que había fiado exclusivamente a la razón la salvación del propio «género humano». Cuando Heidegger, a contracorriente, apeló a un dios para pensar en la salvación –«Solo un dios puede salvarnos»–, tal como hizo en la famosa entrevista en *Der Spiegel* publicada después de su muerte[2], se apartó definitivamente, para sus críticos, de una «solución» racional.

A la filosofía más normalizada le costaría pensar, entretanto, que dicha frase, inmediatamente amortizada por la crítica como respuesta mística (y reaccionaria), no respondía tanto a una solución religiosa cuanto al reconocimiento de un «enigma» previo como punto de partida de la propia racionalidad –«solo un *enigma* puede salvarnos», podría ser la versión más adecuada de la frase–, porque solo desde ese reconocimiento se interrumpiría aquel optimismo moderno, que presuponía una solución para cada nuevo problema sin percibir que era precisamente cada solución la que nos iba acercando más al abismo.

Si a lo largo de todo su trayecto Heidegger hizo un único descubrimiento filosófico clave –comparable, en la tradición moderna, al de Descartes y Hegel–, este no consistió en una fórmula filosófica capaz de transformar (y salvar) el mundo, al modo en que Marx se lo exigió a la filosofía, sino en el reconocimiento de la *existencia* como único soporte de lo que solo derivadamente puede ser llamado «subjetividad» y «reflexión». Porque fue precisamente ese descubrimiento –la existencia como *ser-ahí* arrojado (el *Dasein)*– lo que en su obra hizo tambalear aquella supremacía y dominio modernos a partir de los cuales, gracias a la tecnificación de la naturaleza y el espíritu (a lo sumo, dos caras del mismo fenómeno), el «yo moderno» se adueñó de la historia. Si hubiera que decirlo en términos más plásticos, habría que afirmar que Heidegger, en su análisis de la existencia, lo que hizo fue desnudar aquel yo moderno hasta dar con su vacío; uno que ni siquiera le pertenecía, porque simplemente remitía a su muerte.

Una cabal lectura de Heidegger, desmitificadora de aquella dimensión salvaje que lo caracterizó a ojos de buena parte del pensamiento contemporáneo –y esa es también la intención de este libro–, pasaría por entender, sin embargo, que lejos de atacar la Ilustración su filosofía simplemente la sometía a examen, con la pretensión de encontrar su debilidad estructural precisamente bajo su absoluta certeza, responsable a la postre de elevar la técnica a divinidad suprema, pero vacía, de la historia. Pero incluso frente a su demonización, el filósofo advertía de que el peligro ni siquiera procedía de la técnica, sino de la propia certeza que la continuaba manejando como un instrumento al servicio de la subjetividad y del «yo», cuando hacía tiempo que ese «yo» se había fundido precisamente con la técnica sin siquiera advertirlo. Para Heidegger, aquel yo simplemente se había convertido en un «pasajero en tránsito», sin destino conocido, desconocedor por eso de la dirección que pudiera tomar. Tal extraña imagen refleja, más allá de cualquier mistificación, una realidad tan cotidiana como insegura.

* * *

Este libro, al que después de tantos años los editores quieren prolongar su vida en la colección de bolsillo, en lo esencial no encuentra motivo para ser *corregido*[3]. Al contrario, precisamente a partir de lo dicho en este prólogo, y como en el momento de su primera publicación, quiere servir de introducción a una obra cuyo acceso se encuentra distorsionado por diversos accidentes: el protagonismo del «caso Heidegger»; la mistificada expresión del propio autor; la singularidad y marginalidad de un pensador contemporáneo que exige, sin embargo, la presencia determinante de la tradición filosófica al completo (aunque sea para desmontarla); su tono profético y, en fin, sus ambiguos guiños respecto al propio destino (final) de la filosofía. Si además se añade que justo estos accidentes fueron en buena parte responsables del éxito del filósofo, la equivocidad de su obra se encuentra garantizada, porque el mayor obstáculo, entonces, no residiría en el olvido de un pensador fundamental sino en su apabullante presencia. En cierto modo, este libro también se encuentra orientado contra esa imagen que ha hecho del filósofo un «mito», eclipsando de ese modo lo más relevante de su pensamiento. La pretensión de sus páginas quiere seguir siendo fiel a su propósito original: ayudar a que el lector pueda leer directamente al propio Heidegger desde su perspectiva sin esperar a que se la regalen desde fuera. Acceder al mundo de Heidegger no debería pasar así por aplaudir ni demonizar al filósofo; ni por lo tanto por prestar una atención desmesurada a su biografía, tan profusamente comentada como denostada, sino por abrirse a una obra que no tiene, ni tampoco merece, una sola interpretación, tan fundamental es lo que dice. Nada más.

Si en el momento de su publicación (2005) este libro se estructuró en tres partes, de escribirse hoy volvería a presentar esa división, pero quizá con un matiz explicativo: Heidegger fue el autor exclusivo de una obra culminante, *Ser y tiempo* (1927), cuyo único destino solo podía ser el de un *descenso*. Si aquella obra principal vino definida por una *doble tarea* (una «Analítica de la existencia» y una «Destrucción de la historia de la ontología»), esas dos partes corresponden respectivamente a los dos primeros capítulos de este libro, titulados «El ser y el tiempo» y «La metafísica». Ahí se cerraría el tratamiento temático de aquella tarea anunciada por el filósofo en 1927 como su objetivo. Desde ahí, se podrá interpretar el tercer capítulo –titulado «La finitud»– como el mencionado *descenso,* presuponiendo que dicho significado no entraña ningún tipo de pérdida, sino, al contrario, un hallazgo: el reconocimiento de un *desplazamiento* de lo humano –«el hombre es el pastor del ser», no su señor, según reza la fórmula del filósofo en su *Carta sobre el humanismo*–, vuelto paradójicamente contraimagen del nihilismo. «Heidegger», en consecuencia, no aparece en esa tercera parte como representante del irracionalismo ni de una «huida» de la filosofía; ni tampoco, por descontado, como enemigo de la razón moderna, pero sí como su crítico más demoledor, porque habría descubierto en ella la semilla de una destrucción más profunda que la de las propias bombas atómicas, de las que con toda ligereza comienza a hablarse hoy en términos de su «uso táctico».

A la luz de esta destrucción, que afecta tanto a la naturaleza como a la cultura, igualadas por el puro procedimiento técnico, la obra del filósofo vuelve a crecer: bajo su anacrónica apelación al ser, Heidegger volvió a llamar a un pensamiento por venir. Este libro, a pesar de la sospecha que se cierne sobre su figura, solo pretende mostrar aquel hallazgo.

Arturo Leyte
Noviembre de 2023

Un preámbulo: leer a Heidegger

1. Acerca de este libro[1]

La idea general que rige este libro es que no hay una filosofía de Heidegger que quepa articular en un conjunto de tesis. En definitiva, que no hay *tesis*, de lo que deriva la imposibilidad de presentar determinados contenidos en algo así como una *doctrina*. Esta imposibilidad resulta a su vez de la lectura que hace Heidegger de la historia de la filosofía, que excluye su presentación bajo forma doctrinal y dogmática, ya que el ejercicio de la filosofía, por ejemplo tal como lo practicaron Aristóteles, Platón, Kant o Hegel, es *hermenéutico,* lo que quiere decir que la filosofía (esa que procede de los textos y no una suerte de idea o procedimiento abstracto del que los textos fueran *solo* prueba y ejemplo) no es reducible a tesis alguna, incluso si por esta solo se entiende una posición válida provisionalmente, por ejemplo para una época. Su validez, que aquí solo vuelve a querer decir: su carácter hermenéutico, resulta extraña a un enunciado definitivo o a un conjunto de ellos.

La obra de Heidegger, justificada por él mismo para el público editorial bajo la plástica fórmula de «camino», encuentra en esta determinación la posibilidad de entenderse a sí misma como *trayecto*. Pero esto no quiere sugerir solo el significado trivial de que todo lo que acontece puede ser revisado diacrónicamente a lo largo de sus momentos importantes. De modo más decisivo, «trayecto» significa que la propia obra surge ya bajo esa condición y carácter. No se elige, así pues, escribir una *obra* o un *camino,* como si eso obedeciera a una decisión metodológica, sino que se parte del reconocimiento de que aquello de que trata la filosofía no puede concluir en ningún contenido. Bien es verdad que resultados de cierta investigación filosófica, como por ejemplo la conceptualización de la diferencia forma/materia, predicado/sujeto o accidente/substancia, son tomados habitualmente como «tesis positivas» de la misma, en el sentido añadido de que informan de algo relativo al ser interior de cada cosa, y de este modo se convierten en contenidos de la disciplina de conocimiento llamada «filosofía». Por este medio, sin embargo, simplemente se convierte lo que es un resultado hermenéutico, por otra parte, de mucho mayor alcance que cualquier contenido positivo, en una proposición general y sustantiva acerca de la realidad, justamente aquello que Heidegger ya señalaría como un indicio de «el olvido del ser», que no deja de significar: el olvido hermenéutico de cada cosa.

En cierto modo, la validez hermenéutica es superior desde el momento en que las diferencias mencionadas no son ni física ni lógicamente demostrables. Es obvio que resulta propio del tiempo de la ciencia, que es el nuestro, exigir que los conocimientos aparezcan bajo la forma de enunciados, esto es, de tesis, para poder así articularlos como ciencia, ya sea bajo su especificación «natural» o «humana» o, en caso contrario, desecharlos para tal orden. Según este criterio, lo que la actualidad reconozca como filosofía puede ser bien limitado. Sin embargo, lo que hizo Heidegger, que solo juzgado desde el criterio de su magnífica recepción se toma como original, no dejó de ser interpretado bajo la apariencia de una cadena de tesis, algunas de difícil consistencia incluso como tales tesis, sobre todo, cuando se formula como contenido de las mismas simples frases que efectivamente aparecen escritas, por ejemplo, que «el hombre es el pastor del ser» o «el lenguaje es la casa del ser», o incluso algunas menos literarias, como que «la realidad humana es el *Dasein* o «el ser es el tiempo». En todos estos casos, lo decisivo residiría en entender que no se trata de contenidos de tesis alguna. El Heidegger reducido a frases no da para mucho, excepto tal vez para una no tan sorprendente recepción a la vista de enunciados tan pictóricos. Pero también es posible que de todos modos en la multiplicada forma de recibirlo, y pese a ello, resonara lo que también hizo de grande, que, bien entendido, consistió en reiterar lo que antes que él hicieron, por ejemplo, Aristóteles, Kant o Nietzsche, aunque eso se desfigurara después con versiones, que enfatizando su expresión original, hacían gravitar la filosofía hacia la antropología, la estética o la poesía.

Así las cosas, cualquier exposición sobre Heidegger tiene que partir ya de un panorama, por así decirlo, excesivamente rico como consecuencia de esa multiplicada recepción y reconducirlo a su intento inicial. En estas páginas se localiza tal intento en esas líneas iniciales de Platón que el mismo autor plantó sin más explicaciones y sin título en la primera página –¿tenemos hoy una respuesta a la pregunta acerca de lo que propiamente queremos decir con la palabra «ser»? –, al comienzo de la que sigue siendo origen permanente de su obra, *Ser y tiempo,* y que es justamente lo que hace de este libro un origen y por eso mismo algo inconcluso, solo interpretable igualmente como trayecto. Ahí reside tal vez la única originalidad de Heidegger, incluso su originalidad contemporánea, aunque a ese horizonte le resulte extraño, cuando no ya directamente risible, la sola referencia al término «ser». Este «ser», del que no se puede decir ningún enunciado, porque su naturaleza, que no su significado, reside más bien en encontrarse en el supuesto de todo enunciado y toda forma de enunciar, es la primera «noción hermenéutica» de la obra de Heidegger, aquella que la caracteriza, pero sobre todo por lo que tiene de «hermenéutica» más que de «noción», una noción que a su vez corre el peligro de reificarse como término. En realidad, cualquier presentación de la filosofía de Heidegger encuentra su mayor dificultad en lo poco que tiene que decir, porque su referencia es simple. La extensión de lo que se diga tendrá interés siempre que pueda exponer eso simple, aunque para ello tenga que resistir contra la multiplicada imagen de su recepción, que siempre aparece de modo confuso. Y ¿qué procedimiento de exposición le cabe a lo simple? Simplemente el de «aparecer» y nada más. Así, «interpretación», bien entendido, se refiere solo a ese «aparecer», que muchas veces queda ocultado precisamente por lo que se dice de él. Quizás todo el intento inicial de Heidegger, que continuó después de *Ser y tiempo,* tenga que ver con haber detectado el fenómeno «aparecer» (que es a lo único a lo que, por otra parte, cabe llamar «fenómeno») para interpretarlo como «ser», pero de modo que la interpretación no sea simplemente un procedimiento ajeno, distinto y extraño al ser, sino coorigi-naria del mismo ser que aparece. Así, en definitiva, la filosofía, y eso es lo que dificulta mucho la tarea, tiene que comenzar con el reconocimiento de que del ser *no* se puede hacer un tema o un objeto de tratamiento y estudio, del que a su vez se pudieran enumerar sus propiedades. Esa tarea negativa constituyó el trayecto de Heidegger, que en cierto modo quiso reproducir el camino mismo de la filosofía, que no puede dar en tesis alguna porque a ella le toca, entre otras cosas, interpretar qué significa eso de «tesis», de «posición».

Desde esta perspectiva, resulta ya cuestionable hablar de contenidos, porque lo más importante puede residir justamente en eliminarlos, igual que el propio trabajo filosófico de Heidegger en muchos casos suspendió (y así eliminó) lo que se tomaba por contenidos y temas, al menos en plural. Fue esto, mucho más que la cuestión política, lo que en el marco de una comprensión científica y rigurosa de la filosofía, que fundamentalmente también significaba «anti-especulativa», se consideró como defecto, sobre todo por no tratar de problemas específicos como aquellos que son tema de las disciplinas filosóficas ya autónomas, como la Ética, la Estética, la Teoría del conocimiento y hasta la Ontología. Pues bien, es muy posible que para Heidegger ese sea en definitiva «el defecto del ser» (el ser siempre será una noción muy pobre, de la que en realidad cabe decir poco, como ya vislumbró también Wittgenstein, un pensador aparentemente en las antípodas de Heidegger), pero también su propio punto de partida asumido, que habrá que continuar hasta hacerlo, primero, aparecer y, después, desaparecer de nuevo, aunque en ese trayecto –que es el que va entre el comienzo de *Ser y tiempo* y el final de Heidegger–, por decirlo en la jerga de Heidegger, se pasará del olvido del ser a hacer relevante ese olvido. Y ese «hacer relevante el olvido» no haría sino recoger aquella tarea filosófica de Nietzsche, que consistió en asumir el nihilismo.

Como de todos modos tenemos que informar de eso simple que pasa en el trabajo filosófico de Heidegger, nos veremos obligados a formular una exposición y a articularla de algún modo, aunque resulte defectuoso. Este libro elige una fórmula tópica que en muchos sentidos se parece a la que pudiera presentar un manual, aunque difiere del carácter del mismo por la intención recién expuesta. En cierto modo, el Preámbulo que da comienzo a este libro, que he titulado «Leer a Heidegger», es el elemento más original, precisamente porque pretende una visión no consecutiva de su trabajo; porque, además, se detiene en lo que se titula como «malentendido», que pretende disipar algunas de las claves habituales, que generalmente constituyen una desfiguración, en la medida en que generan una determinada imagen de Heidegger que hacen valer como tesis.

El cuerpo central de este libro aparece dividido en tres partes, que tampoco deben ser entendidas simplemente como consecutivas por el hecho de que de todos modos coincidan aparentemente con un trayecto cronológico –no siempre, por cierto, como comprobará cualquier lector que conozca la obra de Heidegger–, sino como claves de la articulación de cómo se puede presentar «la cuestión». Así, solo la primera parte, referida a la obra *Ser y tiempo,* puede realmente merecer el título de «primera»: la obra de 1927 no es solo el punto de partida de Heidegger ni solo la obra más importante pero superada posteriormente en el desarrollo de su trabajo, sino al contrario la obra en la que se expone completamente lo que se puede llamar «filosofía de Heidegger» de modo que el trayecto que inicia procede directamente tanto de lo que fue expresamente escrito como de lo que se proyectó. Eso justifica que en esta primera parte se trate por separado el proyecto de la obra y la obra escrita, cuya relación interna, por otra parte, también aparece interpretada. En efecto, esta división se explica como resultado de cierta dinámica: es el proyecto el que se genera a partir de la obra escrita inconclusa, de su fracaso, y no al revés. Es relevante invertir esta comprensión en lugar de seguir la tópica según la cual primero se elabora el proyecto y después se cumple, tomándose como un accidente la interrupción de su ejecución, generalmente por motivos externos a la propia cuestión de la obra. Es obvio que en cuanto mero plan de trabajo (expuesto como «plan de la obra» en el § 8 de *Ser y tiempo*), el proyecto pudo tener solo ese papel auxiliar, pero también que adquirió una autonomía –que es lo que permite llamarlo precisamente «proyecto»– justamente como resultado del propio desarrollo de la obra. Así, el *proyecto* «Ser y tiempo» se constituye a partir del *Ser y tiempo escrito*. Esto es decisivo para entender no solo la obra de 1927 sino el trayecto general que comienza por ella. Pero es que *Ser y tiempo* ya puede ser leído más como un trayecto que como una pieza conclusa, concebida y expuesta de una sola vez. Eso obliga a leer su desarrollo no como mera consecución de partes previamente concebidas y que obligatoriamente tienen que aparecer en ese orden, sino al revés: como una sucesión que exige un determinado tránsito, en concreto aquel que va de la *primera* sección a la *segunda*, para tener que terminar allí.

Del primer capítulo de la primera parte de este libro, que se titula «El origen de *Ser y tiempo*: lo no-pensado», solo cabe decir que su intención es enfatizar una perspectiva generalmente olvidada. Si desde luego es filológicamente valioso rastrear los antecedentes de Heidegger, el proceso de formación en el que se encuentra con las tendencias filosóficas de su tiempo, que indudablemente constituyeron su arranque, más decisivo puede resultar señalizar el origen del que procede la intención nuclear de la obra, que remite a la historia de la filosofía. Tal vez no a la historia de la filosofía normalizada, sino a aquella no-pensada, que por una parte es la buscada y por otra, solidariamente, la que hay que interpretar como origen radical del intento filosófico. El origen –así hay que entenderlo– vendría a residir justamente en aquello que se busca. Así entendido, el decisivo origen de Heidegger se encuentra en Aristóteles y en Kant, y en general en lo que emerge en Platón como filosofía. Puede que esta remisión a la historia de la filosofía, en definitiva al pasado, se haga menos atractiva, sobre todo desde el prejuicio, generalmente no confesado, de que el origen coincide siempre con el punto de partida, aquel que nos encontramos sin haberlo buscado. Es indudable, pero también obvio, que Heidegger procede de Husserl, de Dilthey y del neokantismo, pero más decisivo resulta pensar que eso es aquello con lo que se encuentra, a partir de lo cual no surge simplemente un desarrollo, sino que al contrario constituye el horizonte para buscar... su origen. Este remite a la historia de la filosofía, no entendiendo bajo esta fórmula el empaquetado enciclopédico que se nos presenta desde una cultura bien organizada, sino la señal de una exclusiva preocupación, aquella que no cabe identificar como el problema de la conciencia, de la naturaleza, o de Dios, sino simplemente como el problema del ser, depurado con toda precisión y anterior a la teoría del conocimiento, la física o la teología.

De esta primera parte, dedicada al problema *Ser y tiempo,* dependen las dos siguientes. Lo de tres tiene la ventaja, de entrada, de evitar que sean dos y que de ese modo se venga a reiterar la reificada división en Heidegger I y Heidegger II a partir de la consabida *Kehre* (en la jerga, el «giro» o «vuelta» que según una interpretación normalizada tiene lugar después de *Ser y tiempo* e inicia un nuevo Heidegger). De lo que esta vuelta signifique, además de eludir la retórica cuestión de su localización cronológica, se dice algo, pero en general no constituye ni tema expreso ni implícito de nuestra exposición. Las dos partes de este libro que siguen a la primera, que eligen títulos tópicos, respectivamente «la metafísica» y «la finitud», deberían ser leídas en esa sucesión, pero a la vista de que ambas proceden de la primera. En general, no tratan de documentar los diferentes temas de dedicación del Heidegger posterior a 1927, para empezar porque no entiende esas dedicaciones como temas. Así, ni la metafísica, ni el arte, ni la técnica, ni el humanismo, ni la poesía, ni los griegos ni el lenguaje son temas de la filosofía de Heidegger, justificables en su conjunto como superación y huida de la preocupación ontológica inicial. Lo que sí es cuestión relevante, desde luego, es decir por qué como consecuencia de esa preocupación inicial titulada «ontología fundamental» aparecen las cuestiones nombradas, de modo que por filosofía solo cabe entonces una meditación no solo sobre ellas –y esto es cuestión fundamental– sino *a partir de* ellas.

La imbricación de la metafísica con las diversas cuestiones que solo aparentemente tienen una dedicación particular –el arte, la poesía, los griegos– es tal, que la segunda parte, dedicada a la metafísica, se ve obligada a comenzar excluyendo la comprensión de la misma entendida exclusivamente como «crítica de la metafísica»; por así decirlo, haciendo explícito su permanente sentido positivo (no-crítico), que persiste incluso cuando se abandona definitivamente el título «metafísica» para nombrar la finitud. En todo caso, la segunda parte desarrolla aspectos de lo que pudo significar metafísica como origen del propio pensar de Heidegger y, en ese sentido, como significado insoslayable y no superable. Si desde la obra publicada de Heidegger se anuncia un título que habla de «la superación de la metafísica», esta superación solo puede entenderse a partir del reconocimiento de ese carácter insoslayable. De ahí que sea en el seno de esta parte en el que aparece la referencia a lo tratado en las fundamentales páginas que Heidegger tituló *Beiträge zur Philosophie. Vom Ereignis* y que dejó sin publicar. Todas estas páginas, que difícilmente pueden ser recogidas bajo el significado de obra o libro, en las que aparece el nombre «*Ereignis*», como otro nombre para lo que en ese mismo momento se designaba con la palabra «*Lichtung*» o incluso desde mucho antes como «sentido», son indisociables de la cuestión de la metafísica, que se convierte, de esta manera, en frontera y a la vez fuente: la metafísica no es algo que una crítica (por ejemplo la que resulta de *Ser y tiempo*) pueda dejar atrás, sino justamente la fuente misma de la hermenéutica, desde el momento en que aquello que se interpreta es justamente la metafísica y no un nuevo tema o una nueva realidad.

El esfuerzo del lector, así pues, debería consistir en no abandonar «la metafísica» cuando concluye la segunda parte, sino dejar que aquella cuestión ilumine también lo que viene. De hecho, lo que viene, esa tercera parte que comienza por «el origen de la obra de arte», título que dio Heidegger a uno de los escritos de la década de los años treinta, empieza recordando que la cuestión del origen del arte no se puede interpretar como la incursión de la filosofía en un nuevo tema, sino como intento que al reiterar la diferencia metafísica fuera de su determinación ontoteológica o antropológica deja entender que la filosofía surge de la misma delimitación que acota el origen de la obra de arte: la verdad o el sentido mismo, o la finitud. En camino a ese sentido o finitud se puede leer lo que en la tercera parte se enumera consecutivamente como el propio origen de la obra de arte, la emergencia de Hölderlin, la vuelta a los griegos en los años cincuenta, después de la versión tópica de Grecia que también acompañó a Heidegger en los años anteriores (y por versión tópica cabe entender la indiferenciación de Grecia respecto a la modernidad), la meditación sobre la cosa y la referencia al lenguaje. Pero la intención de esta enumeración tan escolar de la tercera parte, que produce la apariencia de una sucesión de contenidos, más allá de que también pueda informar específicamente sobre este o aquel aspecto, se resume en aproximar al sentido de «finitud», que se hace sinónimo de lo que se quiso decir con la palabra «sentido», y que se convierte así en principio y final, si es que lo hay, del trayecto que hoy se puede reconocer bajo el nombre «Heidegger».

No hay, por lo tanto, nuevo contenido filosófico después de *Ser y tiempo,* lo que excluye interpretar la finitud como contenido o tema de la filosofía. La filosofía pasa a ser aquel *sentido* a partir del cual (frente a la metafísica, pero no dejándola atrás) se piensa el ser como «la cosa». Pero no como el conjunto de las cosas o la realidad o asuntos semejantes, sino como esta cosa y aquella y la otra, a partir de la cual tiene sentido propiamente ser, sin que entonces quepa ya hablar más de, por ejemplo, ser y tiempo. Pero solo porque «tiempo» no es algo distinto ni ajeno a ese aparecer de cada cosa. Y «mundo», entonces, tampoco es ya comprensible como la idea general bajo la que caben todos los entes, sino como las cosas, es decir, esta cosa *y* la otra *y* la de más allá. «Mundo», en definitiva, entendido como esa «y» que une y separa, como esa diferencia que no cabe en ningún concepto. De ahí la interpretación en nuestra tercera parte de la cosa y la finitud desde el término «*Geviert*», comprensible como aspa o cruce (X) en el que se vinculan y diferencian no los componentes de una cosa, sino las dimensiones que una cosa abre si se considera como tal, que no la hace diferente en consecuencia de lo que Heidegger nombró como «*Lichtung*» o sentido o, en definitiva, ser cuando este tiene que reconocerse tachado (como aspa).

Hay, ciertamente, un más allá respecto a la metafísica si por esta se entendió, siguiendo la terminología de Heidegger, la cuestión del «ser de lo ente», pero también se puede entender ese más allá como más acá, como si por fin sobrara la fórmula «ser de lo ente» y todas sus múltiples versiones –causa de lo ente, principio de lo ente– y se entendiera a secas «ser», porque entretanto ya no resulta posible comprender la cosa como un conjunto de predicados o propiedades, sino solo a partir de su propia señal, que indiscerniblemente dice «es». La cosa simplemente *es*, y no es A, B o C, porque esas determinaciones, como conceptos que son, vienen en cierto modo a ocultar lo único decisivo, *que es.* Así, este más allá de la metafísica es la posibilidad de leer la metafísica a partir de aquello que justamente fue olvidado: no a partir de la relación sujeto-predicado ni de la relación forma-contenido o potencia-acto o materia-forma, sino a partir de cada uno de esos guiones implícitos en la relación que constituyen la señal de ese «entre» que en el fondo es la única señal metafísica, tanto porque supone una diferencia cuanto porque ese «entre» es lo único propiamente metafísico, en el sentido más literario del término, el que señala algo como inaccesible, pero no porque no lleguemos a ello con nuestras facultades o se encuentre en una posición más allá (meta), sino porque de suyo es así, porque no es ocupable. Vendría Heidegger a cumplir su trayecto haciendo relevante aquello igualmente inocupable del *Dasein,* lo que lo constituía como dimensión o ámbito, o como ser que no tiene una esfera propia ni a la que puede, por eso, dedicarse una ontología particular, porque afecta a todo el ser, que ya no es todo, como resultado de una suma, sino simplemente ser. De ahí lo de ontología fundamental. Es verdad que, a partir de un momento, Heidegger abandona cierto lenguaje, por ejemplo el ligado a términos ontológicos, pero en la medida en que «ontología» significaba algo vinculado con el ser de lo ente, es decir, con el ser a diferencia de lo ente, cuando lo decisivo se va revelando justamente como eso que queda suspendido en la fórmula «a diferencia de».

Una vez justificada la división de este libro en tres partes, no cabe duda de que también se puede vislumbrar una correspondencia cronológica. Así, la primera parte se centraría en *Ser y tiempo,* publicado en 1927; la segunda llegaría hasta 1947, fecha de la publicación de la *Carta sobre el hu-*

manismo, y la tercera tendría en cuenta, sobre todo, los escritos posteriores a esa fecha, los últimos escritos. Si bien es cierto que la segunda parte tiene en cuenta, no obstante, escritos posteriores a 1947 (algunos referidos a la técnica) y la tercera, en cambio, el escrito sobre el origen de la obra de arte, de la mitad de los años treinta, el trayecto parece tener su equivalente cronológico en esos tres períodos: hasta 1927, desde 1929 hasta 1947 y a partir de esta fecha. Generalmente, la crítica incluye a los escritos de 1929, sobre todo el opúsculo *¿Qué es metafísica?* y *Kant y el problema de la metafísica* en la órbita de *Ser y tiempo,* y sitúa aproximadamente en torno a 1930 el momento del mistificado giro *(Kehre).* Semejantes divisiones o cortes, como sucede en toda historia, son adecuados si ayudan a la exposición o el relato, pero siempre que se acepten como relativos y, en su caso, prescindibles. Porque bien puede ocurrir que semejantes cortes, al reconocer sustantividad a los diferentes períodos, impidan entender realmente el trayecto. En realidad, «trayecto» es justamente aquello que no se deja cortar, aunque se delimite por principio y final, y resulta inapropiado cuando la interpretación lo divide, la mayor parte de las veces según criterios temáticos. Hay el Heidegger de *Ser y tiempo,* pero resulta cuestionable decir que termina en tal o cual año y no, en cambio, que llega hasta el final. De la misma manera, el Heidegger que presta su atención a la metafísica ya está plenamente presente en la obra de 1927. Eso no significa en absoluto que no haya desarrollo, sino solo que ese desarrollo hay que tomarlo en cuanto tal e interpretarlo, cosa que no pasa por dividirlo. Ciertamente es relevante decir que hasta cierto momento –pero debe ser específicamente justificado– Heidegger tiene tal o cual idea de, por ejemplo,

«Grecia», que posteriormente pasa a ser interpretada de otra manera y en otros términos, pero seguramente resulta inadecuado decir que a lo largo de diferentes etapas hubo diferentes dedicaciones temáticas porque eso podría conducir a error. El abandono de ciertas terminologías o preocupaciones o su modificación tienen que ver exclusivamente con el desarrollo mismo del inicial objetivo planteado: la pregunta por el sentido del ser (recuérdese: no solo la pregunta por el ser), y en el caso de Heidegger, nada más. Esto dificulta todavía más una exposición sobre su trabajo filosófico, haciéndola en muchas ocasiones defectuosa. Pero se desiste, en todo caso, de una versión enciclopédica que tuviera la pretensión de abarcar toda la obra de Heidegger. Si en un libro como este se reprodujera la obra completa, seguramente quedaría incomprendido el propio significado de «trayecto», que desde luego no pasa por reproducir cada una de las ocupaciones del filósofo. Pero eso no excluye, sino que al contrario exige, fijar hitos –aquellos *Wegmarken* con los que el propio Heidegger caracterizaba su trabajo– que den cuenta del trayecto. A veces es posible que esta pretensión produzca reiteraciones en la exposición que en algunos casos tal vez sean solo insistencias en algún aspecto que de todos modos se encuentra presente en más de un hito. De todos modos, desde la mera perspectiva de la lectura esas reiteraciones pueden ayudar a afrontar por separado algún capítulo de la exposición. En cualquier caso, incluso reconociendo este defecto propio, la presente exposición pretendió formularse al servicio del que fuera a leer los textos de Heidegger, lectura que constituye el único procedimiento válido para aproximarse a su punto de partida y también a su final; en definitiva, a su trayecto.

2. La actualidad de Heidegger

La obra de Heidegger continúa imponiendo una dificultad original que limita la posibilidad de su exposición completa. En algún sentido, incluso la excluye. En consecuencia, este libro solo reconoce un camino posible de entrada en esa obra, que es el que intenta preparar: el de su lectura. Es cierto que este es el camino que corresponde de suyo a todo texto filosófico, pero se convierte en el caso de Heidegger en una condición ineludible por dos motivos solidarios que revelan la dificultad inicial: (1) tal vez no exista una «filosofía de Heidegger», porque (2) «Heidegger» tal vez solo sea el título de una obra indisociable de la lectura de los textos filosóficos del pasado. Y esta última condición impide acceder a una doctrina acabada. En efecto, si leer a Heidegger pasa ineludiblemente por leer de forma principal a Nietzsche, Kant, Aristóteles, Platón y Heráclito, entre otros pensadores, la tarea resulta inacabable.

Pero hasta tal punto puede que esto sea así que no se trata de que solo una parte de la filosofía de Heidegger consista en una preocupación por la historia de la filosofía que funcionaría al lado de otra parte, que sería la verdaderamente positiva y formuladora de una nueva posición filosófica, sino que quizás lo verdaderamente original sea precisamente esa «dedicación» al pasado filosófico y lo aparentemente nuevo y positivo, caracterizado expresamente por esa articulación de palabras «originales» de Heidegger, –evocado críticamente como «la jerga del ser»–, sea solo una consecuencia de lo primero. Así, lo original sería la repetición del pasado filosófico, lo que obliga a preguntarse por qué una filosofía del siglo XX se constituyó por medio de una «repetición» de la filosofía. Desentrañar esto se puede convertir en la vía de acceso a lo que se llama «filosofía de Heidegger».

Esta perspectiva de introducción en su lectura puede resultar privilegiada frente a la que resalta una novedad articulada meramente sobre una originalidad terminológica. En realidad, la batería de términos heideggerianos que componen esa vistosa jerga, a veces extraña, que la mayor parte de las veces se presenta de forma fascinante como barrera disuasora articula una pantalla terminológica que no decide nada: detrás de esa jerga no se encuentra la «nueva filosofía», porque en todo caso lo que hay detrás de cada uno de esos nombres –entre otros, de *Dasein, Lichtung, Ereignis*– no son sino otros nombres originarios, leáse: *«lógos», «alétheia», «ousía»,* «substancia», «sujeto», cuyo sentido tiene que ser desmantelado por los primeros, pero no con el fin de suplantarlos a su vez como los definitivos, sino más bien con el propósito de dejar aparecer propiamente el «sentido», es decir, algo prenominal cuya *fijación* definió el mismo origen de la filosofía. De este intento, de todos modos, no deja de desprenderse una cierta liquidación o suspensión de la propia filosofía, al menos de esa filosofía que siempre apareció escolarmente articulada terminológicamente como sistema de conocimiento. Pero incluso esta última derivación –«el fin de la filosofía»– no tiene mucho sentido y resulta a su vez solo un título si no se gana en el desarrollo de esa lenta lectura a la que obliga la obra escrita de Heidegger.

De lo que se viene diciendo, sin embargo, se puede desprender un presupuesto inicial que nos puede ayudar a comprender la situación de esa obra: que su filosofía resulte indisociable de los textos del pasado es precisamente lo que impide de entrada incluirla en el corpus de la «filosofía contemporánea». Pero no porque no pertenezca a su tiempo, pues en esa separación de lo contemporáneo se encuentra un decisivo intento por comprenderlo: la litigiosa situación de Heidegger en relación con «lo contemporáneo» constituye también un punto de partida para acercarse a su lectura.

Es sabido que existen otras posiciones para comenzar con Heidegger, por ejemplo, la que lo considera un representante importante y decisivo de corrientes contemporáneas, como la fenomenología, la hermenéutica o el existencialismo. Pero lo único que consigue esta forma de comenzar es soslayar la dificultad inicial a la que se aludía, a la que amplifica por no reconocerla. Quizás, y esto define nuestro punto de partida, exista una «filosofía existencial», «fenomenológica» o «hermenéutica», pero no existe una «filosofía de Heidegger», aunque esto no deba ser interpretado ni como defecto ni como señal distintiva. Lo primero, porque «no haber filosofía de Heidegger» es justamente lo constitutivo de un cierto modo de hacer filosofía, consecuencia directa de esa interpretación de la filosofía que la hace indisociable de la historia de la filosofía. Lo segundo, porque «ausencia de filosofía» no es una fórmula mistificada que estéticamente sitúe su trabajo en un marco más original dentro del horizonte de la filosofía contemporánea a base de hacer doctrina del «final de la filosofía» y asuntos parecidos. En consecuencia, si bien tiene sentido que no haya filosofía de Heidegger cuando por filosofía se entiende la formulación de un nuevo principio o incluso la exposición de un diagnóstico de nuestra época, por otro lado, y puesto que a la filosofía también se le pidió que fuera capaz de expresar su época, Heidegger sería también radicalmente filósofo cuando renuncia a la exposición de una doctrina. Esta renuncia es solo la otra cara del reconocimiento de que no hay nada más nuevo y operativo que lo ya constituido, aquello que ya siempre se da por supuesto, en definitiva, el pasado filosófico. Un pasado filosófico que no funciona a modo de resto fósil que se puede descubrir o dejar cubierto sin que interfiera, sino que más bien opera constituyendo y dirigiendo cada uno de los modos de mirar, hacer, pensar y nombrar: la realidad constituida y actual procede del modo en que, en primer lugar, fue posible hablar, por ejemplo, de «la realidad» como de un todo. Que esto resulte tan obvio y que nadie tenga problema en expresarlo así presupone ya un modo fijado y simultáneamente olvidado. Ese «modo» es lo que, a pesar de la desaparición de la filosofía del horizonte científico contemporáneo, todavía hoy podemos reconocer como «filosofía», aunque sea escondida.

Así pues, que para Heidegger la filosofía y su tarea vengan a identificarse con la historia de la filosofía solo resulta correcto cuando se entiende que la historia de la filosofía no es una especie de resto que permanece después de la desaparición de la filosofía. Al contrario, lo decisivo resulta de pensar cómo el horizonte contemporáneo es el único que permite semejante identificación, imposible antes. Y eso significa que ciertamente en ese horizonte se completa algo y también que resultan al menos dos formas de comprender eso que se completa: o entendiendo que esa identificación sentencia definitivamente a la filosofía al desván del pasado (al margen de que sea recuperable erudita y culturalmente) o interpretando que la «historia de la filosofía» constituye justamente la única filosofía que queda por hacer, en cierto modo, la única filosofía venidera. De este segundo modo se deriva una compleja tarea, que obligatoriamente pasa por redefinir qué significó la filosofía y por qué llegó a aparecer como historia de la filosofía. Esta tarea es justamente la que resulta actual y sobre la que se puede reconocer lo que hace Heidegger como filosofía.

Por eso, la auténtica novedad de Heidegger reside en inscribir la lectura de la historia de la filosofía como reconocimiento del lugar en el que ya nos encontramos instalados, como si descubrir la actualidad solo fuera posible como relectura de Platón, de Aristóteles, Parménides y Kant. De este modo, estos nombres no serían simples expedientes culturales, sino asunto filosófico y, por ende, filológico, si por tal cosa se entiende la aspiración a «leer». Otro asunto clave es siquiera si tal filología, es decir, si tal lectura, es posible o por el contrario estamos abocados a no poder leer porque «leer» resulta ya constitutivamente extraño a nuestra actualidad. Efectivamente, la lectura no dejaría de ser la producción de una distancia respecto a la actualidad que permitiera distinguir entre «tema» y «sentido». Si la lectura no es posible, todo es tema, y en el mercado de la actualidad también pueden figurar como tales temas Platón y Aristóteles, junto a Nietzsche y Hegel, y no ya porque además por vez primera dispongamos de las mejores ediciones críticas de todos esos textos (la existencia de esas ediciones corrobora más bien la imposibilidad de una lectura inicial), sino porque su lectura los convierte, en su misma operación, en temas. Leer tampoco sería, como se presenta a veces, algo así como hacer de Platón y Aristóteles nuestros contemporáneos (y amigos), pues de lo que se trata leyendo, muy al contrario, es de reconocerlos como pasado, pero como auténtico pasado (y, por eso mismo, peligroso pasado) y no como meros expedientes o pretextos para un nuevo texto contemporáneo o como materiales para una reflexión actual de cara a resolver «nuestros problemas». Si la actualidad, y en eso reside su poder, ha convertido el pasado en tema presente y de ese modo lo ha arruinado como fondo y sentido, la filosofía que queda por hacer, que seguramente no es la «filosofía actual», tendría que restituir ese pasado. Pero no es que esa restitución pase por la lectura, sino que es la lectura, es decir, la distancia que puede permitir reconocer a su vez no ya la interrupción respecto, por ejemplo, a Grecia, sino tal vez la distancia que nos separa de la propia modernidad. Quizás todavía tengamos que aprender a ser modernos y no simplemente actuales. Y ese «ser moderno» equivale, entre otras cosas, a reconocer que ya no es posible «ser griego» bajo ningún sentido, ni siquiera en el trivial que hace de Grecia algo así como el fundamento de nuestra actual civilización europea-occidental y, entre otras cosas, el origen de nuestra democracia. Al contrario, solo se podría reconocer a Grecia como origen cuando a su vez reconozcamos que la democracia actual procede de la separación respecto a ella y de la propia autodisolución de Grecia o, si se quiere, de la traducción de Grecia al helenismo y a la modernidad. Y estos reconocimientos, que suponen estar por encima del establecimiento de conexiones y relaciones dentro de un significado también trivial de la historia, no son solo resultado del alto nivel de interpretación que alcanza la lectura que Heidegger hace de la historia de la filosofía, sino consecuencia de una posible cierta autoexigencia de la filosofía que reclama esa lectura y que si puede reclamarla es porque por vez primera tiene a toda la historia de la filosofía detrás. El único sentido legítimo de la fórmula «final de la filosofía»[2], que es herencia del idealismo alemán aunque se haya vinculado tanto con Heidegger, tiene que ver con la presencia de la historia de la filosofía como horizonte actual insoslayable. Y este es el horizonte que define el comienzo de Heidegger, el de su comienzo, en el que él inscribe el inicio de su obra. Ciertamente se puede obviar ese horizonte y simplemente hacer filosofía como sinónimo de pensar en diversos temas. Pero lo que generalmente se consigue con ese proceder es más bien una reiteración mecánica, que además en este caso no ha sido inicialmente asumida. Por otra parte, ¿cuáles son los temas de la filosofía y quién los elige?, ¿no ocurrirá más bien que si hay temas lo que ya no hay es filosofía? Heidegger emerge como extraño al pensamiento contemporáneo precisamente en su esfuerzo por desistir de pensar temáticamente. Temas son el lenguaje, la sociedad, la lógica, el individuo, la vida, la intersubjetividad, la religión, la biología, el arte, la historia, por señalar solo algunos, lo que da origen a un montón de filosofías. En este sentido, la «filosofía de Heidegger» se esfuerza desde el principio por indicar que no hay temas posibles de la filosofía, ni siquiera, por ejemplo, el de la existencia o el tiempo. Que, por el contrario, la filosofía sí puede pensar la existencia o el tiempo cuando previamente ha renunciado a pensarlos como temas y ha desmontado para ello todos los procedimientos que de suyo parecen tender a esa reducción. Pero esa sería solo una tarea parcial si en general no se descubriera *por qué todo se ha vuelto tema*. Revelar esto es lo que definiría una tarea general que no deja de ser la que pone en marcha Heidegger desde el principio, aunque para ello tenga que renunciar a constituir una «doctrina de Heidegger». Ahora tal vez pueda entenderse más adecuadamente esta afirmación de que no existe tal «doctrina filosófica». No existe en la medida en que tampoco *debería* existir una filosofía de Platón, ni de Aristóteles, ni de Descartes, ni de Kant, desde el momento en que esto equivaldría a reconocer una suerte de contenido positivo para la filosofía, que es justamente aquello que no tiene, pero sin que esta falta constituya un defecto. Es la «historia de esa falta», en la que hay que situar a los pensadores mencionados, lo que hay que llamar «historia de la filosofía» y no simplemente «historia de las ideas». El significado de la «falta» quiere decir que ningún filósofo propuso jamás un conocimiento nuevo o una nueva doctrina que viniera a aumentar nuestro conocimiento del mundo o de la realidad. Platón, por ejemplo, incluso desvela la imposibilidad de la filosofía (igual que la imposibilidad de la democracia, aunque esa imposibilidad sea paradójicamente lo único que puede mantenerla) en el fracaso permanente del diálogo, aunque sea un fracaso que tiene que ocurrir y que ese acontecimiento sea lo único que puede ser llamado «filosofía». Descartes no inventa el mundo o el yo, porque ni el mundo ni el yo son algo nuevo; en todo caso los «descubre» mediante una interpretación. Y Kant, con su concepción de la filosofía (es decir, con su sentido de lo «trascendental»), ya parte de que esta no se dedica a un conocimiento ni nuevo ni viejo del mundo, sino propiamente a explicar en qué consiste «ver» el mundo. En general, todos ellos no dejan de reconocerse en este «en qué consiste ver», que no añade nada a lo que ya sabemos, sino que simplemente supone una «modificación» de la mirada y un posible descubrir. La filosofía no puede ser «de...», y ahí está la vinculación de Heidegger con Platón y Aristóteles y aquello que lo hace tremendamente extraño a una «filosofía contemporánea», que se ha decidido por aparecer como filosofía «de esto» y «de lo otro». Pero que la relación de Heidegger con Aristóteles y Platón sea más vinculante que la que guarda con sus contemporáneos no significa de ningún modo ni una suerte de apropiación del pasado ni un retroceso al mismo, ni que Heidegger no sea un pensador actual. Pero entonces, ¿quién es Heidegger? Desde una perspectiva singular se podría decir que es el único pensador actual, pero bajo la singularidad muy señalada y paradójica de que pregunta exclusivamente por la actualidad presuponiendo que a su vez esta no es un tema, sino el horizonte que dispone en general qué podemos ver, pensar y recordar. Se trata de un horizonte que no podemos eludir ni sobrepasar, que no se inventa ni se elige, porque simplemente estamos instalados en él, constituido como único poder contra el que no cabe resistencia, de modo que lo real mismo se ha vuelto una consecuencia de lo actual.

Pues bien, un recurso posible y adecuado para comprender a Heidegger desde fuera, antes de iniciar su lectura, puede concretarse entendiendo su propósito bajo una pregunta que resulta paradójica a la luz de lo que se viene diciendo. Se deja formular en estos términos: *¿cómo pensar fuera de la actualidad?* Si además se interpreta esta pregunta reformulándola bajo esta otra, *¿cómo pensar fuera de la conciencia moderna?,* tal vez nos encontremos en disposición de entender el litigioso punto de partida del intento de Heidegger.

¿Qué significa pensar fuera de la conciencia moderna?

Por conciencia moderna se entiende tópica y escolarmente la figura que inaugura Descartes cuando interpreta que el verdadero ser, el *subiectum* de la tradición latina (que traduce a su vez el *hupokeímenon* griego), reside en el yo y, más específicamente, en el «yo pensante». Que Descartes simplemente traslada el *subiectum* (lo que podemos traducir como «sujeto») de las cosas al yo sin siquiera profundizar mucho en la naturaleza del yo lo muestra que denomine a este *res cogitans,* es decir, *cosa pensante*. Este proceder revela también que Descartes de todos modos comprende el yo según la estructura de las cosas, aunque, a la postre, la conciencia que quiere convertirse en principio de realidad acabe convertida exclusivamente en principio de la garantía y validez de sus propios resultados pensados, pero no del ser *real* de las cosas que nos rodean. Se convierte en una cosa *aparte*. Ciertamente el yo cartesiano, como cosa aparte, inaugura la comprensión según la cual la conciencia se encuentra en el principio, tanto del conocimiento como de la acción, pero no deja de ser una conciencia limitada. De hecho, toda la historia de la modernidad filosófica se puede leer como el desarrollo o la historia de dicha conciencia que, paradójicamente, llega a una de sus culminaciones con el idealismo alemán a base de entender que la conciencia es, antes que una substancia, precisamente su propia «historia», su despliegue. En efecto, la conciencia, que tras la crítica kantiana ha perdido su carácter de cosa para suponerse como lo que se encuentra más allá de todas las cosas pero, precisamente por eso, constituyéndolas, no es ninguna cosa, ninguna substancia, sino su propio movimiento, el cual, como en una odisea, la conduce desde su ser inmediato y natural (en el que simplemente es conciencia, pero sin saberlo) hasta probarse fuera de sí misma, alienadamente, en la naturaleza y mezclada con las cosas, para luego regresar triunfalmente a «sí misma», a casa, ya constituida absolutamente después de su viaje y gracias a él. Este es el movimiento de la conciencia que el idealismo, sobre todo Hegel, reconoció como absoluto, haciendo valer el principio de que la conciencia lo supone todo, pues contiene y arrastra a toda la realidad, que dejaría de ser fuera de ese movimiento. Esta conciencia absoluta, también llamada «espíritu», que no consiste en algo sino en su propio movimiento, cierra una comprensión de la conciencia como figura absolutamente consciente y racional. Y en esta racionalidad, después de la odisea del espíritu, la conciencia se reconcilia con la realidad y con las demás conciencias bajo una suerte de razón universal según la cual todo –la naturaleza, pero también la historia– se modela y comprende.

Heidegger es un tardío heredero de esta concepción que por muy diversos y hasta extraños caminos (los caminos que separan a Marx y Nietzsche, por ejemplo, de Dilthey) llega hasta 1900, cuando Husserl reelabora la concepción de la conciencia moderna produciendo la que en cierto modo bien puede considerarse su figura culminante, a la que él llamó «ego trascendental». Y es esta figura la que más nos interesa aquí si queremos descubrir el alcance heideggeriano de un pensar fuera de la conciencia, que se gana por medio de Husserl, aunque directamente contra él. En efecto, Husserl entendió por conciencia lo que él llamó, recuperando cierta tradición medieval, «intencionalidad»[3], que define la estructura de la conciencia, es decir, que define a la conciencia como esa estructura en la que se encuentran indisolublemente vinculados la conciencia que piensa algo y aquello pensado por la conciencia. Esa estructura, que también se puede definir en los términos de que «la conciencia es siempre conciencia de algo» y que esencialmente significa que fuera de ese «*de* algo» no hay conciencia, resultará decisiva para Heidegger por varios motivos, de los que se destacan dos: en primer lugar, gracias a esta constitución doble de alguna manera se supera una división que arrastra la conciencia moderna desde Descartes, enfrentando al sujeto que piensa y al objeto pensado. Pero aún hay algo más, porque, en segundo lugar, Heidegger reconoce un papel decisivo a lo que Husserl llamó a su vez «intencionalidades anónimas»[4], que son el soporte de la conciencia al modo de un flujo interior que cabe también identificar con la conciencia del tiempo interno, en definitiva, la conciencia de la vida tal como ocurre normalmente, que es normal precisamente en la medida en que *no* reparamos ni reflexionamos en que vivimos, sino que simplemente eso se cumple. Así, caminar, comer, incluso hablar de determinada manera, y en general casi todas las conductas que manifestamos, caen bajo esa forma de «intencionalidad anónima». El Heidegger que busca ese pensar fuera de la conciencia moderna tuvo que reparar en la poderosa imagen de un sujeto, de un yo, que no parece vivir más allá y aparte de las cosas del mundo, al modo cartesiano, sino «más acá», antes de que el mundo se constituya reflexivamente como conocimiento y ciencia. Esta conciencia intencional se aproxima más a la realidad de la vida misma consciente, a aquella en la que precisamente nos encontramos ya de un modo normal. Pero Heidegger también se separa de Husserl por considerar insuficiente esta posición. En efecto, para Husserl, si bien esas intencionalidades pueden ser «anónimas», lo son porque la razón no se demora en su análisis. Dicho de otra manera: en realidad, para Husserl la razón está constituida de forma tal que si pretendiera un análisis de cada uno de sus actos de conciencia podría esclarecer cualquiera de sus contenidos, incluso esos que él mismo llamó «anónimos». En este caso, lo «anónimo» solo lo es funcionalmente, porque ontológicamente, es decir, de acuerdo con su ser, el anonimato desaparecería si la razón así lo pretendiese. Heidegger, sin embargo, va mucho más allá: ¿y si en realidad ocurriera que eso «anónimo» fuera constitutivo de la misma conciencia de modo que definiera su propia esencia y funcionamiento? ¿Qué ocurriría si la conciencia, además de ser reconocible bajo su forma racional, que tiende a esclarecer y desocultar las cosas, fuera esencialmente ella misma también lo oscuro y oculto, fuera también ella misma sombra? Si reparamos además en que por conciencia Heidegger sigue entendiendo la intencionalidad, lo que significa que conciencia no es ni mucho menos solo el yo que piensa sino la misma estructura en la que se encuentran vinculados el pensamiento y el mundo, entonces habría que llegar a la conclusión de que ese lado oculto, de sombra, en cierto modo también de error, es inherente al mismo ser de la conciencia, lo que significa: al mismo ser de la intencionalidad. No otro asunto significará la indisociable vinculación que hace el Heidegger de *Ser y tiempo* entre lo auténtico y lo inauténtico, o en escritos posteriores entre lo desoculto y lo oculto. Pero en este contexto, en el que se dilucida la cuestión previa de si acaso es posible, y cómo, pensar fuera de la conciencia moderna, se ensaya un camino que cuestiona una larga tradición. Pues, en efecto, a la luz de la pregunta de Heidegger se puede cuestionar igualmente lo que Husserl llamó «fenómeno». Si para Husserl, por encima y más allá de las intencionalidades anónimas, la razón puede descomponer analíticamente todos los contenidos de conciencia –lo que viene a suponer: el mundo–, eso significa que realmente la conciencia puede objetivar, es decir, poner fuera para su análisis cualquier pensamiento, cualquier idea y, en definitiva, cualquier cosa. Por este camino se encuentra asegurado el camino al fenómeno, es decir, a la cosa tal como aparece a una conciencia, y su consecución depende exclusivamente de haber cuidado el camino. Se trata, en definitiva, de dar con el método adecuado, que es como decir: con un buen análisis. La fenomenología gana así el mundo que se le presenta delante. Pero si, frente a Husserl, no importa la elección de un buen método ni tener fortuna en la elección del camino analítico, porque esencial y constitutivamente las cosas *son* ocultas (y no simplemente están ocultas), entonces aquella objetivación total es imposible, y lo que es más importante, el fenómeno, lejos de ser lo que se presenta con toda claridad a una conciencia, es ello mismo constitutivamente oculto. Para ser más exactos, el fenómeno es lo que aparece en la misma medida en que es aquello que rehúsa aparecer. Si la llamada de la fenomenología rezaba «¡a las cosas mismas!»[5], la evocación de Heidegger no varía, lo que ocurre es que reconoce una resistencia insalvable, al menos si se juzga a la luz del propósito de la fenomenología. Porque si se juzga a la luz del propio Heidegger, y de cara a contestar a nuestra pregunta sobre la conciencia moderna, la máxima «¡a las cosas mismas!» cobra un nuevo y doble sentido: por una parte, la búsqueda de las cosas tiene que pasar por el reconocimiento de su constitución, que reside en su carácter oculto; por otra, tal vez haya que reconocer que ni hay cosas ni son posibles, pero precisamente porque el ideal de la conciencia moderna las ha definido como claras y distintas, según Descartes, o absolutamente descriptibles fenomenológicamente, según Husserl. Y esto último significa que en realidad, cuando Husserl habla de cosas, lo está haciendo de «contenidos» de la conciencia o, en un sentido más amplio, de objetos. Pero un objeto no es una cosa, sino, muy al contrario, seguramente su negación. Heidegger sí sigue al pie de la letra la pretensión fenomenológica de ir a las cosas mismas, pero piensa precisamente en las cosas y no en los objetos. Un objeto, como se verá, es una realidad metafísica, y la búsqueda en Heidegger no se refiere a nada metafísico en el sentido de un más allá.

Para Heidegger, lo fenomenológico se encuentra indisociablemente unido a lo hermenéutico, sobre todo desde el momento en que, como dijimos más arriba, un fenómeno no es solo lo que aparece sino también lo que rehúsa aparecer, y solo puede hacerlo si se revela en su no aparecer. Y al servicio de este «no aparecer» tiene que encontrarse la hermenéutica fenomenológica. Heidegger ha puesto así un pie fuera de la conciencia moderna y ha revelado que dentro de esta las cosas se han vuelto imposibles. Así que, en cierto modo, salir fuera de la conciencia moderna significa también salvar las cosas de su pura determinación lógica. Pero ¿cómo se sale?, y, ¿qué significa actualidad?

¿Qué significa pensar fuera de la actualidad?

«Actualidad» traduce el término latino *actualitas,* que, a su vez –y aquí sí que cabe hablar de auténtica traducción, o también, según Heidegger, de auténtica catástrofe–, procede del griego *enérgeia*, que literalmente significaría algo así como «en obra». Pero el término *enérgeia* funciona originalmente en el marco de una relación dual vinculado a un término opuesto, *dúnamis* (traducido al latín por *potentia*), que se refiere a «lo que no es», a una «ausencia», aunque como señal de una tensión y no de una mera contradicción lógica. En Aristóteles[6], la dualidad *dúnamis/enérgeia (entelékheia)* constituye el sentido mismo de la unidad que se expresa como tránsito «de la *dúnamis*... a la *enérgeia», pero como tránsito permanente, a saber, como tránsito en el que el origen, «de...», nunca queda sobrepasado por el final, «a...», sino que lo acompaña. Lo que en definitiva significa que no hay proceso de superación ni progreso y la «ausencia» inherente a la *dúnamis* acompaña a la «presencia» inherente a la *enérgeia*. Las consecuencias de priorizar no ya solo como término, sino como lo más real, el sentido de *enérgeia* no significarán solo que lo actual (lo que está en acto, operando) valga más que lo potencial, o que lo actual sea solo y auténticamente lo real, sino que lo potencial mismo y todos los sentidos inherentes a esa noción aparecerán igualmente como presentes, justo como lo que no son. Así, si no ocurre que el sentido mismo de la ausencia inherente a *dúnamis* no se liquida, sino que se integra interpretándose como aquello que «todavía» no es y «todavía» no se conoce, pero obligatoriamente «será» y «se conocerá», la tensión inherente a la dualidad *dúnamis-enérgeia* (potencia-actualidad) desaparece en favor de lo actual, que ineludiblemente acabará imponiéndose. Esto equivale a decir algo así como que todo es actualidad y progreso y que nada queda fuera de ello, así como que no hay tensión, distancia entre ausencia y presencia, pero derivadamente tampoco entre pasado y presente. Y que todo sea actualidad no deja de resultar la consecuencia de una total transformación del lenguaje, o, lo que es lo mismo, de una aparición protagonista de la gramática, que subordina la lengua al reconocimiento de lo presente, con relación a lo cual lo demás o no existe o es residuo y, en todo caso, prescindible. En efecto, la gramática resolverá la dualidad original entre *dúnamis* y *enérgeia,* que corresponde igualmente a la dualidad *húle* y *morphé,* en una nivelación del primer término de la oposición, al que llama *hupokeímenon,* con el segundo, *kategoroúmenon* (sujeto y predicado). Los enunciados y proposiciones, desde la definitiva categoría de la actualidad, no expresarán en el fondo tensión ni diferencia alguna y eso significará que, a la postre, lo que funciona como sujeto y como predicado de un enunciado –el sujeto es el origen *(dúnamis),* y el predicado, el punto de llegada *(enérgeia)*– resulta intercambiable, porque ninguna señal pertenece de suyo naturalmente a lo uno o lo otro. Pero no ya porque un predicado sea sustituible por otro y lo mismo ocurra en el caso del sujeto, sino porque un predicado puede valer como sujeto de la misma manera que un sujeto como predicado. Todo se vuelve predicado, objeto, determinación, de lo que ha desaparecido la cosa (la cosa es la tensión). Y la desaparición de la cosa en esa nivelación revela otra, de naturaleza igual de profunda: la desaparición del tiempo. Después de todo, si lo actual es lo primero y lo único, el tiempo puede desaparecer, como en el fondo puede desaparecer también la diferencia misma entre sujeto y predicado, lo que no quita, sino todo lo contrario, que puedan funcionar con toda soltura esas categorías, pero precisamente como puras categorías gramaticales *y no como fenómenos,* cuyo mantenimiento es puramente estratégico, de cara a facilitar el negocio del que se trata: que todo es sustituible, intercambiable y, en suma, reducible. Pero la disolución de esta tensión supone haber liquidado previamente la misma operación que era condición de la diferencia, a saber: de la diferencia entre sujeto y predicado, o entre pasado, futuro y presente. Nos referimos precisamente a la operación nombrada bajo el término «ser», que en su forma «es» constituyó el sentido mismo de la diferencia entre algo anterior y algo posterior, entre «lo que» se dice (el predicado) y aquello «de lo que» se dice (el sujeto). En lugar de señalar ese tránsito de lo uno a lo otro, ese «de... a... », la palabreja «es» se convierte en el testigo silencioso de una conexión sin sentido, se convierte en operador callado de una identidad que se pone en marcha cada vez que decimos que «A es B» o que «esto es lo otro», cuando lo verdadero fuera tal vez el reconocimiento de que «esto» nunca puede ser «lo otro», sino precisamente siempre esto y siempre algo que se escapa a cualquier determinación o predicado. Pues bien, esta destrucción de la tensión en favor de la actualidad es lo que Heidegger también llamará «olvido del ser», que supone también la exclusión del tiempo del horizonte del enunciado; del horizonte del decir. En efecto, cuando del enunciado ha desaparecido la diferencia entre «de algo» y «algo», lo que realmente también ha desaparecido es la diferencia entre el origen y el final, que es lo que expresa la estructura «de... a...». Y eso cuando el decir mismo, en cada caso concreto, no es sino la revelación de un tránsito desde lo que se parte, el sujeto, hasta donde se llega: lo que se dice del sujeto, un tránsito que constituye la cosa. Del enunciado ha desaparecido así el más inmediato sentido temporal, su ser, el tiempo que lo soportaba. El enunciado deviene así fórmula nivelada, o, lo que es lo mismo, solo expresión de la actualidad.

Lo actual se vuelve, de este modo, accesible y dominable. Solo falta que a esta suerte de eterna actualidad se le imprima el significado de «energía» que late en la palabra griega para que además la actualidad sea el signo señalado de lo que tiene fuerza y es dinámico porque se encuentra en permanente expansión. La actualidad no tiene límite y es infinita, porque es la misma expansión; en cierto modo, ese es su ser, de modo que nunca se alcanzará su límite: se trate de la naturaleza o de la historia, estas son realidades infinitas y por ello infinitamente divisibles y analizables bajo la representación de un proceso continuo y sin fin. De este proceso también forman parte la posibilidad y la potencia, pero determinables como algo actual (lo que *todavía* no es, lo que *todavía* no se conoce).

Este dominio de la actualidad define el carácter de lo que Heidegger reconoce como modernidad y, en cierto modo, como final del camino. Un camino que va de la consideración de la *enérgeia* en el seno de una tensión a la disolución de esa tensión en favor de esa *enérgeia* entendida como *actualitas*. Así, la historia de la filosofía no dejaría de ser el cumplimiento de un tránsito y su consecuente y posterior disolución: el tránsito que va de Grecia a la modernidad, o de lo antiguo a lo moderno. Si en Grecia la cuestión misma de la filosofía es el ser, pero el ser entendido como el horizonte de la diferencia, la modernidad es el trayecto en el que se reduce esa tensión y se liquida la diferencia en favor de un horizonte absoluto que puede recibir el nombre de ser por lo mismo que «ser» ya no significa nada, es decir, ya no significa «diferencia», sino «expansión», «línea» continua e ilimitada a la que también se puede llamar «proceso». Es la propia explosión de la tensión y la diferencia la que provoca esa expansión ilimitada o ese proceso que puede ser reconocido como «sistema» en el sentido de que todo cabe en él y todos sus miembros y elementos son reducibles dentro de él, fundamentalmente porque ha perdido sentido la noción misma de un «afuera» o una ausencia[7]. Que esa línea o proceso es absoluto se entiende no tanto porque haya llegado a una posición final, sino precisamente por el postulado de que no hay final que no sea la propia actualidad *(entelékheia),* que es absoluta no porque sea excelente, cumbre de verdad, belleza y bien, sino porque no depende de nada (o, lo que es lo mismo, porque depende de sí misma). Este es el sentido de «absoluto» (des-ligado) que se hereda de la filosofía moderna como su resultado y que, desde su contenido papel en la filosofía de Hegel, ciertamente también como algo negativo, va a ser en la actualidad la línea solo positiva y continua en la que todo se inscribe y puede aparecer. Esta es la actualidad que resulta del prevalecimiento de una *actualitas,* respecto a la cual no resulta fácilmente pensable un retroceso ni, menos que nada, un adelanto, pues ¿a dónde habría de conducir?

Si la primera pregunta acerca de la posibilidad de pensar fuera de la conciencia moderna pareció resolverse gracias a un recurso propiciado por Husserl, aunque contra él, la segunda pregunta sobre la actualidad, que se ha podido presentar recurriendo a Aristóteles, parece enfrentarnos a un horizonte que resulta irrebasable. La actualidad es lo que hay que pensar y no se puede dar un lugar «fuera de» ella. Aquella dimensión «oculta» que Heidegger ve sugerirse cuando emprende el análisis de la conciencia moderna corresponde en nuestra pregunta acerca de la actualidad a esa noción aristotélica de *dúnamis* o *húle,* pero que es justamente la que la consideración objetiva de las cosas propia de la actualidad ha liquidado. En realidad, eso oculto del fenómeno, que correspondería con aquel no-lugar o ausencia que es inherente a la *dúnamis,* resulta más bien de una interpretación, ciertamente fenomenológica, que incluso podría ser aceptada por el modelo «actual» de conocimiento, es decir, la ciencia, siempre que se lo reconociera como ese resto inválido, y también inservible, del que se puede, y a veces también se debe, prescindir. Justamente la ciencia surge como proyecto cuya aspiración reside en liquidar las sombras y esa dimensión oculta inherente a lo que «todavía» no se conoce. Porque para la ciencia, el «todavía» es simplemente un molesto obstáculo y, en todo caso, un defecto. Se puede comprender ahora esa coincidencia del significado de «conciencia moderna» con el de «actualidad»: en ambos se expresa lo mismo y en ambos Heidegger reconoce un constituyente que podríamos denominar, en términos modernos, «inobjetivable» y también «antepredicativo», prenominal. Pero las dos preguntas que nos han servido de guía e introducción, así como sus desarrollos, se pueden pervertir si ahora viniéramos a entender algo así como que la filosofía de Heidegger trata de elevar a tema eso que modernamente acabamos de llamar inobjetivable y antepredicativo. Porque eso significaría haberlos convertido en algo. Pensar fuera de la conciencia moderna, en consecuencia, no puede significar demorarse en lo inobjetivable y, además, considerarlo el auténtico tema de la filosofía frente a lo que se puede objetivar, de lo que trata la ciencia. Del mismo modo, pensar fuera de la actualidad no puede significar hacer énfasis en aquello que Aristóteles llamó *dúnamis* y para lo que nosotros, modernamente, podemos reconocer un estatuto antepredicativo. No hay tal estatuto y no hay que olvidar que, como hemos visto, la cuestión de la *dúnamis,* como la de la intencionalidad anónima, se juega siempre en una oposición y dualidad ineludible e inseparable. Más que demorarse en ese lado oculto (llámese inobjetivable o antepredicativo), la filosofía de Heidegger tiene que interpretar por qué la filosofía, es decir, la historia de la filosofía, se volcó en lo objetivable y predicativo como quien se vuelca en su única verdad.

En su intento, Heidegger acierta a alcanzar el núcleo mismo del asunto, a saber, que la actualidad es el horizonte insoslayable desde el momento en que obliga a convertir todo en actual; que esa conciencia conversora es resultado de la explosión (disolución) misma del ser y del enunciado y que en ese movimiento de conversión el ser resulta insignificante y desechable. En cierto modo, comprender a Heidegger y su «actualidad» pasa por pensar la posibilidad o la imposibilidad de su propia filosofía a la luz del intento de Aristóteles por formular una «filosofía primera», tampoco concluida y siempre buscada. Y en este horizonte de interpretación en el que convergen Aristóteles y Heidegger la verdadera posición común la constituyen dos sumarias fórmulas que deben ser leídas conjuntamente si se quiere atisbar el punto de partida de Heidegger: «la investigación del ser en cuanto ser»[8], inscrita al comienzo del libro IV de la *Metafísica* de Aristóteles, y su reinterpretación, «la pregunta por el sentido del ser», con la que Heidegger titula su intento filosófico al inicio de *Ser y tiempo*[9].

Convocar en el inicio de la presentación de una lectura de Heidegger claves tan decisivas tiene la ventaja de no engañarse respecto a por qué un filósofo continúa siendo fundamental y, además, y aunque esto suene más extraño, sigue siendo «nuestro». Decir que Heidegger es el «filósofo del ser» o cosas parecidas, además de no apuntar nada («filósofos del ser» lo fueron más, si cabe, Aristóteles y Descartes) o incluso ser erróneo, es eludir lo fundamental: por qué la cuestión del ser, para ver la actualidad, era precisamente la cuestión y no algo trasnochado.

3. El malentendido «Heidegger»

La obra de Heidegger viene precedida por un malentendido. Iniciar su lectura exige enfrentarse a ese malentendido, que presenta al menos dos caras: una exterior, derivada sobre todo de una recepción pública marcada por su filiación nacionalsocialista, y la otra surgida de su propia obra. Esa imagen se alimenta de elementos que, sin duda, en ocasiones pueden proceder materialmente del texto de Heidegger, pero la mayor parte de las veces eso no la hace diferente de los casos en que no es así y ni siquiera se ha abierto una página. Si el malentendido derivado de su recepción pública refleja en último extremo una anomalía que ha teñido de sombras una aparición singular de la filosofía en el siglo xx, el derivado de su obra puede adquirir el rango de malentendido «definitivo», porque distorsiona la posibilidad efectiva de su lectura.

Pues bien, como consecuencia del malentendido definitivo que surge de la dificultad o imposibilidad de leer hoy filosofía, Heidegger ha sido echado a perder para el horizonte filosófico del nuevo siglo, dificultando radicalmente su lectura, destrozada recurrentemente cuando se aprovechan sus tesis para ofrecer pruebas en campos diversos, como los de la teoría literaria, la estética o la sociología, cuando no para presentarlo como diagnosticador de la época contemporánea («la época de la imagen del mundo», en sus propios términos)[10] y profeta del predominio y autonomía de la técnica. Seguramente no hay tales «tesis» y, ya se trate de una reflexión sobre la técnica, un comentario a un poema de Trakl o de Hölderlin, o una meditación sobre la obra de arte, se trata siempre de lo mismo –de filosofía–, aunque esto aquí siempre se refiera ya al «esfuerzo» por desistir en la formulación de un nuevo principio filosófico. En efecto, Heidegger es seguramente el intérprete privilegiado de que algo (¿la filosofía?) ha llegado a su fin y de que, cuando esto ocurre, las continuaciones ya no se dan ni, mucho menos, se pueden prescribir.

Parece entonces que hasta ahora solo se han sugerido motivos negativos de presentación, a saber: que no hay una filosofía de Heidegger o que, si la hay, esta no consiste en la formulación de una «nueva» filosofía, sino en su reiteración, que pasa por releer a Aristóteles, Platón, Kant, Hegel, Nietzsche... Pero este papel central de la lectura no es exclusivo de los momentos en los que Heidegger trata expresamente de esos textos «pasados», sino que también pone en marcha (y además, literalmente) la obra de 1927, *Ser y tiempo,* la cual solo *aparentemente* no trata de «otros» filósofos. Se sugiere desde estas líneas, por lo tanto, una unidad de método o procedimiento de cara a afrontar la obra de Heidegger, lo que haría irrelevante una división de la misma: la obra no consiente una división en un «primer» y un «segundo»

Heidegger. Por tanto, lo apropiado sería comenzar por el principio, *Ser y tiempo,* que no define ningún «primer Heidegger», sino el inicio de un trayecto. Pues bien, tratemos de desmontar este «interno» y más grave malentendido de la obra de Heidegger (A), antes de pasar al que hemos llamado «externo» (B): el «caso Heidegger».

A. El malentendido «interno»: los dos «Heidegger»

Si la tópica división en dos de la filosofía de Heidegger condiciona de entrada la forma de afrontar la obra en su conjunto, desfigurando el crucial sentido de «trayecto», sin el cual resulta difícilmente comprensible leer originalmente el resultado de *Ser y tiempo,* equívoco grave resulta reducir el llamado «primer Heidegger» no ya a esa obra, sino a una parte de ella, concretamente la titulada «Analítica del Dasein»[11].

El peligro de reducir el «primer Heidegger» a *Ser y tiempo* y esta obra a una «Analítica del Dasein» implica a su vez dos posibles malentendidos: a) Olvidar que «Ser y tiempo» se pensó como un proyecto filosófico del que la mencionada «Analítica» era solo una parte, cuyo alcance a su vez resulta incomprensible fuera del horizonte general de la obra. Digo «del horizonte» porque, como se sabe, materialmente la obra no se completó. Pero si en relación con el contenido la obra quedó como fragmento, filosóficamente resulta decisivo no olvidar el proyecto original que de muchas maneras, aunque quizás no solo según las proyectadas, tuvo continuación y, por así decirlo, «transcurrió». Se está sugiriendo aquí el peso que tiene precisamente lo que generalmente no se tiene en cuenta en *Ser y tiempo,* lo ausente, que no reside tanto en lo que se dejó de escribir sino en la idea misma del «proyecto». Porque la parte escrita condicionó de forma tan exclusiva la lectura de la obra que propició la comprensión del significado de *Dasein* en términos de una filosofía de la conciencia y del hombre, aunque fuera bajo la fórmula del existencialismo. Pero de la «Analítica del Dasein» no resulta un contenido positivo ni en el marco de una filosofía de la conciencia, aunque se entienda como contrafilosofía de la misma, ni en el marco de una antropología, aunque se califique de «no-humanista». En otros términos: leer la cuestión del *Dasein* en el exclusivo marco presente de la Analítica –y no a la vista de lo ausente– impide aproximarse al sentido de lo propuesto bajo el término «*Dasein*». b) A tenor del posible malentendido recién expuesto surge otra derivación: aceptar que la fórmula «ontología fundamental», que es un título para nombrar el proyecto filosófico de Heidegger en su situación inicial, se identifica o tiene que ver exclusivamente con la mencionada «Analítica», cuando el alcance de la fórmula resulta a su vez solo comprensible sobre el mencionado horizonte que incluye tanto lo materialmente escrito como lo que fue solo proyecto y continuó por otros caminos. Es la cuestión del *Dasein* la que tiene que ver con la «ontología fundamental», pero esta cuestión apunta, más que a un tema (a saber, el *Dasein,* comprendido a su vez como ser del hombre, etc.), a un no-tema, que Heidegger entenderá como «la diferencia».

Si tener presente estos motivos supone introducirse advertidamente en la lectura de *Ser y tiempo,* sería mal asunto concluir esa lectura y pensar que se va a «otra cosa», que resultaría de una supuesta (y mistificada) «vuelta» (en alemán, *Kehre).* Si por «vuelta» o «giro» se entiende una vuelta de tuerca y no una separación de lo que hay, se puede no estar en el mal camino, pero en ese caso, es muy posible que esa «vuelta» ocurra ya en el desarrollo de *Ser y tiempo* en el decisivo sentido de que la obra está articulada para ejecutar el giro. Pero si por «giro» se entiende una suerte de abandono del que todavía era un suelo filosófico (y aquí filosófico significaría «racional») para adentrarse en una dimensión poética y, finalmente, mística, vinculada a una concepción irracional cuyos temas fueran lo sagrado, lo impensable, lo inefable, etc., entonces la lectura se ha extraviado. No hay un «segundo» Heidegger que tenga que ver con esto. Quizás lo adecuado siga siendo hablar de «Heidegger» como «transcurso» de «una» filosofía que constituye una reiterada apelación a la cuestión filosófica, es decir, a la cuestión del ser, que se va simultáneamente iluminando, nominando y desmantelando como resultado de una interpretación que decidió reiterar, en su actualidad, pero contra ella, la filosofía.

Si tópicamente el llamado «primer» Heidegger quedó limitado a la obra en torno a *Ser y tiempo,* el «segundo» delimitaría difusamente toda la obra posterior, que, como se apuntó, vendría inaugurada por la señalada «vuelta» a partir de la cual se constituiría, por medio de una crítica general de la filosofía identificada como «metafísica», una suerte de postfilosofía, una vez abandonado el proyecto de la «ontología fundamental» concretado sobre todo en la «Analítica del *Dasein*». Del contenido de este «segundo» Heidegger formarían supuestamente parte diversos temas cuya relación, por otra parte, resultaría difícil de enumerar a la luz de semejante determinación: la crítica de la metafísica, el arte, la poesía, la técnica, el lenguaje en general y, todavía más inconcretamente, la religión, esto es, diversos decorados que despistan más que orientan. Lo adecuado sería no tomar esas cuestiones como temas, sino como *reiteraciones* de la posibilidad de formular un sentido para el término «filosofía».

Este «segundo» Heidegger, que caracteriza en bloque lo que viene después de *Ser y tiempo,* se reconoce de forma habitual desde la fórmula «historia del ser»[12]. La misma fórmula contiene el peligro de entender que se planteara algo así como una «filosofía de la historia» o, más débilmente, una cronologización. A su vez, todo ello podría conducir a la idea de que en el «segundo» Heidegger se abandona la cuestión del *Dasein* precisamente porque se abandona su «Analítica». Al respecto, dos cosas: si esta Analítica resulta abandonada es porque ha sido correctamente hecha y puede ser dejada atrás. Porque en realidad abandonar la «Analítica» no supone renunciar al *Dasein,* sino introducirse con mayor acierto... en el *Dasein,* el cual ciertamente puede dejar de comprenderse como el *«Da»* del ser para comprenderse como el ser del *«Da»,* fórmula esta última que a su vez entraña una transformación que revelará la proximidad del «sentido del ser» al propio *«Da».* Dicho en otros términos: tal vez no haya una distancia tan fuerte entre *«Da»* y «ser» o incluso puede que los dos términos no dejen de referirse a lo mismo. Fíjese que calculadamente se ha dejado de traducir la palabreja *«Da».* En buena lógica se ha hecho lo mismo con *«sein»;* quiere esto decir que *«Da»* es tan intraducible como *«sein»,* lo que ocurre es que en castellano podemos verter con más facilidad y sin riesgo de errar traduciendo «ser» que traduciendo *«Da».* En realidad, *«Da»* resulta intraducible y quizás los germanohablantes no tienen ventaja alguna, sino más bien desventaja, precisamente porque «entienden» el término y deberían, esforzadamente, no entenderlo como palabra que aludiera a significados como los de «ahí», «aquí», «allá», etc.[13]. *«Da»* no es otra cosa que «ser»... cuando se ha escrito *Ser y tiempo* y después de su lectura. Así, lo que se anuncia en esta obra como segunda parte, la «Destrucción de una historia de la ontología», es solidaria no de una construcción de la realidad del *«Dasein»* que ocurriría en la «Analítica», sino de una deconstrucción del propio *«Dasein»* en busca de su sentido, sentido que a la postre pueda justificar lo dicho: por qué cuando decimos *«Da»* no nos referimos a nada distinto que a *«sein»*, bien entendido que este "ser" ya no puede ser el ser del *«Da»* ni el ser como diferente a lo ente, sino más bien la propia diferencia o el propio «entre» de la diferencia. De ahí también que puedan aparecer otros términos en lugar de *«Dasein»* que a su vez no posibilitan ninguna traducción, como por ejemplo *«Lichtung»* («claro»), *«Ereignis»* («acontecimiento») o incluso *«Geviert»* («aspa»).

En cierto modo, todo lo que Heidegger inicia a partir de 1930, y que va a tener un tratamiento casi exhaustivo en el escrito inédito que hoy se conoce bajo el título *Beiträge zur Philosophie. Vom Ereignis*[14], ejecuta la transformación de la «ontología fundamental» en otra cosa, o, lo que es lo mismo, trata de la transformación del significado del *«Dasein»* en la dirección aludida, de modo que no sea erróneo afirmar que *«Ereignis»* viene a ser el nombre para el *«Dasein»* como resultado de esa transformación. Si en algún momento del trayecto, y provisionalmente, *«Dasein»* pudo funcionar todavía con un cierto sentido de «centro», *«Ereignis»* apunta ya a una «descentralización» y a cierto anuncio de la irrelevancia del hombre, y no precisamente para quitarle importancia sino para devolvérsela, lo que pasa por no entenderlo como centro (de ahí procederá la «Carta sobre el humanismo»[15], solo posible después de los *Beiträge*). Por qué todo esto puede concluir en que «la historia del ser» pueda constituirse, con todo, en una expresión adecuada necesita de alguna señal más, que nos devuelve al problema (o más bien solución) de la intraducibilidad del término *«Dasein»*. Quizás la mejor forma de traducir *«Dasein»* al castellano (o sea, de no traducirlo) fuera reescribirlo de esta forma: *Da-sein*. El valor del guion, además de señalar que se trata de dos palabras, puede residir en la marca física de separación que introduce entre ellas; de separación o abismo que, por otra parte, mantiene unidos los dos márgenes. En definitiva, lo que traduce el término o su sentido es el guion, que también inspira la idea de un tránsito permanente, de un permanente «entre». Y ese «entre» es la «historia». No ciertamente la Historia, ciencia que investiga el tiempo de los acontecimientos humanos y su cronología, especialmente su pasado, y tampoco una «historia» que consiste en el «tiempo de los acontecimientos», sino más bien el tiempo entendido como acontecimiento, es decir, como lo que Heidegger llamará *«Ereignis»*. *«Ereignis»* será el nombre para esa «historia» que no es sucesión ni rutina. Así, no es que haya una historia *del* ser, sino que el ser es la historia, pero ya cuando «ser» significa algo distinto que ser «de algo», es decir, cuando se está más allá de la mera diferencia ontológica (o lógico-ontológica) y, por lo tanto, también de la «ontología fundamental». En ese más allá, que resulta de la ejecución de *Ser y tiempo* –no de su superación y por lo tanto tampoco de la superación del llamado «primer» Heidegger–, «ser» es el acontecimiento, el «entre», el «espacio abierto», el «tránsito», o, lo que es lo mismo, el ámbito donde se juega todo –aquel «combate» de Heráclito que Heidegger rememora[16]: en resumen, la «historia»–. ¿Pero es esto algo distinto que «*Dasein*»? Lo distinto procede de la transformación de la interpretación original y no de un nuevo invento. Así pues, «historia del ser», o sea, «historia», o sea, «ser».

Ahora bien, en el horizonte de la posible mala interpretación de la fórmula «historia del ser» puede aparecer de forma expresa otro posible grave malentendido: vincular el «segundo» Heidegger a la formulación de un nuevo «comienzo» filosófico y a la aparición de una nueva filosofía. ¿Cuál podría ser en ese caso el principio encontrado? ¿Tal vez «*Dasein*», «*Ereignis*», «*Geviert*»? La pregunta ya invalida la intención general y el alcance de la propuesta y la tarea de Heidegger, cuya filosofía se constituye frontalmente contra tal planteamiento. Pero es que incluso hay que librar a esa intención y alcance de la tentación de haber encontrado el principio, si no ya en un tema, al menos en lo atemático mismo. Porque, aunque así fuera, y a pesar de que ciertamente solo lo que aquí llamo «atemático» podría constituirse en tal principio, no queda claro si eso es posible o que, si, de serlo, no tomaríamos inmediatamente lo atemático por temático.

Si el Heidegger que escribe *Ser y tiempo* sale al paso del peligro al que se está aludiendo al reconocer expresa e inicialmente que de lo que se trata no es del ser (que sería lo identificable con el principio), sino del «sentido» del ser, y que ese sentido no es ni puede ser algo, el Heidegger posterior, y concretamente de forma expresa en la década de los años treinta, a partir de los *Beiträge,* repone ambiguamente de forma terminológica el peligro hablando no de principio, pero sí de «comienzo». Se refiere concretamente al *primer comienzo* frente al *otro comienzo*. Si lo de «primero» se refiere a la constitución de la filosofía en Grecia y su desarrollo en la modernidad, hasta Nietzsche, más litigioso resulta interpretar qué quiere decir con lo de *otro* comienzo, no fuera a ser que aquí se estuviera colando también lo de un nuevo principio de una naturaleza completamente nueva. El peligro de la expresión «otro comienzo» reside, efectivamente, en interpretarlo como la posibilidad de suplantar por un significado cronológico –comienzo– la desechada cuestión del «principio» filosófico, de modo que ahora se pudiera esperar una nueva época. Pero si el llamado por Heidegger «primer comienzo» es la metafísica, lo de «otro comienzo» no puede referirse a un período cronológico ni, por lo tanto, a una nueva época que va a ocurrir o que, en su caso, una filosofía pueda traer (la postmetafísica). Si esto ocurriera, ciertamente la filosofía dejaría de serlo y se convertiría, simplemente, en política o religión.

Nuestra época, para Heidegger, es Grecia, y *a la vez* la despedida de Grecia, es decir, la modernidad. Nuestra época no es esta o aquella época de la historia, sino la *historia*. Y la historia, la misma de la que se puede hacer ciencia, encuentra sin embargo su posible interpretación si se entiende a partir de «la historia de la filosofía», que más allá de cualquier cronología es fundamentalmente *interpretación*. La metafísica, es decir, nuestra época, es una interpretación de lo que es, del tiempo al que hemos llegado y de la concepción del tiempo que le es inherente, que es la que resulta cuestionada en *Ser y tiempo*.

Pero ¿se puede hablar ahora de otro tránsito desde nuestra época a la nueva época? La pregunta puede analizarse en sus dos posibilidades: si se pudiera afirmar tal cosa asistiríamos al fracaso de la filosofía de Heidegger, y si no se puede afirmar, entonces hay que decir qué puede significar lo de «otro comienzo». Dicho de otra manera: aunque no se pueda hablar ni de nuevo principio ni de anunciar la nueva época, al menos se tiene que poder definir ese pensar que según parece es «otro» respecto al anterior, es decir, que también es otro respecto a la época, respecto a la metafísica. Pues bien, con «lo otro» aquí tiene que entenderse no ya la formulación de un «segundo» Heidegger, sino lo que la propia crítica reconoce como contenido del «primer» Heidegger, a saber, la obra *Ser y tiempo* y el anuncio de una «ontología fundamental». En otras palabras, eso era ya «otro comienzo» en la medida en que adoptaba una distancia respecto a la metafísica y se preguntaba por un sentido para la filosofía. Para la filosofía hoy, cuando el final del «primer comienzo» está ocurriendo, cuando la modernidad culmina sus posibilidades y realiza su versión de la época, que no es otra cosa que la instalación acrítica bajo un significado de tiempo y de actualidad. Así pues, no hay que esperar al llamado «segundo» Heidegger ni salir de *Ser y tiempo* para reconocer qué puede significar lo de «otro»: la «distancia» respecto a la metafísica, a partir de la cual puede quedar «suspendido» el significado habitual, pero derivado, del «tiempo».

Llegados aquí, parece que ya está definido que, en cualquier caso, lo que no es la «historia del ser» es la reconstrucción cronológica de un hecho que tendría su comienzo en Platón, con su determinación del ser como idea y su final en la figura y la realidad de la técnica moderna, y cuyas etapas intermedias señaladas pasarían por Aristóteles, la dogmática cristiana vinculada al helenismo, Descartes y Leibniz, Kant, Schelling, Hegel y Nietzsche como final. Bajo esta imagen, la técnica moderna constituiría el despliegue y la realización de la propia esencia de la metafísica. Esta imagen trivial[17] que comprende la historia como sucesión ingenuamente cronológica olvida de entrada dos cuestiones: la primera, que en Heidegger «historia» no funciona como noción diacrónica, sino que funciona hermenéuticamente de modo sincrónico: no hay reconstrucción historiográfica del pasado, sino una interpretación que, por encima de cronologías y sucesos, hace coincidir el fenómeno «historia» con el fenómeno «metafísica», de modo que lo que hermenéuticamente llamamos historia es el mismo acontecimiento de la metafísica; la segunda, que el propio significado de «sucesión» es un resultado de la metafísica –de ese mentado significado de tiempo como sucesión– y no algo original: en la reconstrucción histórica del ser, trivialmente entendida, se presupone una indefinida línea en la que todo se inscribe, que se toma por «temporal» y es solo «cronológica», es decir, resultado de proyectar un orden sobre el tiempo. La misma indefinida línea es la imagen del tiempo que resulta de la comprensión determinada de la metafísica que culmina en el significado de actualidad.

Ciertamente en Heidegger podemos hablar de una «historia de la interpretación», nunca de una historia de hechos, pero es una historia que no tiene etapas ni en el fondo partes: solo hay un acontecimiento, que es la metafísica, a saber, la historia que abre su formulación y que, por eso mismo, en lugar de reconocerse como etapa, tiene que hacerlo como «época», esto es, suspensión, en el tiempo, del tiempo. Y el problema es que siempre estamos en esa época, lo que hace difícil salir de ella o remontarse antes de ella. Y ese es el único destino. La interpretación no es acerca de la historia cronológica, sino acerca del único fenómeno interpretable y actual: la metafísica. Además, no actual entre otros, sino aquel que coincide con la *actualidad*. Que precisamente esa coincidencia de la metafísica con la actualidad suponga cierto final de la metafísica, por así decirlo, el cumplimiento del tránsito en el que, como dijimos antes, lo que pasa es que ya solo queda actualidad, es lo único que legitima una meditación sobre la metafísica en su conjunto, una meditación que permite hablar justamente de «historia de la metafísica».

B. El malentendido «externo»: el «caso Heidegger»

Respecto a lo que llamamos «caso Heidegger», hay varias posibilidades de incurrir en el malentendido: el primero, incluso de menor gravedad, sería que tal caso, sobre todo en su proyección periodística, disuadiera de la lectura; el segundo, mucho más grave, consiste en pretender reconstruir la interpretación de la filosofía de Heidegger a partir de su filiación nazi. Esta tendencia generalmente tiene un origen pedagógico, pero en ese caso debería avisar también de los peligros a los que se encuentra expuesto quien lee filosofía y disuadir en igual modo de leer a Platón y Hegel, Aristóteles y Nietzsche. Es decir, haría bien en decir que la filosofía entraña un peligro, por más que sus efectos no se manifiesten ni muy rápida ni muy espectacularmente, que no tiene directamente nada que ver con filiaciones ideológicas. Al intento aberrante de explicar una emergencia singular de la filosofía por la filiación personal de su autor subyace el intento, que mira más lejos, de extrañar a la filosofía o domesticarla bajo una forma consabida bajo la cual, inevitablemente, dejaría de ser filosofía para convertirse en otra cosa. Lejos de sorprender que se elija a Heidegger como referencia de la catástrofe intelectual, debería confirmar lo que ya se presupone antes de comenzar la investigación histórico-periodística: que Heidegger es un personaje fundamental en el horizonte de la época. Ahora bien, si el fin de la investigación biográfica reside en demostrar lo mezquino o incluso mala persona que es Heidegger, nos podemos ahorrar el trabajo, salvo que se esté interesado en la crónica intelectual de sociedad: que Heidegger fue nazi (cómo, en qué condiciones, hasta cuándo, etc., son precisamente los motivos acerca de los cuales la investigación histórica tiene algo que decir) es un hecho incontrovertible del que no hay que defenderlo, pues justamente eso podría entenderse como una defensa de la persona cuyo último fin fuera defender su obra de la sospecha de nazismo. Tampoco tiene sentido defenderlo de algo así señalando al número de intelectuales, filósofos y artistas que también lo fueron o que, si no fueron directamente nazis, fueron, por ejemplo, estalinistas, lo que no impidió que posteriormente se les ensalzase a su vez como convencidos representantes de la democracia[18]. Y no tiene sentido defenderlo con semejante argumento porque en ese sentido Heidegger, en coherencia con lo que venimos diciendo de él hasta ahora, sí sería más culpable: en efecto, lo sería desde el momento en que frente a esos intelectuales y filósofos él representaría prácticamente «la única irrupción de la gran filosofía en nuestro siglo»[19], y esto sí que puede ser motivo de pregunta: cómo es posible que, cuando la filosofía aparece y lo hace en un horizonte casi imposible, lo haga asociada a un desastre intelectual personal. Esto sí puede constituir motivo de desaliento, cuando no de la prueba del definitivo divorcio de la filosofía y la práctica política, cuando no del divorcio decisivo entre la filosofía y la verdad humana.

También es cierto que seguramente Heidegger constituye, y de nuevo tampoco por su actuación personal, la posición más lúcida para comprender históricamente el siglo, ese siglo dominado por la «actualidad», y el «peligro» que encierra, que se encuentra más allá de ideologías y sistemas políticos, y que al contrario explica a estos como efectos de una tendencia más profunda vinculada esencialmente al núcleo mismo de lo que hoy llamamos «modernidad» o «espíritu moderno». Incluso en ese sentido, Heidegger sería uno de los mejores intérpretes del fenómeno del nazismo y, paradójicamente, también uno de sus mejores y más lúcidos críticos. Lo que desde luego no le exime de su responsabilidad como ciudadano, pero le hace imprescindible para el reconocimiento de la época y la posibilidad de salir de la rutinaria jaculatoria de defensa de la democracia: leer la obra de Heidegger en relación con la realidad de la democracia moderna no es meramente un tema más, vinculable al «caso Heidegger» o al más amplio que se pudiera titular «Heidegger y la política», sino directamente al que venimos llamando «Heidegger y la filosofía» (es decir: «Heidegger y la historia de la filosofía»).

De todas maneras, concentrándonos en este malentendido que pudiera resultar del «caso Heidegger», lo peligroso desde luego no puede proceder del conjunto de escritos, generalmente breves, que pudieran incluirse en el género de proclamas políticas, discursos conmemorativos o simples artículos de prensa, cuando no panfletos que en todo caso no pertenecen al núcleo de su obra (lo que no significa que haya que desechar todos los ejemplos, pues el «Discurso del Rectorado», «¿Por qué permanecemos en la provincia?» y «El camino del campo» continúan siendo textos que merecen una cuidadosa lectura)[20]. Si Heidegger vio en el nacionalsocialismo el encuentro entre la técnica planetariamente determinada y el hombre contemporáneo, como él mismo lo expresa[21], quizás no vio mal, pero tal vez si vio corto, pues se trataba de un fenómeno general y señalado del mundo industrializado o por industrializar. Si lo que vio fue que en el caso de Alemania ese «encuentro» podía, por así decirlo, ser dominado por última vez en el sentido de que un pueblo, entendido como la expresión o la figura del sujeto moderno, sucesor del griego, se orientara en una dirección «racional» propia de la moderna subjetividad, entonces su error es de un alcance que supera la mera cuestión biográfica y personal de su afiliación al nazismo, pues tiene que ver con un error acerca de la interpretación de la técnica que él mismo, años más tarde, corregiría: una técnica ya extraña a la procedencia griega de su nombre y que en ningún caso puede ser gobernada por una subjetividad exterior a ella, pero precisamente porque ella es la figura culminante de esa subjetividad, una figura de la que ha desaparecido la conciencia como centro para constituirse en una mera pieza, incluso meramente auxiliar.

Es posible que en Heidegger vivieran ecos del Nietzsche que percibe como filósofo y como artista, seguramente en este último caso más desafortunadamente, el acabamiento de una época que no firmó su salida de escena en el marco de un pacífico protocolo, sino por medio de dos guerras mundiales. Es posible que estos ecos comunes al primer cuarto del siglo XX fueran solidarios de esas difusas (y peligrosas) percepciones de que con el acabamiento comienza también una «nueva época», de la que a su vez las nuevas generaciones se sienten responsables. Y que esas responsabilidades recogidas en los ecos acabarán unificándose en la «voz» política y militar del *Führer* y de su partido. Pero todo esto es característico del tiempo y del medio en el que vivió Heidegger, que sociológicamente sirve de poco para explicar el surgimiento de una obra como la suya, que viene a señalar en todo caso lo inhóspito no ya del nazismo, sino de una época que, si no quiere engañarse a sí misma con la restitución de antiguos valores u ofrecer programas políticos o religiosos de salvación, tiene que hacer filosofía, aunque esa filosofía (leáse: «Ser y tiempo») no pueda constituirse en la filosofía para su tiempo, es decir, en una concepción que nos tranquilice acerca de lo que, más allá de toda política y de toda religión, Nietzsche anunció como «el desierto que crece», es decir, la inhospitalidad. Y seguramente no es tarea de la filosofía ir contra la inhospitalidad en defensa de una «humanización» (y menos si esta expresión se encuentra ya contaminada por un significado previsto de «ser humano»), porque eso sería de nuevo asumir un papel que no le corresponde, sino más bien encaminarse a explicar por qué esa inhospitalidad es un resultado de haber entendido de un cierto modo la propia *casa,* un modo que condujo inexorablemente al destierro fuera de la casa. Seguramente, la filosofía tiene que seguir señalando dónde estamos y, sobre todo, qué hay y qué es o, más humildemente, decir que hay, que es y que lo que hay y que es es el ser, aunque ya no pueda ser llamado así. ¿Cómo reconocerlo entonces? Esto ya forma parte de la filosofía de Heidegger y no del caso Heidegger.

I. El ser y el tiempo

1. El origen de *Ser y tiempo:* lo no-pensado

Con *Ser y tiempo* Heidegger irrumpe en la historia de la filosofía. Con esto se quiere decir que esta obra no emerge del horizonte de problemas de la filosofía contemporánea, sino que enlaza directamente con la cuestión nuclear que definió clásicamente la filosofía. Así lo expresa la intitulada aclaración que inicia la obra a partir de unas líneas del diálogo *Sofista* de Platón, que plantean la pregunta: ¿qué se quiere decir con la palabra «ser»?[1]. El lector solo tiene que leer esta aclaración para comprender que se va a tratar de un problema ya abierto. Pero lo que de este modo consigue *Ser y tiempo,* y con seguridad el conjunto de la filosofía de Heidegger, es la primera reiteración *expresa* de la filosofía. Por «filosofía» aquí hay que entender lo que se plantearon los primeros griegos (Anaximandro, Heráclito y Parménides), la Grecia clásica (Platón y Aristóteles) y la larga filosofía moderna que comienza con Descartes y culmina en Nietzsche. Si bien es cierto que Heidegger supone que esa línea define en sí misma una permanente reiteración –lo que quiere decir que no hay progreso en la filosofía sino replanteamiento continuo de una cuestión–, asume que en su propio momento la tarea *expresa* de la filosofía, y por lo tanto también de la filosofía que queda por hacer, consiste en reiterar. Pero una reiteración consiste en traer de nuevo delante algo, y ese «de nuevo» entraña siempre una modificación: no hay repetición mecánica sino elaborado y difícil replanteamiento cuando la «gran filosofía» (para Heidegger, la historia de la filosofía) queda detrás. Pues si la filosofía supone siempre un inicio, iniciar al final entraña una dificultad grave. En efecto, si no se quiere estar condenado a la esterilidad de la repetición[2], «¿qué cabe iniciar?».

Así, en el horizonte de la filosofía contemporánea *Ser y tiempo* constituye el intento singular por proyectar una obra que alcanza su originalidad en la medida en que *recoge* y resume toda la filosofía pasada y define de este modo la filosofía venidera, la filosofía que queda por hacer. De este modo, entender el sentido de la obra de 1927 pasa por asumir el equilibrio inicial entre una elusión de la filosofía contemporánea y una reafirmación de la historia de la filosofía. Este equilibrio es el horizonte del que surge *Ser y tiempo*. Pero se hace preciso detallar con mayor precisión qué se entiende por «filosofía contemporánea» y por «historia de la filosofía», porque en ningún caso se trata para Heidegger de una comprensión tópica de esos títulos. Por «filosofía contemporánea» se entiende aquella que simplemente continúa, epigonalmente, la filosofía clásica, sin plantearse siquiera lo que fuera su cuestión, y que lo hace instalándose en los temas ya «abiertos»: la historia, la vida, la ciencia, el lenguaje, la sociedad. La dedicación a esos temas, además, acabará o incluso nacerá ya representada por escuelas o corrientes filosóficas más que por pensadores singulares, como las denominadas «vitalismo», «neokantismo», «neopositivismo», «fenomenología», «neomarxismo», «existencialismo». Para muchos comentadores, algunas de estas corrientes definen la procedencia de Heidegger, cuando más bien es simplemente la filosofía con la que se encuentra, pero que no define su origen. En cambio, por «historia de la filosofía», esa que debe ser reconocida, no hay que entender un bloque identificable eruditamente con la tradición, sino muy contados intentos. Pero tampoco la doctrina total de cada uno de esos intentos (Aristóteles, Platón, Kant, Descartes...), sino aquello que en la obra de esos pensadores fue constituyente pero *desapareció* en la exposición de la doctrina. En cierto modo, Heidegger no deja de recoger entonces los restos, pero unos restos singulares: no es que fueran desechados por inservibles sino porque por su propia naturaleza no podían ser tema de exposición. Heidegger acabará llamando a ese resto constituyente «lo no-pensado», que es justamente lo que tratará de reiterar. ¿Pero cómo se puede reiterar lo que nunca fue expuesto y desarrollado? Sin embargo, en su «historia de la filosofía» (y no en la versión tópica) es lo único que tendría que aparecer. Es a la luz de esa «historia de la filosofía» no escrita, como historia de «lo no-pensado», desde la que hay que leer el intento *Ser y tiempo*. Pero «no-pensado» no significa algo que ahora, en la reiteración de la filosofía, tenga por fin que ser expuesto para que alcance su culminación. Efectivamente, por «no-pensado» no hay que entender lo «no» pensado hasta el momento, sino justamente aquello que tiene esa constitución y que, por eso mismo, puede hacer surgir la filosofía. Es lo no-pensado, pero que pertenece a lo pensado[3].

Ahora se puede entender con mayor precisión la irrupción de *Ser y tiempo* en la *historia de la filosofía*. Esta aparece desdoblada en dos significados: en el original, como «historia de la filosofía», o historia de lo no-pensado, y en el derivado, como esa historia de la filosofía organizada de forma tópica precisamente como historia del pensamiento, que debe ser cuestionada y hasta desmontada. Este juego entre los dos significados resulta decisivo para entender el punto de partida en 1927, pues justamente la posibilidad del desmontaje de la historia de la filosofía tópica se hará posible desde la «historia de la filosofía», desde lo «no-pensado». Y todo ello resulta decisivo también para entender lo de «reiteración», que a su vez permite aclarar la posición que expresamente quiere ocupar el intento *Ser y tiempo*. No se ha aludido todavía a contenido alguno mediante el cual se pudiera comprender lo de «no-pensado», porque su naturaleza excluye cualquier contenido. En consecuencia, se puede suponer que la filosofía que inaugura *Ser y tiempo,* que para Heidegger también pretende ser filosofía por venir, se plantea como reiteración de lo «no-pensado» y no simple e ingenuamente de algo nuevo. Pero entonces, si no es un contenido, ¿qué puede significar *esto*? Desde luego, como se ha dicho, ni algo oculto en el pasado ni algo por descubrir en el futuro, pero fundamentalmente porque no se trata de «algo». En la intitulada aclaración que hace comenzar *Ser y tiempo* siguiendo a Platón, se reconoce lo no-pensado en la expresión «ser», para de inmediato definir la tarea como «plantear de nuevo *la pregunta por el sentido del ser*»[4]. Se produce así un salto del «ser» al «sentido» del ser, un salto que refleja la dificultad con la que arranca la obra. Y es algo más que una cuestión de detalle filológico. En realidad, bastaba decir: la pregunta por el ser. Porque el ser mismo es lo no-pensado. Pero entretanto, desde Platón justamente, la historia de la filosofía se fue constituyendo como pensamiento acerca del ser, al punto de que desde Aristóteles por filosofía no se entiende otra cosa. Porque «ser» se ha vuelto un término con significado y, por ende, un término «traducible»: la historia de la filosofía completa es la historia de la traducción del término «ser» a diferentes versiones. Si además por «ser» se entendió desde las más tempranas investigaciones el «principio» o todo lo que tiene que ver con «principios» y «causas», la historia de la filosofía se comprende como historia de los principios, de aquello que en cada momento se formuló y presentó como principio. Así entendida, la historia de la filosofía es la historia que va de la determinación del ser como *eîdos* y como *ousía* a su definitiva comprensión como *subiectum, ens* y *substantia,* para acabar formulándose modernamente como «yo». En realidad, entre todas estas determinaciones hay un denominador común: se trata de lo que funciona como principio, causa o fundamento. Pues bien, desde la aclaración inicial de *Ser y tiempo* se presupone que el significado de ser ha quedado invalidado por identificarse con el incuestionado significado de «principio». Y ha quedado invalidado porque cualquier nueva determinación ciertamente será determinación, pero no nueva, porque reproducirá el mismo significado de «principio», comprendiendo al ser como «algo». Se entenderá que en este marco de partida la reiteración que se propone Heidegger no sea la de una repetición, sino más bien la de una renuncia a los principios. Si esta «vocación de principios» puede ser denominada, aunque sea simplificando mucho, «ontología» (discurso o investigación acerca del ser), la reiteración pretendida en *Ser y tiempo* tiene que suponer un «desplazamiento» respecto a la ontología y, en definitiva, un desplazamiento de todo lo que tenga que ver con la formulación de un principio que valga como fundamento. Pero no como consecuencia de una aversión al sentido mismo de «principio», sino por un error fundamental que convirtió los principios en algo. ¿Y cómo un principio puede ser «algo»? Algo es siempre una determinación, una cosa elegida entre las que hay. Si en la jerga de *Ser y tiempo,* lo que aquí estamos llamando «algo» es lo que allí se denominó «ente», diremos que el error consistió en identificar el principio con un ente, o, lo que es lo mismo, en hacer del ser un ente. El destino del significado «ser», así, habría quedado orientado en la historia de la filosofía a entenderse como ente. Y verdadero principio no debería ser, en todo caso, algo, sino más bien «nada». Se podría decir, consecuentemente, que en *Ser y tiempo* ese desplazamiento respecto a la ontología no deja de ser un desplazamiento del ser a la nada, siempre que se entienda que esa nada no es a su vez una determinación (que también haría de ella algo: el ente llamado «nada», el «conjunto vacío»), sino el sentido. Hablamos desde luego de una nada muy peculiar, de la que también se puede decir que es aquello «no-pensado», que siempre constituyó a lo pensado, aunque sin aparecer. Hablamos en cierto modo de la nada como «fenómeno», y presuponemos que «fenómeno» no es lo que aparece, sino justamente lo que no aparece ni puede aparecer en general.

Hay en *Ser y tiempo* una despedida de la filosofía (entendida como ontología), precisamente en busca de aquello que constituyó su posibilidad, en busca del sentido, pero también el definitivo adiós a toda forma filosófica de pensar que se quiera proyectar como doctrina original y nueva. El sentido no es lo nuevo que ahora va a aparecer, de lo que se podría a su vez hacer principio a partir del cual articular una doctrina. Porque en ese caso, en *Ser y tiempo* no se trataría de una reiteración de lo no-pensado en el sentido aludido, sino de una repetición de la cuestión de siempre, de la ontología. No se tratará, por lo tanto, de algo así como de una «filosofía del sentido» o de una «filosofía de la nada» y, ni mucho menos, de una «filosofía de lo no-pensado». Pero se tratará *todavía* de filosofía, a la que Heidegger denominará provisionalmente «ontología fundamental». El título es tan tradicional que parece proceder directamente de la tópica historia de la filosofía. No es momento todavía de señalar por qué Heidegger en general y en esta obra en particular elige términos normalizados de la tradición. Tal vez solo apuntar que se elude constantemente la apariencia de que se está formulando algo nuevo cuando lo verdaderamente original consistiría en reconocer lo no-pensado en lo que ya ha sido nombrado. En *Ser y tiempo* se va a asistir a la paradoja suprema, en contraste con obras convencionales de la filosofía contemporánea esforzadas por encontrar denominaciones nuevas, de cómo los términos clásicos («ontología», *«Dasein»,* «existencia») van a ser los encargados de liquidar arraigados significados de la tradición. La misma fórmula, «ontología fundamental», se propone paradójicamente como la encargada de liquidar las mismas nociones de «fundamento» o de «principio», ligadas ambas a la noción de ser y, por ende, a la ontología.

En todo caso, «ontología fundamental» es el nombre para iniciar la cuestión de la reiteración de la filosofía, o sea, la constitución de la «historia de la filosofía» o «de lo no-pensado». En términos más escolares, el título vale para entender que se va a tratar no del ser (de lo que se ocuparía la ontología) sino del «sentido» del ser.

2. El proyecto «Ser y tiempo»

La filosofía como ontología fundamental

El lector que hoy se aproxime a *Ser y tiempo* ha de diferenciar previamente entre el proyecto de la obra y la parte escrita, pues no basta con decir que *Ser y tiempo* quedó incompleto al llegar a un punto determinado y que, en consecuencia, el proyecto no llegó a su culminación. Al contrario, bien puede entenderse: (a) que el proyecto en cuanto tal se llegó a culminar y (b) que la parte escrita se interrumpió precisamente como consecuencia de la exposición del proyecto. La relación, de este modo, entre «proyecto» y «parte escrita» es decisiva para entender la constitución de la obra, sobre todo en lo relativo a por qué esta quedó interrumpida y, a la vez, por qué el proyecto pudo orientar el trayecto posterior de Heidegger a partir de la obra inacabada. Pero el carácter de «inacabado» sugiere un «defecto», cuando en realidad puede resultar una cualidad intrínseca a la cuestión de que se trata: porque «inacabado» puede expresar la naturaleza misma de un trabajo filosófico cuando no puede aparecer como «doctrina». En realidad, *Ser y tiempo* es la expresión de esta situación, ciertamente novedosa, de un tratado que no quiere serlo. Desde esta perspectiva se parte de cierta negatividad inicial que afecta tanto a la estructura de la obra como a su intención y contenido, marcado originalmente por la interrupción. Pero ¿en qué consiste esta negatividad? La respuesta a esta pregunta constituye la posibilidad de exposición del problema «ser y tiempo» y, asimismo, de la posible salida de ese problema. Sobre este horizonte, en *Ser y tiempo* se respira una cierta despedida de la filosofía, una cierta liquidación, porque se ha desistido de jugar el juego de la importancia de la filosofía para la cultura, sus ventajas para el desarrollo del espíritu humano, su carácter de orientación metodológica y cosas así. En cierto modo, la obra es un documento terrible, porque liquida sin contemplaciones la pretensión de un discurso positivo acerca de lo que fue tema de la filosofía y, por cierto, de muchas cosas más. Se trata en toda la obra –y, para entender esto, recuérdese que continúa siendo importante mantener la diferencia entre proyecto y parte escrita– de un desmantelamiento de la filosofía por medio de una elaboración. Pero de nuevo sería un error interpretar, en consecuencia, que hay un lado negativo, el desmantelamiento, y un lado positivo, la elaboración, porque en el caso de que resulte correcto estimar dos lados, ambos constituirían el reflejo de esa aludida negatividad.

Antes de continuar por este camino, se hace preciso orientar al lector por medio de un mapa de la obra, tanto en lo que tiene de proyecto como de parte escrita. El proyecto «Ser y tiempo» solo se encuentra expuesto en la Introducción de la obra, un texto que cubre 40 páginas en su versión original. De cómo se lea esta Introducción depende en buena medida no solo la lectura de *Ser y tiempo,* sino la comprensión general de «todo Heidegger». En efecto, ese breve texto constituye la introducción a la parte escrita, pero también algo más: la consideración de que la propia filosofía no puede ir más allá de su carácter de introducción, en definitiva, de que no puede decir nada doctrinal[5]. Pero este «no decir nada» tiene que constituirse en el comienzo mismo de la investigación. Solo así puede entenderse lo que desde la primera página se presenta como única cuestión de la obra (y, por ende, única cuestión de la filosofía que queda por hacer): «la elaboración concreta de la pregunta por el sentido del "ser"»[6]. Esto constituye el propósito inicial de la obra, que hay que entender literalmente: no se trata de una doctrina sobre el ser ni de la elaboración de la respuesta a esa pregunta, pero porque inicialmente se parte de que no hay respuesta posible y que de lo que tiene que tratar la obra es precisamente de describir esa imposibilidad, que es como decir: describir aquella mentada negatividad. En efecto, responder sería algo así como decir que hay un sentido y que ese sentido explica una cosa, a saber, el ser, etc., cuando el presupuesto inicial es precisamente que se puede hablar de sentido desde el momento en que bajo ese término no se entiende «algo», sino el horizonte o fondo a partir del cual algo en general puede ser comprendido[7]. Y en esa misma página inicial se encuentra marcado lo que Heidegger, precisamente en su inicio, considera que se puede interpretar provisionalmente como ese horizonte o fondo, a saber, el tiempo. Pero de nuevo hay que fijarse en cómo se dice eso: se habla de «interpretar», de «provisional» y del *«tiempo»,* escrito en cursiva. Efectivamente: se interpreta porque eso que se quiere decir no se tiene delante como una cosa que pudiera ser explicada; es provisional porque en ningún caso ni momento eso que se llama «tiempo» puede aparecer como principio incuestionado, sino justamente como algo que tiene, en su caso, si se consigue hacer evidente, que probarse como tal sentido. Así pues, no se dice «el tiempo es el sentido del ser», sino que se dice que habrá que llegar a fijar «semejante meta» . Y para la fijación de semejante meta se anuncia una Introducción que habrá de aclarar el camino elegido. Efectivamente, la Introducción a la obra describirá el proyecto y el camino elegido para fijar semejante meta, que es justamente el camino que se interrumpirá al llegar a un punto determinado. ¿Y qué lo interrumpió? De entrada, se puede suponer que la mencionada «complicación» entre desmantelamiento y elaboración a la que he aludido, sin que eso signifique que, por muchos otros caminos, no se haya perseguido el propósito mencionado en la Introducción. A decir verdad, es muy posible que la persecución de ese propósito continuara guiando a Heidegger, por más que ciertas palabras, como por ejemplo «tiempo» y «ser», desaparecieran como significantes o aparecieran bajo otros.

Por todos los motivos aludidos se hace preciso enfatizar esta diferencia entre el proyecto «Ser y tiempo», recogido en la Introducción de la publicación, y la parte escrita que, más que fracasar como tal, lo que hizo fue exponer un «fracaso» ineludible para la constitución del proyecto, a saber, para la fijación de la meta. Esto quiere decir que el fracaso forma parte inicial y estructural de la obra; que, por así decirlo, la obra despliega, en su parte escrita, dicho fracaso. Todavía es pronto para dar un contenido a esta suposición, que se tiene que mostrar a la vista de la propia estructura de la Introducción. Esta, según refleja el gráfico 1, está compuesta por dos capítulos, pero es esencial comprender bien

GRÁFICO 1

Introducción	I.- Necesidad, estructura y preeminencia de la pregunta por el ser
	II.- La doble tarea en el desarrollo de la pregunta por el ser

esta división: no es que el segundo simplemente siga al primero, sino que es el despliegue del primero, según trata de reflejar el gráfico 2. Dicho en otros términos: el capítulo II de la Introducción constituye la delimitación «expositiva» de lo que se anuncia en el I, a saber: de «la necesidad, estructura y preeminencia de la pregunta por el ser». Y esa delimitación ocurre como desarrollo de una «doble tarea». Así pues, esas dos tareas, que se anuncian respectivamente en el § 5 y el § 6 de la Introducción, son cooriginales; en definitiva, es «una» doble tarea. Dichos parágrafos, además, anticipan en la Introducción lo que serán a su vez las dos partes en que se dividirá *Ser y tiempo*. Así, el § 5 anuncia una «analítica ontológica del *Dasein* como liberación del horizonte para una interpretación del sentido del ser en general» en la que se anticipa el contenido de la primera parte

GRÁFICO 2

Introducción: Cap. I y Cap. II: Doble tarea	§5. La analítica ontológica del *Dasein* como liberación del horizonte para una interpretación del sentido del ser en general
	§6. La tarea de una destrucción de la historia de la ontología

de la obra, mientras que el § 6 anuncia una «destrucción de la historia de la ontología» en la que a su vez se anticipa el contenido de la segunda parte de la obra. Es decir, el contenido completo de lo que iba a ser *Ser y tiempo* se encuentra preformulado en el capítulo II de la Introducción a la obra. Como se sabe, cada parte, a su vez, según refleja el gráfico 3, estaba articulada en tres secciones. De lo proyectado solo fueron culminadas por escrito dentro de *Ser y tiempo* las dos primeras secciones de la primera parte, y quedaron sin redactar la tercera sección y la segunda parte en su conjunto. Así pues, solo dos secciones componen la parte escrita. El *Ser y tiempo* conocido está compuesto por la Introducción y dos secciones, y por eso se dice que la obra quedó en forma de fragmento.

GRÁFICO 3

- Ser y tiempo: proyecto
  - § 5. Analítica 1.ª parte
    - 1.ª sección: Análisis preparatorio del *Dasein*
    - 2.ª sección: *Dasein* y temporalidad
    - {3.ª sección} Tiempo y ser
  - § 6. Destrucción 2.ª parte
    - {1.ª sección:} Doctrina kantiana del esquematismo
    - {2.ª sección:} Ontología del *cogito sum* cartesiano
    - {3.ª sección:} Tratado aristotélico acerca del tiempo

Esta descripción de la articulación de la obra, aunque pueda parecer reiterativa, está lejos de ser trivial, al punto de que su desconocimiento impide su lectura adecuada. Naturalmente que es posible leerla materialmente sin ese conocimiento, pero entonces habría que preguntarse qué se está leyendo. En todo este asunto reside el origen de uno de los fuertes malentendidos aludidos, que invita a confundir lo que Heidegger anuncia como «ontología fundamental», título clave del proyecto, propuesto en el capítulo I de la Introducción, con la «analítica del *Dasein*», que es un desarrollo unilateral del proyecto y contenido principal de la parte escrita, cuando lo que ocurre es que aquella ontología *se busca* en esta analítica. Porque propiamente la ontología fundamental tiene que ver con la elaboración de la pregunta por el ser que no solo exige para su delimitación una analítica del *Dasein* sino también una destrucción de la historia de la ontología. Esto se hace más evidente prestando atención al hecho de que la cuestión del *Dasein* (no solo su analítica) aparece en *Ser y tiempo,* en la Introducción, antes del anuncio en el § 5 de una analítica. En efecto, el *Dasein* aparece en el texto antes de que lo haga su analítica. En cierto modo, *Ser y tiempo* se recoge completo, en lo relativo a su proyecto, en la Introducción de la obra.

Desde esta perspectiva se pueden plantear dos cuestiones que sirvan de guía a la comprensión de la obra y que, en consecuencia, puedan dirigir su lectura: (a) ¿por qué la cuestión del ser –planteada en Heidegger como pregunta por el sentido del ser– se hace comenzar por lo que desde el principio se marca como un ente (el *Dasein)*, es decir, como algo que simplemente es? y (b) ¿por qué la delimitación del sentido exige una doble tarea? Incluso la interrupción de la obra tiene que ver con estas dos cuestiones; por así decirlo, con su desencaje, que obligó posteriormente a ensayar otro modo de exposición, pero de ningún modo a cambiar de propósito: la cuestión del sentido del ser continuó siendo cuestión, aunque eso condujera a insistir en otros desarrollos que, de alguna manera, ya se encontraban en la obra de 1927.

Es hora de que retomemos la relación entre desmantelamiento y elaboración a la que aludimos líneas más arriba. Sería fácil, a estas alturas, identificar lo que llamo aquí «desmantelamiento» con la mentada «destrucción» del proyecto (que corresponde a la segunda parte, anunciada en el § 6 de la Introducción), igual que la elaboración con la «analítica» (que se corresponde con la primera parte, anunciada en el § 5 de la Introducción). Más difícil resulta, en cambio, entender su imbricación antes de que aparezca anunciada la doble tarea, es decir, en el capítulo I de la Introducción. Allí se sugiere que se hace necesaria la pregunta por el sentido del ser no porque no tengamos ni idea de qué significa ser sino, al contrario, porque ya tenemos una idea previa. ¿Por qué, entonces, hacer la pregunta si ya tenemos esa idea? Justamente ahí comienza la filosofía en *Ser y tiempo,* en lucha contra esa idea que ya tenemos y según la cual nos comportamos cada vez que decimos «es» o «no es». Como ya vimos más arriba, ese «es» viene comprendido de forma natural *solo* en el marco de una gramática que presupone a alguien (la conciencia, el sujeto) que dice algo (un enunciado). En primer lugar, cómo ese enunciado expresa con exclusividad una igualación (A es A; A es B) sin reparar para nada en la separación presupuesta cada vez que digo «es»[8] y, en segundo lugar, cómo cada enunciado solo es posible porque alguien lo formula nos hacen ver que a la postre no hay diferencia entre el sujeto de conocimiento y el enunciado (el sujeto son los enunciados posibles, y estos, como expresión de la verdad, solo son por referencia a ese sujeto). Esto no es otra cosa que lo formulado más arriba como la identificación entre la conciencia o el sujeto y la actualidad[9]. La cuestión del ser, así pues, ha dejado de ser cuestión por el simple hecho de que se ha sustituido por una gramática (sistema de categorías), que es justamente lo que impide que «ser» pueda aparecer como fenómeno. Dicho en otras palabras: la cuestión del ser, como fenómeno, está oculta tras el enunciado o, lo que viene a ser lo mismo, tras el sujeto. Pero es Heidegger quien quiere ser más fiel a la filosofía, que siempre se definió como ciencia de los principios, y preguntar: ¿de qué principio se trata con el sujeto o la conciencia si justamente deja oculto el fenómeno, es decir, aquello que concretamente hace posible que en general el sujeto proponga sus enunciados respecto al mundo y a sí mismo? En definitiva, para delimitar aquello que funciona como principio, literalmente habría que ir al origen, en lugar de suponer no sé qué sujeto que se atribuye la validez de todo lo que enuncia, tanto cuando es verdadero como cuando es falso. En cierto sentido, se persigue un *sujeto*, pero desde el inicio, no inventado, que lo sea realmente. Pero esta prosecución supone solidariamente una liquidación de esa figura del sujeto desde el momento en que se detecta que el tal sujeto aparece, pero no como principio, sino como algo derivado. En realidad, el tal sujeto, más que un fenómeno, es una apariencia, una pantalla, que oculta precisamente al fenómeno, que es aquello de donde surgió el sujeto. Y de ese fenómeno es de lo único que cabría decir que es origen y a la vez principio. Pero ¿cómo reconocerlo? Se dispone de una señal previa, aunque paradójica: se encuentra oculto, pero no porque esté en la lejanía, en un más allá inaccesible, sino por la extrema proximidad que lo hace pasar desapercibido. Pero no basta con una señal tan correcta como incierta, que haría depender el acierto de la visión personal del filósofo investigador. Hay que comparar lo que se busca con el propósito previo que mueve la investigación que, como se recordará, escuetamente rezaba así: «elaboración de la *pregunta* por el sentido del ser». Sería inadecuado, bajo este presupuesto, decir: el sentido es esto o lo otro o lo de más allá, incluso aunque después se justificara. Más adecuado resulta plantearse algo tan simple como «dónde» ocurre el preguntar. Y así planteado, lo que aparece provisionalmente como fenómeno (el lugar del preguntar) es un ente que es peculiar porque comprende a los entes que no tienen su misma forma, además de comprenderse a sí mismo desde el momento en que puede preguntarse por todo ello. Eso quiere decir que pregunta por el ser de las cosas, así como por el ser de sí mismo. En definitiva, se trata de un ente que entiende del ser. Por eso, y solo por eso, es señalado. No es señalado porque ese ente seamos «nosotros mismos», pues esto es más bien algo que se puede constatar reflexivamente «después». La pregunta por el ser, así pues, procede de este ente; en cierto modo, es lo que define a este ente. Pero ocurre que ese preguntar, que define un modo de ser (como lo es comer, dormir o andar), se encuentra determinado por aquello que se pregunta, a saber, por el ser. Entre este ente y el ser, así pues, hay un inextricable vínculo. Y a este ente, a eso que tiene tal relación con el ser, es a lo que Heidegger atribuye el nombre «*Dasein*»[10]. En definitiva, de entrada, este nombre solo puede aludir a un ente que guarda una relación irreducible con su ser, y es el carácter de esa relación el que Heidegger reconoce como «ontológico». Pero por tal cosa no se entiende la capacidad de hacer ontologías[11], por ejemplo una del sujeto y otra del mundo, una del espíritu y otra de la naturaleza, sino más bien algo previo: que el ente *Dasein* está marcado por una ineludible comprensión del ser; que, siendo, el *Dasein* comprende el ser, lo que quiere decir que está abierto al ser, lo quiera o no. Esto, como se verá, no tiene nada que ver con desarrollar una teoría sobre el ser o decir explícitamente algo sobre las cosas que son, sino más bien con la ineludible relación que en todo comportamiento se guarda con las cosas que nos rodean y con uno mismo. Esa relación es la que Heidegger califica, para diferenciarla de cualquier enunciado explícito y temático acerca del ser (en definitiva, de cualquier ontología), de «preontológica». Y es este carácter preontológico lo que define propiamente al *Dasein y nada más*. Esto es decisivo: si, además de lo dicho, *Dasein* consistiera en algo, fuera algo y tuviera algo que no fuera la pura relación con el ser, entonces no tendría nada de preeminente, por muy elevadas y excelentes que fueran sus cualidades. En definitiva, si, además de comprender el ser, el *Dasein* fuera, por ejemplo, el sujeto o la conciencia o el centro del universo o el fundamento de la comunidad política o el responsable de determinados mandamientos éticos, entonces quizás podría ser «el hombre», pero desde luego no sería *Dasein* en el sentido expresamente delimitado por Heidegger. Y por ser solo eso es por lo que Heidegger atribuye al ser propio de este ente, al ser del *Dasein,* otro nombre singular: *existencia*[12]. Lo reescribo aquí en cursiva, como está en el texto original de *Ser y tiempo* en su primera aparición, para distinguir este término de su uso común en la terminología de la filosofía, donde funciona como opuesto a esencia. Ciertamente está escogido bien a propósito, pues significaría algo así como el hecho de ser él mismo, pero alude a ese ser él mismo que solo consiste en «guardar una relación con el ser» y no a cualquier otra cosa. «Existencia», por otra parte, tiene ese sentido de «des-plazamiento» y «des-alojo» que alude a que propiamente ser, en el caso del *Dasein,* no consiste en nada, o, lo que es lo mismo, consiste *solo* en guardar una relación con el ser, estar abierto a él, a sus posibilidades, etc. Desde este momento se hace preciso separar bien los significados de *Dasein* y existencia: el primero es un ente, que ciertamente consiste en ser; el segundo es el modo de ser de ese ente. Por eso mismo, cuando se inicie un análisis del ser de dicho ente, este solo podrá ser un «análisis existencial». Pero antes de iniciar ese análisis, del que tratará la primera parte de *Ser y tiempo,* habrá quedado clara una decisiva cuestión: con el *Dasein* Heidegger no introduce un nuevo nombre para designar al sujeto[13], ese título con el que la filosofía moderna también interpretó el ser humano y, más concretamente, el ser que piensa y es autoconsciente, sino más bien para retroceder respecto al sujeto, justamente a aquello preontológico recién nombrado que bien puede considerarse auténtico principio según la filosofía. Pero no auténtico porque a su vez el filósofo lo declare así. Más bien, porque está al principio y allí aparece. En esta situación se produce un desmontaje filosófico desde el momento en que generalmente para la tradición de la filosofía los principios constituyen lo más elevado y aquí, persiguiendo el fenómeno *Dasein,* aparece bien abajo, en el punto de partida, en el comienzo. Pero para ser exactos, habría que repetir que «no aparece», porque lo que generalmente, siguiendo nuestro modo de ver y tratar con las cosas, justamente pasa desapercibido es ese principal *Dasein.* Pero entonces, a su vez, este pasar desapercibido no es otra cosa que el pasar desapercibido del ser, del que justamente podríamos decir *que es* en la medida en que pasa desapercibido. Efectivamente, de lo desapercibido ni decimos ni dejamos de decir que sea o no sea, precisamente porque ese aparecer no se hace relevante. De ahí que la cuestión del *Dasein* no sea, en general, cuestión. De ahí también que, por otra parte, en ese pasar desapercibido, igualmente de forma desapercibida «ser» se convierta en «la naturaleza», «el hombre», «el sujeto», «la conciencia», etc., y sin embargo se tome ese deslizamiento por algo natural. De ahí también que, cuando se quisiera preguntar por el ser a diferencia del ser de la naturaleza, el mundo, el sujeto, el hombre o la conciencia, la respuesta pareciera oscura, pues hay ojos para lo ontológico, que es lo que aparece y sus condiciones de aparecer, pero no para lo preontológico, que se escapa a nuestra mirada precisamente porque rehúsa una tematización. Y por último, si lo tematizáramos, se volvería objeto de una ontología, por ejemplo, de la Física, la Antropología, la Psicología o la Sociología, pero perdiendo con ello lo que líneas más arriba llamamos «la existencia». A partir de aquí, que es como decir «a partir del filo de la navaja», pues hacia un lado se encuentra el no poder decir nada y al otro lado la tematización, el problema se puede plantear en estos términos: ¿cómo poder decir algo de lo que pasa desapercibido sin que, simultáneamente, no convoquemos una ontología al uso y no hagamos una «temática»?, ¿cómo poder decir algo de lo atemático mismo? Y en este decir consiste lo que Heidegger llamó «ontología fundamental», que sería algo así como la reconstrucción de un posible decir *(lógos)* sobre el ser, pero a partir de la única señal que se ha encontrado sin presuponer nada; a partir del *Dasein*. Ciertamente eso es también sacar de su desapercibida irrelevancia al ser y, por lo tanto, es hacer filosofía, lo que supone en cierto modo «perder» de nuevo al ser en una ontología. Pero esa ontología, que es fundamental no porque vaya a constituirse en la base de una sucesión de ontologías temáticas; que, de alguna manera, y por lo que venimos diciendo, comienza y concluye consigo misma (es solo introducción), quiere llamarse «fundamental» como modo de revelar que de verdad se va a atender a la cuestión del principio, sin inventarse nada, y también que tiene que surgir porque de los principios se ha hecho su opuesto, es decir, se ha hecho *algo* (léase: el ser es la naturaleza, Dios, el hombre, el sujeto, el espíritu, la voluntad, la sociedad, el mundo técnico). Ciertamente, a la ontología fundamental le ocurre el destino de toda ontología: tratar de rescatar al ser, es decir, de hacerlo relevante, es también perderlo. Pero si a diferencia de las ontologías consigue que además esa pérdida *aparezca* como tal, en lugar de contentarse con un resultado positivo, la filosofía, entendida inicialmente como «ontología fundamental», simplemente será justa con el estado de cosas que hay: en su rebelión está su pérdida, pero sin ella la pérdida ni siquiera puede aparecer como tal. Así, el camino consiste en decir que el *Dasein,* al comienzo de *Ser y tiempo,* aparece como una señal, en cierto modo como una señal permanentemente intermitente, a saber, entre el ente que es y el ser en que consiste (la existencia). Pero esta intermitencia es tanto como decir que el *Dasein* no es nada. Y en efecto, esta nada es lo que se puede llamar «existencia» y, en consecuencia –ahora se puede entender lo afirmado más arriba– la propia elaboración de la pregunta por el ser, fiada a la analítica existencial del *Dasein,* está atravesada de negatividad y de pérdida. En realidad, es un paseo a través de esa nada. Se acaba de señalar que el discurso filosófico, así de radicalmente entendido como se asume en *Ser y tiempo,* a su vez no puede presuponer nada; nada, al menos, que no aparezca como tal nada (recuérdese: como señal del ser y nada más). Y en esto reside lo que podemos reconocer como «fenomenológico» en *Ser y tiempo,* lo que ocurre es que el único fenómeno que de entrada aparece como tal (y, por lo tanto, por desapercibido, oculto) en el camino al sentido del ser es la existencia. Y la existencia remite simplemente al ser, que es lo atemático mismo, lo que más arriba llamé «lo intraducible»[14].

Se entenderá ahora cómo la misma elaboración de la pregunta por el sentido del ser entraña la liquidación de cualquier supuesto y se puede entender también por qué esa liquidación, o destrucción, como Heidegger la nombra, es fenomenológica: porque se lleva a cabo a la vista exclusiva de lo que puede ser dicho de acuerdo con el planteamiento de lo que se busca. No es que no se puedan buscar otra cosas, pues en efecto eso es lo que hacen todas las ciencias, pero es que otras cosas es precisamente lo que la filosofía, si quiere conservar su sentido, no busca. Es muy posible que en el propio desarrollo de la ontología fundamental, que en el conjunto de su despliegue acaba consistiendo en una enorme liquidación, también se liquide a sí misma, pues a la postre no solo no aparecerá ningún discurso positivo sobre el ser (ni, ciertamente, tampoco negativo, pues eso sería hacer que lo atemático se volviera temático, a saber, como negativo), sino que el discurso sobre el ser, porque se plantea como pregunta por el sentido del ser y no solo por el sentido de un ente (el *Dasein),* tenga que renunciar a proseguir. Cuando eso ocurra se habrá dado lugar a que *explícitamente* la cuestión del *Dasein* se haga irrelevante como mero análisis de un ente, por ontológico que sea dicho ente. Pero se trata, ciertamente, de una decisiva irrelevancia, que ha exigido una depuradísima tarea y que habría dado un resultado casi inesperado: se buscaba el sentido del ser en el sentido de un ente (tema de la ontología fundamental), pero este análisis habría demostrado una equivocación radical, a saber, que no se trataba de un ente, sino del ser mismo[15]. Con este resultado, la ontología fundamental podrá desaparecer, pero lo hará exigiendo una transformación del *Dasein* de acuerdo con los resultados. Entonces, *Dasein* ya acabará significando otra cosa y tendrá también que nombrarse de otra manera.

¿Se han contestado a las dos preguntas sobre la estructura de *Ser y tiempo?* A la postre, la relación misma entre elaboración y desmantelamiento ofrece un nuevo matiz. Puede que la tan mentada destrucción que aparece titulando el § 6 sea bien constructiva al lado de lo que aparece en la elaboración de la analítica, que prácticamente no deja lugar, en el desarrollo del análisis existencial, para hablar de nada que pudiera constituirse en principio, referencia, ni siquiera verdad en el clásico sentido del aseguramiento de algo, etc. De esta forma *Ser y tiempo* es, mucho más allá de lo emprendido por Nietzsche, la obra escrita en la estela del nihilismo, que se ha encargado de limpiar el terreno incluso para comprobar si tiene sentido eso del sentido y, en cualquier caso, si tiene sentido lo de *pensar* y *decir*. Es una obra que no se instala en el nihilismo –en el nihilismo se instala el modo de hacer filosofía y ciencia que ni siquiera ha asumido la pérdida y puede, por lo tanto, continuar diciendo que el ser es esto o lo otro o lo de más allá (por ejemplo, la multitud, o la historia, o el presente)– pero que sabe que ese nihilismo, desapercibidamente, es lo que hay. A ese nihilismo y a su origen se lo nombra en la obra de Heidegger con evocadoras expresiones, como la del «olvido del ser», pero lo que esconde esa poética expresión es más desalentador que cualquier discurso que se autoproclame «anti», porque más allá de todo drama pone sobre la mesa la cuestión de si en realidad se puede decir no ya algo, sino si en general «se puede decir». Y detecta, por cierto, esa imposibilidad no en lo mucho que se calla sino, al contrario, en lo mucho que se habla, es decir, en la exhaustiva automática forma de enunciar. De enunciar, naturalmente, según una gramática bien fijada que, precisamente al presuponer que los tiempos están fijados como tiempos verbales, elimina el tiempo del seno de la lengua, al reducir, en el fondo, todos los tiempos a presente. Paradójicamente, también dramáticamente, la potencia de la comunicación no reside sino en esa eliminación del tiempo, que es la que hace posible que todo sea dicho en todo momento (sucesión) y en todo lugar (simultaneidad) y, además, actualizable inmediatamente.

Al final de *Ser y tiempo* se hace preciso desarrollar aquello que se logró más allá del análisis del *Dasein*. Y lo que se ganó fue el propio *Dasein,* que se revela propiamente como el lugar de cruce entre lo óntico y lo ontológico. A ese cruce podemos denominarlo «la diferencia» siempre que no entendamos que no hay un lugar, sino propiamente un cruce. Y a ese cruce, como veremos, podremos reconocerlo como el «*Da*», podremos llamarlo también «verdad» o, utilizando otro término de la jerga de Heidegger, «claro» o «luz». Pero eso será ya el resultado de *Ser y tiempo,* cuyo trabajo consistió en elaborar una doble tarea que acabara revelando que en realidad solo hay una: decir, ya sin análisis, lo intraducible.

Dasein como diferencia

Se está sugiriendo que, como resultado de la exposición, en *Ser y tiempo* se gana una transformación del *Dasein*. Y esto en varios sentidos: (a) el primero, en el más banal de que hay un desarrollo de la noción, que tiene lugar como analítica; (b) en un segundo, recién sugerido, según el cual el *Dasein* puede llegar a ser entendido como ese *cruce* entre lo óntico y lo ontológico al que también podemos llamar «diferencia». En este último sentido, se acaba de sugerir un paso del *Dasein* al *«Da»* que también puede leerse como paso a lo intraducible, que sería eso propiamente preontológico señalado más arriba. Pero un paso ¿desde dónde? Esto remite al trayecto general de la obra entendida como paso que, si llega a lo intraducible, lo hará desde lo traducible. Dicho en otros términos, y para resumir todas las versiones que hemos dado de ese paso: en la obra se opera un tránsito de un ente al ser. Pero entenderlo *literalmente* en estos términos sería tan peligroso que invalidaría el sentido mismo del proyecto. En realidad, se acaba de formular bajo esa expresión para ejercer una violencia y que se revele lo que no ocurre, aunque ciertamente la fórmula empleada sugiera una verdad. En realidad, del ente al ser no hay conversión en el sentido de que un ente nunca podrá ser tomado por el ser: un ente es algo y el ser es lo que queda al margen de todo algo y no aparece, ciertamente posibilitando por eso su carácter de comprensión. Si recordamos que el propósito de la obra se cifra en elaborar la pregunta por el sentido del ser y no en elaborar algo así como una doctrina del ser, quedará claro que esa delimitación tiene como origen una reserva previa: una doctrina del ser sin más no es metodológicamente posible si no queremos que como resultado salga algo meramente inventado o propuesto, porque todo discurso sobre el ser, sépalo o no, parte ya de una comprensión previa que lo dirige. Y en consecuencia, antes del discurso se hace preciso hacer relevante esa «comprensión previa» que funciona operativamente como un *a priori.* En efecto, cuando pregunto «¿qué es algo?» o cuando respondo «A es B», puedo hacerlo porque manejo un significado de ser (el que se encuentra implícito en la partícula «es») que ya conozco. Pero ese conocer se presenta como irrelevante, a fin precisamente de que pueda ocurrir la pregunta «¿qué es...?». Si llegase a hacerse relevante, lo que ocurriría entonces es que el interés recaería sobre el propio «es» antes que sobre aquello que se pretendía poner en cuestión, a saber, sobre el algo (sea A o B). Se produce una suerte de juego según el cual, para que algo se haga relevante, aquello que lo posibilita (ser) se tiene que volver irrelevante. Pero, por otra parte, sería inútil aspirar a hacer relevante esa cuestión del ser fuera del marco en el que ese ser aparece, a saber, en el seno de la pregunta, pues eso significaría reconocer que hay un ámbito propio o una esfera del ser independiente del propio juego en el que «ser» desaparece para que aparezcan los algos en cuestión, es decir, las cosas, los entes. No hay tal esfera del ser a diferencia de la de los entes porque «ser» significa siempre «ser de los entes». De este modo, eso significará que cualquier investigación sobre el ser tendrá que comenzar por los entes (las cosas) y en su esfera, que es la única en la que estamos y de la que cabe hablar. Pero eso sin olvidar, de todos modos, que lo que se busca no es un ente, sino el ser. ¿Cómo deshacer esta dificultad, que no es sino el litigio permanente inherente a la propia cuestión del ser? Fíjese que ese litigio no se daría si se postulara que «ser» tiene su propia esfera, paralela, superior o inferior a la esfera de las cosas (lo ente). Pero ese procedimiento, que míticamente se corresponde con la versión metafísica de dos mundos (uno sensible, las cosas, y otro suprasensible, el ser), no dejaría de hacer de la supuesta esfera del ser otro ente, aunque fuera interpretable como superior. ¿Y si el verdadero procedimiento, fenomenológicamente hablando, fuera más que comenzar suponiendo una esfera para el ser que funcionara como principio, intentar descubrir en la única esfera que hay, la de lo ente, un principio? Pero de nuevo se plantea la interrogación: ¿cómo un ente va a ser un principio? «Principio», filosóficamente entendido, es aquello al margen de todo y que tiene que manifestarse como origen. ¿Y qué ente puede ser origen sin que declararlo como tal no suponga una decisión arbitraria? La exigencia fenomenológica de atenerse a lo que hay y se manifiesta no puede olvidar ese sentido de principio, que no puede ser inventado, pues si no, en lugar de filosofía, tendríamos matemáticas o biología (ciencias que adoptan algo como principio y lo vuelven axioma incuestionable). Si se ha de partir de un ente, este tendrá que ser uno que *de alguna manera* no sea ente. Pero que lo sea y que, simultáneamente, no lo sea no puede querer decir que nos instalemos en la contradicción, sino en la propia diferencia. Porque en ese ámbito de la diferencia, que no se puede confundir con un nuevo territorio más allá de lo ente, es donde en su caso cabrá señalar ese principio que a su vez sea origen. Algo inicialmente comprensible como ente, pero que de alguna manera no sea un ente, sino el ser, es la diferencia. *Ser y tiempo* expone desde el principio esta situación.

Entonces, sugiriendo una respuesta a la pregunta planteada acerca de cómo la cuestión del ser se hace comenzar por un ente, en el proyecto *Ser y tiempo* (como se señaló más arriba) se dispone expositivamente el asunto de modo que en el comienzo quepa hablar de algo así como del análisis de un ente, a saber, del *Dasein,* para que en realidad en el mismo desarrollo del análisis quede desmentido. Pero eso quiere decir que propiamente en el comienzo de *Ser y tiempo* ya no hay tal ente, sino el ser, al que ahí no se le denomina «ser» *(sein),* sino *Dasein*. Pero ¿por qué? Una cosa –justamente la que no se debe permitir la filosofía– es proclamar algo, por ejemplo, que el ser es distinto de todo ente, y otra es conseguir que comparezca esa diferencia de modo que no todo se resuelva en un asunto de pareceres. Decir que «ser es distinto de ente» no resulta más que una opinión, aun suponiendo (asunto imposible si siguiendo a Heidegger entendemos de qué va lo de «la verdad») que fuera verdadera. Porque que fuera verdadero en el sentido naturalmente aceptado no sería otra cosa que haber asumido que ser es otra cosa más, por señalada que fuera, pero que convive «al lado de», o «más allá de», o «más acá de», o «dentro de», o «fuera de», mientras que si realmente «ser es a diferencia de todo ente», no cabe bajo ninguna de las relaciones recién mencionadas. Incluso decir, como hemos hecho aquí tratando de nombrar de alguna manera el problema, que ente es lo siempre traducible, y ser lo intraducible, resulta igualmente aparente, y mera cuestión de títulos, si no comparece esa diferencia entre lo intraducible y lo traducible. Por eso *Ser y tiempo* no comienza con proclamas, sino ateniéndose muy rigurosamente a lo que se puede decir sin que lo que se diga sea un mero juego de nombres. Por eso el problema tiene que formularse según lo recién expuesto: la única forma de llegar a mostrar que el paso que se va a operar no va de ente a ser, sino de ser a ser, es haciendo aparecer un ente al comienzo... para revelar que *no* es un ente[16]. Pero este «no» resulta decisivo: en realidad, toda la analítica del *Dasein,* en la que aparentemente se trata de la exposición positiva de la estructura de ese ente, bien leída es un continuo decir «no es...», «no es...», etc.[17]. De ahí que deducir de tal analítica resultados para una Psicología, Antropología o Sociología resulte, ciertamente, muy enriquecedor y sugestivo para esas ciencias, pero en absoluto para esa filosofía que en la obra se titula «ontología fundamental»[18]. Pero esta forma de plantear la cuestión se encuentra expuesta al peligro de entender que lo que en la obra se llama *Dasein* es *simplemente* el ser, lo que conduciría al error culminante: dado que el *Dasein* en la propia obra se identifica con aquel ser que «somos nosotros mismos», aparecería ese «nosotros» o «yo», ciertamente en su versión formal, como el verdadero ser. Al llegar aquí se hace preciso reiterar, aun a costa de ser tedioso, cuál es el propósito de la obra y por dónde comienza el análisis. Propósito es la comprensión del «ser en general», por así decirlo, «en cuanto tal», al modo en que Aristóteles lo propuso en su *Metafísica*. Lo que ocurre es que *Ser y tiempo* se impide a sí mismo partir de un significado aceptado de ser por sospechar que de esa manera la investigación en su conjunto, por rica que fuera, daría simplemente en una investigación óntica, es decir, acerca de una cosa, en lugar de en aquello que es a diferencia de toda cosa.

De ahí también que ese propósito no comience con el *Dasein,* sino con un análisis del preguntar. Expositivamente, la obra comienza por un análisis del preguntar, que ciertamente remite a lo que Heidegger llama *Dasein,* por manifestarse este como el único «ámbito» donde ocurre el preguntar. Esto quiere decir que en el proyecto del *Dasein* no se podrá decir de entrada nada que lo caracterice como cosa (por lo tanto, ni cualidad ni característica). Y el preguntar ¿es una cosa? Ciertamente no. Y si, además, en el preguntar se pregunta por el ser, mucho menos. En efecto, «¿qué es el ser?» se vuelve caso decisivo y principal del preguntar, pero sobre todo porque cuando operamos con esta pregunta y decimos «¿qué es...?», en los puntos suspensivos cabe todo y, por eso mismo, nada. «¿Qué es...?» no delimita un ámbito cualquiera de cosas, sino el propio del ser. Como vimos, el ser es... la pregunta por el ser, y esta ocurre como operación del *Dasein,* de modo que a la postre este, como señalamos más arriba, no es nada más que ese preguntar[19]. En la Introducción a *Ser y tiempo,* el *Dasein* se presenta como el ámbito del preguntar y, por eso mismo, del ser. De ahí que, en definitiva, en *Ser y tiempo* no se trate de paso alguno de un ente al ser ni en general de tránsito alguno hacia el ser, como si pudiera uno llegar hasta él e instalarse allí, sino del transitar mismo en que consiste el ser. Lo que se acaba de señalar es también decisivo: al hablar del ser como quien habla de una cosa, cabe comprender bajo ese nombre algo que se puede tener o donde se puede estar. Y que, además, se puede estar como en cierto más allá, después de haber abandonado a los entes. En este sentido se identificó (y eso es la metafísica) la cuestión del ser como el lugar que viene *más allá*, donde la verdad y el bien son los únicos soberanos. Pero siguiendo lo que esforzadamente hemos ido señalando, se estará en disposición de asumir que ese ámbito «más allá», identificable con el del verdadero ser –el no verdadero se habría dejado atrás–, no dejaría de ser un ámbito óntico, por privilegiado que fuera. Para comprender el proyecto *Ser y tiempo* es tan necesario desechar esto como desechar, solidariamente, la imagen opuesta, según la cual todo pertenece a este «más acá» porque no hay «más allá» alguno. En realidad, no se trata ni de más acá ni de más allá, al modo en que el platonismo habló de dos mundos. Haber, por haber, solo hay entes, en la medida en que se habla de contar con algo, por ejemplo, para algo (un zapato para caminar; un compañero para convivir; un sol para calentar o un cielo para creer). Pero eso no quita, sino justamente lo contrario, que precisamente porque todo lo que es resulta ser ente, el «es» propiamente dicho no sea tal ente. En definitiva, todo es ente y en ese «es», que se juega fuera del todo, reside la diferencia. Y el *Dasein* es señalado porque aparece como la operación de preguntar y, por eso mismo, como el ámbito de la diferencia. Así, ¿es el ámbito de la diferencia algo distinto que el ser? Con esto tiene que ver que Heidegger plantee la cuestión del ser como cuestión del «sentido» del ser, o sea, según se vio, como horizonte o fondo desde donde se vuelve comprensible el ser (que entonces ya no es la cuestión de la metafísica, sino de la pregunta por la metafísica). En cierto modo, este sentido no es más que el ámbito mismo que acabamos de identificar con la diferencia. Decir, así pues, que el ser es la diferencia vale si eso nos hace abandonar la idea de un ser «aparte de» o «ajeno a» lo ente, cuando se trata, radicalmente entendido, del horizonte donde lo que se llama ente puede aparecer. Y el *Dasein* es el «lugar» (que alude a que todavía se puede considerar ente) desde donde se puede preguntar por ese horizonte. Así las cosas, lo que procederá, según el proyecto, será tratar de descubrir a partir del *Dasein* su propio sentido y, desde el momento en que el *Dasein,* descubierto su sentido, se revele como ámbito mismo del ser, estimar si el sentido del *Dasein* corresponde con el sentido del ser. Se hace preciso recordar, de todos modos, que si se entiende la obra en su parte escrita como tránsito del ente *Dasein* (que no es un ente) en busca del ser, se puede entender que ese tránsito revele también la radicalidad de la diferencia, que se juega siempre entre ente y ser, es decir, que se juega siempre en el seno del *Dasein*. De igual manera, si lo que tenemos en cuenta es el ser del *Dasein* que, como se recordará, se delimitó como existencia, esta también tiene que expresar la diferencia. No es ya solo en el hecho de que *existencia* se define precisamente como lo diferente a toda cosa (el existir nunca aparece como algo presente, como una cosa), que es lo que la hace distinta a lo que se reconoce como «el hombre», que aparece como una substancia y tiene «esencia», es decir, características y cualidades, sino que su propio acontecer consiste en la diferencia o el desgarro, en la alteridad respecto a cualquier posibilidad en la que no cabe instalarse, en el permanente «estar fuera» *(ex)* de «donde se está» *(sistere).*

Si a la luz de lo dicho se entiende que la pregunta por el ser no resulta más que de una «radicalización de una esencial tendencia de ser que pertenece al *Dasein*[20], se entenderá por qué la pregunta por el sentido, y con ella el programa completo de *Ser y tiempo,* tiene que comenzar por el análisis del ente *Dasein*. No podría hacerlo por ningún otro, pero además, al hacerlo, solidariamente desmonta cualquier otra comprensión acerca del sentido del ser que no proceda del propio sentido del ser del *Dasein*. De ahí que, en estrecho vínculo con la analítica que va a comenzar como primera parte, tenga que desarrollarse fenomenológicamente la destrucción de todos aquellos conceptos que se propusieron como principios sin una pregunta previa acerca del sentido. Si la investigación, por otra parte, inicialmente apunta al tiempo como sentido del ser en general, habrá de revisar las concepciones principales sobre el tiempo formuladas en la tradición filosófica al lado de aquellas que igualmente sepultaron cualquier comprensión del tiempo. Esto constituye la materia de lo que iba a ser la segunda parte de *Ser y tiempo,* cuyas tres secciones[21] estaban dedicadas a (1) la doctrina kantiana del esquematismo, (2) la ontología del *cogito sum* cartesiano y (3) el tratado aristotélico acerca del tiempo. Como ya se ha dicho, esta segunda parte no se escribió según el plan previsto, aunque se desarrollara mucho más ampliamente ya a lo largo de todo el trayecto de Heidegger. Así, no ya solo Aristóteles, Kant y Descartes llegaron a ser figuras del proyecto, sino con la misma dedicación Nietzsche, Hegel, Schelling, Leibniz, Platón, Parménides, Heráclito y Anaximandro. En ese futuro trayecto, que no hace sino radicalizar el proyecto *Ser y tiempo,* la misma concepción de la historia de la ontología adquirió otra interpretación, no solo más extensa sino también mucho más complicada. De todos modos, lo relevante para comprender el proyecto *Ser y tiempo* reside en entender que esa solidaridad entre el trabajo de elaboración de la analítica (primera parte) y el de desmantelamiento de la destrucción (segunda parte) constituyó siempre el núcleo del trabajo filosófico de Heidegger.

Lo cierto es que en *Ser y tiempo* la analítica ocupó la parte escrita, pero porque, bien entendida, como se sugirió más arriba, esa analítica ya elaboró un desmontaje, una destrucción fenomenológica. En el reiterado, aunque no expreso, decir «no es...» que acompaña todo el trabajo analítico, se esconde un retroceso respecto a la filosofía anterior del que surge la propia destrucción.

Desde este punto de vista, ciertamente, si por medio del análisis del *Dasein* se desarrolla implícitamente el desmontaje de la ontología tradicional (recogido como historia de la ontología), bien puede apuntarse a que «la analítica ontológica del *Dasein* en general constituye la ontología fundamental»[22], como Heidegger afirma en las últimas líneas del primer capítulo de la Introducción y, por lo tanto, como definición del proyecto. Pero solo en este sentido, porque seguramente la analítica sería a su vez imposible, y seguramente impracticable, sin la solidaria idea de un desmantelamiento de la ontología. Por supuesto, hay que leer los trabajos anteriores a *Ser y tiempo*[23] para comprobar hasta qué punto esto es así y en la lectura e interpretación de los filósofos, sobre todo de Aristóteles, Platón y Kant, Heidegger encontró la condición y el impulso para promover y articular un proyecto como el de *Ser y tiempo,* un proyecto que, una vez terminada la redacción, no solamente no se detuvo sino que continuó bajo el mismo presupuesto hasta hacer de la lectura de los filósofos su propia filosofía. El proyecto *Ser y tiempo* puede ser leído también como esa lectura de los filósofos, y no solo porque vaya contra ellos, sino porque yendo contra ellos los eleva muy por encima de donde los situó la normalizada mirada de la filosofía cuando ya se encuentra identificada con la nueva cultura filosófica.

Así, con estos presupuestos, al comenzar la lectura de *Ser y tiempo* se puede considerar que no se comienza una obra inacabada, sino una obra activamente interrumpida. La interrupción, de este modo, viene a hacer justicia a la continuación de un proyecto: porque lo que se propuso como inicio (el análisis de un ente) necesariamente iba a fracasar –y estaba ahí para fracasar–, por eso mismo lo que no resultó ser el *Dasein,* a saber, meramente un ente, se pudo constituir como punto de continuación del proyecto. El sentido, que ya en la obra *Ser ytiempo* mereció otras denominaciones (como por ejemplo *«Lichtung»*, que se puede traducir como «claro» o «luz»), continuó siendo aquello que guio el trabajo. Si más tarde la pregunta por el sentido se transformó en pregunta por la verdad o incluso en la delimitación del «acontecimiento» *(«Ereignis»),* eso no fue más que una transformación de la comprensión de la noción de *Dasein,* una tal que cada vez fue radicalizándose más en la tendencia a insistir en aquellos aspectos del *Dasein* que más lo alejaban de su consideración como ente y más lo aproximaban a su consideración como «sentido», «horizonte», «fondo». A saber, aquel decisivo aspecto de *Dasein* que consiste elementalmente en *«Da»*. Así, no es que Heidegger abandonara la cuestión del *Dasein,* sino que todo su trayecto puede comprenderse como una transformación reiterada de esa noción, desde su contemplación como ente hasta su revelación como ser.

3. El *Ser y tiempo* escrito

La parte escrita de *Ser y tiempo* se interrumpirá cuando en el desarrollo de la obra se produzca una transformación decisiva que revele que el sentido del ser del *Dasein* es el sentido del ser en general. Por qué era necesario de todos modos desplegar una analítica completa del *Dasein* para alcanzar ese resultado es lo que se ha intentado formular hasta ahora al distinguir el «proyecto *Ser y tiempo*» de la «parte escrita». Pero en algún sentido también se ha sugerido que la parte escrita es completa, porque la obra estaba proyectada como camino negativo y no meramente como uno alternativo, que fuera sistemático y positivo.

De ahí la analítica, que fue pensada en el mencionado § 5 del proyecto original. En la *primera sección,* se tratará del análisis del ente llamado *«Dasein»* tal como se presenta inmediatamente en su cotidianidad. Pero este análisis solo tiene un carácter provisional, pues en él solo se intenta describir la constitución de este ente, por así decirlo, su ser, sin ofrecer una interpretación de su sentido. Ganado este análisis previo y provisional (hasta que no se revele que es adecuado), la *segunda sección* investigará el sentido de esa estructura encontrada y repetirá el análisis para comprobar que los elementos de esa estructura son modos del sentido buscado, a saber, de la temporalidad. La *tercera sección*, tal como figuraba en el proyecto, vendría a revelar que el sentido encontrado para el *Dasein,* la temporalidad, que es aquel horizonte desde donde el *Dasein* comprende el ser, es también el sentido del ser en general, que podemos llamar «tiempo». Pero la explicación del tiempo como sentido, es decir, como horizonte de la comprensión del ser, tenía que venir exigida en la *tercera sección* a partir de la temporalidad del *Dasein*.

Estas son las tres secciones que iban a componer la primera parte de *Ser y tiempo*. Como se dijo, fue al final de la segunda cuando la obra se interrumpió. En este momento, sin embargo, se podría decir que Heidegger cumplió lo que se propuso en el § 5 de la Introducción, a saber: «la analítica ontológica del *Dasein* como *liberación* del horizonte para una interpretación del sentido del ser en general». En efecto, esa analítica libera la posibilidad del sentido del ser. En cambio, si nos atenemos a la formulación del título de la primera parte tal como aparece expreso en el índice general de la obra[24], se puede captar un matiz: allí se habla de «la interpretación del *Dasein* al hilo de la temporalidad y de la explicación del tiempo como horizonte trascendental de la pregunta por el ser». Esa conjunción «y» sugiere la posibilidad de una separación de tareas que no está contenida en la formulación del § 5. Y tal vez sea esa formulación conjuntiva la inadecuada, porque en el marco de *Ser y tiempo* no cabe una investigación independiente sobre el tiempo, al modo en que de ella podría además resultar algo así como una «filosofía del tiempo». Se sobreentiende: independiente del *Dasein*. Eso significa, en definitiva, que en absoluto se trata en Heidegger de un abandono del *Dasein,* sino de todo lo contrario. Que caigan los términos (por cierto, el de *«Dasein»* tampoco cayó, pues juega un papel decisivo, reinterpretado, en sus *Aportaciones a la filosofía* de 1936-1938)[25] no significa que caiga el problema. Lo que Heidegger no hizo fue la investigación independiente del tiempo, pero ¿acaso podría justificarse eso después de que se revelara que «tiempo» no funciona con independencia de «*Dasein*»? Ciertamente, no del *Dasein* en su versión provisional, es decir, cuando todavía no nos ha revelado su estructura y aparece como un ente ni, sobre todo, cuando esta estructura no ha sido interpretada como posibilitada por la temporalidad, pero *«Dasein»,* en *Ser y tiempo,* no es eso o, al menos, no solo es eso. *«Dasein»* es el trayecto completo de la investigación y, por lo tanto, también su sentido. Es más, a medida que avanza la obra, lo que se revela es que es su sentido. Claro que si por *Dasein* se entiende la suplantación del sujeto, o la existencia personal, o el hombre, o cosas así, eso no es que haya sido abandonado después de *Ser y tiempo* sino que más bien nunca estuvo allí. Hay que entender que lo que hace Heidegger en la *primera sección* es decisivo, pero sobre todo para ser riguroso con el principio fenomenológico de que no se puede inventar ni deducir nada. El análisis del *Dasein* que se encuentra en la obra da un cierto resultado, y es ese resultado el que permitirá reinterpretar ulteriormente el *Dasein* como «verdad» («claro», «luz») o «acontecimiento», lo que como ya vimos supone un hacer relevante al mismo *«Da»* como posibilidad para reconocer que tal vez ahí (allí, aquí), en ese *no-lugar*, sea justamente donde puede decirse, desde la filosofía, lo que la filosofía pueda decir del tiempo. Pero eso ya vendrá como la continuación de *Ser y tiempo*. De esa continuación no puede desaparecer la secuencia completa recorrida. Ella muestra cómo fue necesaria la exposición completa del «comienzo» de modo que se revelara el propio fracaso de proporcionar un comienzo. Tras el proyecto de *Ser y tiempo* se consigue una visión de lo que haya que entender por «principio» en la filosofía. Y esa visión es la que se encuentra en disposición de despachar a la filosofía. Pero no para eliminarla o superarla, sino para releerla reconociendo que lo que pensó *Ser y tiempo* surge de ella y, de alguna manera, desde ella sigue anunciado su extrema posibilidad.

La parte escrita, tal como la conocemos, no solo dividida en dos secciones, sino desde la perspectiva del *tránsito* de la primera a la segunda, presenta en cierto modo una versión completa si no de la obra inacabada, sí de cómo aproximarse a la filosofía hasta el punto de que desde ella se pueda proyectar su propio sentido y no, desde un supuesto sentido no probado, proyectar una idea de filosofía. En cierto modo, hasta el «proyecto *Ser y tiempo*», tal como lo conocemos, resulta de la parte escrita y no, como se acostumbra a entender, esta de aquel. Pero así entendido, eso significa que el proyecto depende de la interrupción de *Ser y tiempo*.

Primera sección

Más allá de la Introducción, el lector se va a enfrentar a una obra escrita cuya lectura ha de iniciar a partir de cierta división paradójica de la mirada: por un lado, contemplándola como una exposición interrumpida que no llegó a desarrollar el conjunto de un proyecto completo; por otro lado, pese a todo, como una obra que más allá de su interrupción concluyó el propósito inicial. En este último sentido, se ha advertido, conviene leer la parte escrita como si fuera un todo en la medida en que en su desarrollo se ejecuta solidariamente una elaboración y un desmontaje. Por eso señalé que no se lea de ninguna manera solo como un tratado acerca del *Dasein* (es decir, solo como una analítica de la existencia). ¿Cómo entonces, de modo que las dos miradas no acaben chocando? Las dos secciones del *Ser y tiempo* escrito, que ciertamente constituyen un análisis del *Dasein,* se desarrollan en realidad en tres estratos: a) el primero, ciertamente como un análisis del ente reconocido como *Dasein;* b) el segundo presupone y a la vez constituye un diálogo con la historia de la filosofía (especialmente con Aristóteles, Descartes y Kant) bajo el significado de una «destrucción de la historia de la ontología»; c) el tercero –y este es el menos aparente– desmonta ya en el propio desarrollo de la analítica dos nociones clave de dicha historia de la filosofía profundamente ligadas a los pensadores recién mencionados: la noción de substancia y la de sujeto. Pero ha de entenderse que estos tres estratos funcionan en sintonía completa, de modo que se ha de evitar buscarlos por separado. Esta consideración triple es la que permite entender que el *Ser y tiempo* escrito funcione como un todo y, por eso mismo, que la división de la mirada que se solicitaba para iniciar la lectura de la obra no acabe en contradicción. Si además se lee el primer estrato, la analítica del *Dasein,* como aquel desarrollo del que resulta que lo que comienza como análisis de un ente, por mor de ese análisis (y no antes), se revela como análisis del propio ser, se puede alcanzar un punto en el que las dos miradas coincidan. Pero para que llegue a producirse esa coincidencia se ha de partir de la separación entre el proyecto y lo escrito.

¿Por dónde comienza el *Ser y tiempo* escrito? Naturalmente por el *Dasein,* pero señalando explícitamente que se trata de un ente. Ese énfasis se hace preciso para entender sin embargo una diferencia: el ser de ese ente, a diferencia del de las cosas, no es a su vez un ente, sino la «existencia». Claro que se puede hablar del ser de una cosa, por ejemplo, de un zapato, un martillo o una tormenta, pero aquel no reside más que en ser esa cosa, es decir, ser ese ente. ¿Y qué es un ente, qué es una cosa? Algo que «está ahí» presente (no necesariamente en forma material), de lo cual se pueden decir a su vez otras cosas. A estas otras cosas que se pueden decir es a lo que llamamos «propiedades» o «características». Bajo cierta consideración, una cosa son sus propiedades y nada más. Ahí parece agotarse su ser y por eso hablamos simplemente de un ente. Y el modo en que se ordenan y articulan esas propiedades es lo que se llama «categorías», que no son más que los modos de decir y pensar en un lenguaje y según ese lenguaje *(lógos)*[26]. Las categorías exponen articuladamente el ser de un ente que puede presentarse ahí delante, ante los ojos, ante la percepción y el pensamiento. En resumen, las categorías se refieren a lo ente y lo expresan según ese modo de ser presente. Todo lo que la tradición recogió bajo el título «ontología» no es más que la investigación y posterior sistematización de esas categorías que presuponen y determinan el ser de las cosas. Incluso cuando de lo que se trata es del «yo» no se está dejando de hablar de una cosa, al modo al menos en que toda la filosofía moderna lo entiende desde Descartes. Claro que esa cosa –Descartes la denomina *res cogitans*– no tiene por qué ser material, y precisamente por no serlo tiene una cualidad especial que, por así decirlo, la eleva respecto a las cosas solo materiales, pero su constitución continúa rigiéndose por la consideración de la substancia. «Substancia», por otra parte, según la versión escolar, no es más que el nombre filosófico –la categoría– que la filosofía reserva para entender principalmente la cosa. Desde este punto de vista, se puede comprobar –y el seguimiento de esta cuestión nos llevaría de nuevo a una consideración más completa de la historia de la filosofía– que en definitiva las nociones de «substancia» y «sujeto» (como nombre para lo que desde Descartes se llama «yo») no difieren. El reconocimiento de esta indiferencia que se puede leer en las primeras páginas de *Ser y tiempo* supone una violenta irrupción en la comprensión de la filosofía moderna, cuyo presupuesto no deja de ser la diferencia entre substancia y sujeto o, si se quiere, siguiendo otra denominación, entre objeto y sujeto[27]. Y en *Ser y tiempo,* desde esas páginas iniciales, se reclama algo ajeno tanto a la substancia como al sujeto: se reclama a *la existencia* como algo *incompatible* con el ser de una cosa que está ahí presente, sea como objeto y cosa a la vista, sea como sujeto que funciona como principio de visión de esas cosas y objetos. Pero eso significa tanto como decir que el *Dasein,* cuando se considera desde su ser, que es la existencia, no puede tener determinaciones, pues estas solo se refieren a cosas. Si el conjunto de determinaciones de una cosa se llama tradicionalmente «esencia» y la esencia define lo que es esa cosa (el qué de esa cosa) según categorías, eso significa que el *Dasein* no tiene esencia o, como dice literalmente Heidegger, que *«la "esencia" del* Dasein *consiste en su existencia»*[28]. Pero el resultado de esto es tan grave que también resulta paralizante, porque al no tener un «qué» (una esencia), de ello se sigue que la existencia viene a ser «algo así como» nada, de la que además no se puede hacer tema, pues constatación temática en principio solo puede haberla de algo que se presenta ahí delante y de lo que cabe determinación. ¿Y qué significa esa «nada» que en principio es lo único que se puede decir de la existencia? Pues que la existencia (que es solo y en cada caso la «mía») consiste solo en su posibilidad. Pero se podría decir: si consiste en la posibilidad y por posibilidad se entiende trivialmente la facultad de escoger esto o aquello o lo de más allá, es decir, cosas, entonces hay algo así como un principio de determinación de la existencia: esta consistirá en su propia elección, que se tomará como su determinación.

Pero por posibilidad, considerada desde la existencia, hay que entender literalmente la posibilidad para existir, es decir, la posibilidad en cuanto tal de escoger y, en su caso, ganar o perder... a la propia existencia. En otros términos, «posibilidad» y «existencia» no dejan de tener el mismo significado que, en la medida en que no se refiere a una cosa, sino a la posibilidad de ser o no ser sí misma, no deja de ser esa mentada nada. La posibilidad es la posibilidad de existir, y nada más. Es verdad que se puede elegir la posibilidad de no existir (y con esto no me refiero al suicidio), que equivale a no asumir que el ser de uno mismo es la existencia y a guiarse en consecuencia por el ser de una cosa, que equivale en definitiva a elegir entre determinaciones en lugar de tomar partido por la existencia, pero eso mismo confirma a la posibilidad en su grado culminante: ser propio –orientarse por la existencia– y ser impropio –tomar la existencia como una cosa, como una substancia–. Hay que señalar, no obstante, que en realidad estos dos modos de ser uno mismo no solo no resultan incompatibles sino que coexisten permanentemente de modo que sería un error considerar que lo de «ser impropio» equivale a algo así como un defecto, cuando en realidad es el modo habitual de comportarse. Nada tiene que ver esto, en consecuencia, con una determinación moral en relación con una existencia auténtica o inauténtica, pues «propio-impropio» define el horizonte cotidiano en el que se encuentra el *Dasein*. Incluso se podría constatar la paradoja de que el ser impropio es un intento de huir ante esa cierta nada implícita en la consideración pura de la existencia como posibilidad; una huida que lleva a considerar la existencia como una substancia, porque esta confiere el carácter de una cierta protección y seguridad. Produce la impresión de ser «algo», aunque eso sea justamente lo que el análisis del *Dasein* elimina de la consideración de la existencia. El que la existencia solo pueda considerarse en cada caso «la mía» no debe conducirnos, sino todo lo contrario, a entender que este carácter de «mío» es generalizable universalmente. Porque hay que entenderlo literalmente: «mío» significa «solo mío», algo no transferible, es decir, irreductible. En este último sentido es el yo en cada caso (y no un yo universal) el que se gana o pierde para la existencia.

Pero todo esto que se viene diciendo ¿significa que no es posible, de todos modos, decir algo de la existencia? Lo único que se sigue de esto es que de la existencia no se puede hablar «categorialmente» sino solo «existencialmente». Precisamente este segundo modo de hablar, del que procederá el análisis existencial, tendrá que rescatar lo que Heidegger, frente a las categorías, llama «existenciales»[29], propios de la estructura del *Dasein*. En la primera sección de *Ser y tiempo,* que procederá a un análisis del *Dasein* tal como este aparece medianamente (es decir, no siguiendo la descripción de un *Dasein* señalado y extraordinario), lo que ha de descubrirse es la articulación existencial del *Dasein,* que es aquello que define su estructura.

De esta primera aproximación al significado del *Dasein* hay que rescatar la decisiva diferencia entre «categorías», válidas para el análisis de todos los entes (las cosas) que no tienen el carácter del *Dasein,* y «existenciales», que serán aquellos rasgos que habrán de resultar de una descripción fenomenológica del *Dasein* tal como aparece mediana y cotidianamente. Si el análisis procediera suponiendo existenciales, esto no sería distinto que si se juzgara según categorías. Los existenciales no se suponen ni inventan ni deducen: se trata de reconocerlos en lo que aparece, pero justamente como aquello oculto que constituye el fondo de lo que aparece. Y la primera dificultad para separar en una descripción esos existenciales procede de las categorías que, por así decirlo, se interponen permanentemente en la visión, de modo que todo acaba apareciendo como «cosas» o «características» de cosas. Pero, en consecuencia, de ganarse un adecuado análisis de la existencia, también podría resultar una cierta liberación de las cosas, de esas cosas encadenadas a las categorías hasta el punto de que parecen generadas en ellas. A la postre, del análisis del *Dasein,* que desde el comienzo elude ser considerado como sujeto (en el sentido de una substancia o del yo), se seguiría una consideración de las cosas que elimine de ellas su ser-objeto. Si para el ser del *Dasein* Heidegger reserva el término «existencia», para el ser de las cosas que conviven a una con el *Dasein* y que, mucho antes de ser objetos, son simplemente «las cosas», Heidegger reservará la expresión «mundo». ¿Pero tenemos entonces en esta operación un mero cambio de nombres y lo que antes se llamaba «sujeto» y «objeto» se llama ahora «existencia» y «mundo»? El desarrollo de la obra se esforzará en mostrar que con lo de existencia y mundo no se está repitiendo, sino que se está desmontando, la relación sujeto-objeto.

Del *Dasein* sabemos hasta ahora que existe, o, lo que es lo mismo, que es en cada caso el mío, y que respecto a ese ser puede procederse «propia o impropiamente» (entendiendo que este «o» es analítico, pues *de facto* coexisten esos dos modos). Pero, señala Heidegger, estas determinaciones deben comprenderse *a priori* sobre una estructura que denomina «ser-en-el-mundo»[30]. Y este *a priori,* para empezar, debe entenderse en un sentido fenomenológico: no se trata de que «antes de» estas determinaciones, como telón de fondo, haya algo así como el «ser-en-el-mundo», sino que esta estructura es lo primero que nos encontramos si simplemente miramos alrededor. El fenómeno «ser-en-el-mundo» expresa una unidad y precisamente por eso puede aparecer como fenómeno y no como una mera determinación de lo que me pasa a mí o al mundo. Si meramente fuera una determinación o característica y no una estructura fundamental, sería analizable categorialmente, pero no caben categorías para entender ese fenómeno, porque es anterior a todo. En realidad, el *Dasein* ocurre como «ser-en-el-mundo» y el análisis del *Dasein* no tendrá más remedio, en consecuencia con ese *a priori,* que ser análisis del «ser-en-el-mundo». De la revolución implícita en este reconocimiento fenomenológico da buena idea la consideración de qué sea el conocimiento. Si modernamente se entiende por conocer aquel acto y proceso por el que un sujeto conoce una cosa que pertenece al mundo, a la luz del descubrimiento de esta estructura, «conocer» tiene que tener otro sentido. El más inmediato supone entenderlo como una modalidad no ya del *Dasein* sino, para que no haya equívocos, del «ser-en-el-mundo». Y ¿qué conocimiento puede ser ese? y ¿qué conoce propiamente? Decir que «al mundo» supone meterse literalmente en un lío, pues ¿cómo puede conocerse algo desde ese mismo algo, a saber, el mundo desde un ser ya en el mundo? ¿Acaso en la situación clásica de conocimiento no se presupuso siempre una «distancia» en la que justamente residía la condición misma de conocer? Igual que aquel que se encuentra inmerso en un juego no puede describir ese mismo juego, precisamente porque se encuentra dentro, de la misma manera al conocimiento teórico siempre se le exigió ver el juego desde fuera. Y en ese «desde fuera» residía, propiamente dicho, la garantía del conocimiento. Pues bien, antes de esa distancia, Heidegger habla de un conocer original cuyo fundamento reside en estar ya absorto en el mundo de modo que, cuando se está en esa situación, por decirlo trivialmente, uno no se da cuenta de que está conociendo. Y es ese «no darse cuenta» lo que garantiza precisamente que mi conocimiento funcione originalmente, sin interferencias. No sería adecuado llamar a esta forma original de conocer «inconsciente», pues, muy al contrario, lo que suele ocurrir es que *toda* la conciencia se encuentra involucrada en el asunto de tal modo que esta, por estar absolutamente involucrada, percibe todo excepto que ella se encuentra en la situación de conocer. Cuando se anda por una calle, igual que cuando se come, se clava una punta con un martillo o incluso se estudia una difícil lección, la operación de conocer está funcionando en la medida en que uno no se distrae de lo que hace. No se trata de que solo unas situaciones, por ejemplo estudiar, a diferencia de otras, por ejemplo andar o martillar, constituyan conocimiento. Así, qué sea originalmente conocimiento no viene determinado por aquello a lo que me dedico sino por cómo me dedico a algo. «Ser-en-el-mundo» se constituye en el fundamento mismo de lo que se pueda llamar conocer en sentido original. Dicho en otros términos: conozco porque estoy en el mundo y no porque me disponga expresamente a ello. Claro que también se puede producir otra forma de conocer, justamente la que sobreviene cuando expresamente hay una disposición para ello, pero la cuestión decisiva es por qué sobreviene tal disposición; por qué, en definitiva, puedo conocer el mundo y las cosas del mundo «como a cierta distancia». Ciertamente, cuando esto ocurre es porque estoy a distancia, es decir, alejado del mundo, y, en ese sentido, lo único que hago es solo «ver». Ver, contemplar, considerar son significados que se vinculan a esa conducta que normalmente se asocia más al conocimiento que se llama «teoría». Conocer, según la acepción más normal, es justamente un proceso teórico, que se entiende como opuesto a los manejos prácticos, ejemplos de los cuales son el caminar, comer, martillar o estudiar de los que se acaba de hablar. Pero justamente esta *teoría,* fenomenológicamente considerada, surge precisamente cuando se produce una «deficiencia» o «interferencia» en ese trato involucrado con las cosas, por ejemplo, cuando me tuerzo un tobillo y no puedo caminar, se me rompe el tenedor con el que estoy comiendo o el martillo con el que estoy clavando una punta o se va la luz cuando estoy estudiando. En todas estas situaciones aparece de súbito una interrupción de mi actividad –aquí habría que decir, más exactamente: de mi conocimiento– de modo que lo que estaba haciendo se convierte en un problema. Y algo se plantea como un problema cuando el mundo a mi alrededor se estropea en algún sentido. Es entonces cuando el martillo, el zapato, el tenedor o el libro directamente *no valen para nada,* excepto para tenerlos enfrente sin posibilidad de *hacer* lo adecuado con ellos, sin poder utilizarlos[31]. Es obvio que ese conocer propio del «ser-en-el-mundo» guarda una relación clave con el hacer. Y de nuevo repárese en que ese «estudiar quieto y concentrado» es tan hacer como clavar una punta, lo que pasa es que es de otra naturaleza. Pero para el caso que pensamos, se trata de lo mismo. Es cuando se interrumpe el hacer cuando comienza el contemplar y cuando ocurre que, quizás por primera vez en mi experiencia, me pregunte qué es un martillo, qué un zapato, qué un tenedor y qué la luz que me ilumina y me deja estudiar. Porque en ese momento es cuando se han vuelto problema. Y el planteamiento de estas preguntas es simultáneamente el comienzo de otro modo de conocer al que le cabe la significación de «teórico» en el sentido actual del término.

De esta consideración, algo resultará claro: conocer es originalmente algo bien distinto de esa teoría a la que habitualmente se asocia el auténtico conocer, pero de tal manera que bien puede deducirse que esta teoría resulta derivada de aquel conocer original. Todo esto viene a atestiguar que la fuente misma del conocer reside en esa ineludible situación, por otra parte no elegida, que se reconoce como estar ya en el mundo. La posibilidad de considerar la teoría, esa distancia desde la que se contemplan científicamente las cosas del mundo, como la actividad más elevada del espíritu, tiene que reconocer que se basa en algo anterior al conocimiento teórico: en el ser-en-el-mundo.

Pero la meta de *Ser y tiempo* es el ser; incluso, más allá del ser —a causa de que este se identificó con un ente—, su sentido. Y el reconocimiento de la unidad del *Dasein* como «ser-en-el-mundo» aparece con el fin de buscar ese sentido. Pero ese reconocimiento, a fin de no quedarse a su vez en una mera suposición o en una intuición más o menos acertada, tiene que ser mostrado. La dificultad para proceder salta a la vista: el análisis solo puede ser fenomenológico, es decir, tiene que ocurrir ateniéndose a la cosa misma, a lo que se ve, sin introducir suposición ni principio alguno ajeno al asunto de que se trata.

¿Y cómo ocurre este análisis? Ciertamente por medio de una interpretación, pero una tal cuya finalidad sea mostrar que en el fenómeno analizado se trata de una unidad. Y si es unidad, entonces no podrá estar compuesta de partes, comprensión que no haría sino abonar la idea de que el *Dasein,* entendido como «ser-en-el-mundo», es un conglomerado, a saber, compuesto por «el mundo» y el «ser-en». Lo más litigioso del análisis descriptivo de Heidegger se encuentra asumiendo el problema de tener que reconocer por separado los elementos de una estructura óntica cuyo sentido, ontológicamente comprendido, tiene lugar «inseparablemente».

La primera sección de *Ser y tiempo* es la encargada, según vimos, de exponer ese análisis, y desde el primer momento se perciben los aspectos que se acaban de sugerir. Conceptualmente, «ser-en-el-mundo» como nombre para la estructura del «Dasein» de entrada ya no es solo el análisis de un ente, sino del ser de ese ente, es decir, de la «existencia». Pero ¿hay algo más que la existencia? Es decir, además de la existencia, ¿hay ente? Parece que no debería haberlo, aunque entonces en este contexto «ente», más que la denominación para una cosa o una substancia, sea el nombre para una posibilidad del propio *Dasein,* por así decirlo, el nombre para un posible modo de comportarse. En la medida en que este modo de comportarse sea inherente al propio *Dasein,* en esa medida podemos decir que hay ente, pero nada más. O sea, que cuando decimos que en la exposición se trata de revelar que lo que se propone al principio como ente (el *Dasein)* a la postre no es ente, sino el ser, eso solo significa que lo que queda revelado es que «ente» es un modo que tiene el propio *Dasein* de considerarse a sí mismo y a las cosas. Un ejemplo extremo de esa consideración de las cosas y de sí mismo es la comprensión de la estructura de la realidad como estructura idéntica con la relación sujeto-objeto. Pero en esta estructura lo que hay son dos entes, el sujeto por una parte y el objeto por otra, pero no aquello original de donde procede la propia relación. De ahí el esfuerzo inicial y complicado de *Ser y tiempo,* que tiene que detenerse en descifrar eso original. Para entender ese objetivo en el análisis de los seis capítulos de la primera sección, aunque no quepa más remedio que leerlos en sucesión –destino inevitable del orden de la exposición–, lo adecuado sería leerlos a la luz de su propia articulación, según indicamos en el gráfico 4: de los capítulos 1.º y 2.º, en los que se define la estructura del «ser-en-el-mundo», procede en paralelo el análisis de esa estructura (capítulos 3.º, 4.º y 5.º), para culminar en el capítulo 6.º, que cierra unitariamente el sentido de la descripción fenomenológica. Esta esquematización puede parecer trivial pero de entrada revela que solo analíticamente podemos separar de la estructura «ser-en-el-mundo» tres elementos, a saber, «el mundo» (cap. 3.º), el «quien» de la estructura (cap. 4.º) y el modo como se es, es decir, el «ser-en» (cap. 5.º). El capítulo 6.º, que en la obra se refiere

GRÁFICO 4

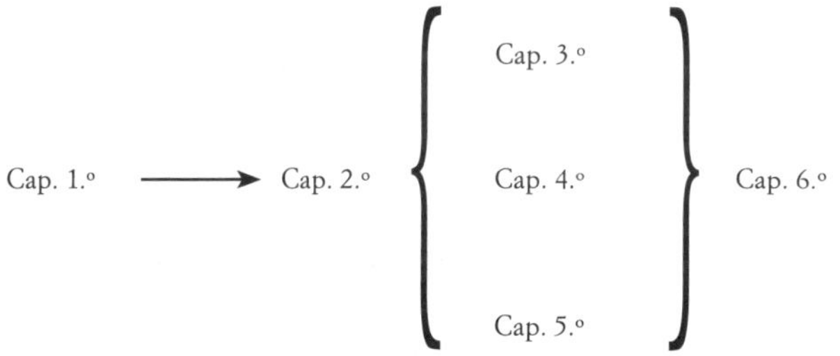

ya al «ser del *Dasein*», cierra el análisis devolviéndonos a un sentido fenomenológico que se deja formular así: *el Dasein no es divisible*. O, dicho en otros términos, el análisis se ha realizado para mostrar que lo que fenomenológicamente aparece no es objeto de análisis si por este entendemos la posibilidad de quedarnos con las partes separadas. Dos aspectos son relevantes aquí para el lector que se aproxime siquiera al índice de la obra: a) a la postre, en consecuencia con lo dicho, entre «mundo» y «ser-en» debe revelarse una unidad o un vínculo que impida esa separación que es propia de las ontologías (por ejemplo, cuando distinguen entre sujeto y objeto, o naturaleza y espíritu); b) en la fórmula «ser-en-el-mundo» aparecen de forma significante tanto el «ser-en» como el «mundo», pero no lo hace el mentado «quien». Sería un problema entender que no aparece de forma significante porque se presupone, pero entonces cabría interpretar que se trata del fantasma del sujeto que, de todos modos, habita la estructura. Lo que ocurre es que ese «quien», que como se sabe Heidegger identifica más bien con «nadie», bajo la fórmula del «uno», más que un elemento a considerar marca la cuestión misma de la decisión de si al propio «ser-en-el-mundo» le cabe ser considerado como el ser o simplemente como un ente. Esto es lo que quisimos decir líneas más arriba con aquello de que «ente» en el marco del proyecto no es ya la denominación para cosa o substancia, sino el nombre para una posibilidad del propio *Dasein*, el nombre para un posible modo de comportarse. Y este modo de comportarse es el que se puede reconocer como «impropio» respecto a uno «propio» que, de todos modos, no consistiría simplemente en la afirmación de un opuesto –el ser a diferencia de lo ente–, sino en el reconocimiento de que la cuestión del ser se juega como diferencia. De este modo, existencia «propia» o «impropia» no define una dualidad equivalente a la de decidirse por el ente o por el ser, porque por el ser como esfera autónoma, según ya hemos visto, nadie se puede decidir, porque en él no cabe instalación. Recuérdese que instalado se está en lo ente, en medio de las cosas, y que lo que cabe es una transformación a partir de ese estado. Pero esa transformación no habría de llevarnos a otro lugar, sino al lugar en el que ya se está, pero comprendiéndolo como «no-lugar», «ex-sistencia», «des-plazamiento», en el cual a su vez, como acabamos de indicar, las cosas simplemente aparecieran y no fueran meros entes. La relación propiedad-impropiedad tiene que ver, así pues, con la dirección misma de la estructura; podríamos decir, con la decisión de la estructura, que puede ser considerada como un ente o como la expresión del ser, de la diferencia en la que se revela la coincidencia del mundo y el modo como el *Dasein* es «en». Para revelar más de cerca esto, vamos a guiarnos por los capítulos 3.º y 5.º, cuya lectura común tiene que ofrecernos cómo del análisis del *Dasein* no puede resultar que por una parte se trate del mundo y por otra del ser que «es-en» el mundo, sino que ambos son «a una». Pues bien, ¿en qué consiste este «a una»?

Para empezar, ¿cómo son las cosas en el mundo, o, lo que es lo mismo, ¿cómo aparecen? Lo hacen, por así decirlo, de una forma desapercibida, por cuanto de ellas no se hace tema y se encuentran siempre en la situación de un servir para algo, a saber, el zapato para caminar, el tenedor para comer o el libro para leer. Pero como vimos, de tal modo que solo en la medida en que nada interrumpe esa finalidad que hace que el zapato me haga caminar puede decirse propiamente que el zapato es (o, en su caso, el tenedor, el libro, etc.). Y precisamente de ese modo es como el zapato aparece vinculado al suelo que pisa, que puede ser el recinto de una iglesia, el de mi propia casa o el del campo. En ese proceder el zapato se revelará mejor o peor, dentro de una medida, más adecuado o menos, me cansará también mucho o poco. Y siempre que esa medida no se sobrepase, de modo que el zapato me haga una ampolla o se moje en exceso o simplemente se rompa, el útil zapato aparecerá relacionado no solo conmigo, que lo llevo puesto, sino con el mundo circundante, que puede ser el de la naturaleza, si camino por un campo o una montaña, o el de la historia, si lentamente me desplazo por una ciudad. Es cuando esa medida, que en definitiva podemos hacer coincidir con la del ser, se sobrepasa, y ocurre cualquiera de los fallos dichos, cuando mi relación con el mundo se interrumpe[32]. En ese momento el zapato (o en su caso el tenedor o el libro) no sirve para nada y mi relación con la naturaleza, con la historia o conmigo mismo también se interrumpe. El zapato deja de ser algo próximo a mí –pero próximo en la medida en que yo no me preguntaba por él– para convertirse en una cosa inútil y, por eso mismo, objeto de contemplación. En cierto modo, también objeto de ciencia, pues el zapato ya está listo, en su caso, para el zapatero. Este no caminará con él, sino que lo desplazará de su uso para poder arreglarlo. La ciencia del zapatero no se distingue de la del biólogo que en lugar de beber un vaso de agua analiza sus componentes bajo el microscopio. Así, no se trata de que haya cosas que solo sirven para ser usadas y cosas para ser contempladas y de las que quepa hacer teoría. Muy al contrario, las cosas son las que hay y la doble posibilidad alude a una posibilidad original del ser del mundo, que bien puede aparecer en esa irrelevancia, que es más original, porque mejor revela el ser inicial de una cosa, o en la relevancia de la contemplación que, en su caso, puede ser científica. No hay dos conjuntos de cosas, sino solo uno. Lo que hay es dos posibles formas de relacionarse con las cosas del mundo. Heidegger designa a la primera con el término alemán *«Zuhandenheit»,* y a la segunda, *«Vorhandenheit»*[33]. Si *Ser y tiempo* se lee en castellano, las traducciones de los términos difieren, sin que eso sea ningún obstáculo para seguir adelante. En la medida en que la primera expresión se traduce por «ser a mano», pretende dar cuenta de esa conducta en la que aparece la inmediata relación con las cosas que se encuentran ahí *antes* siquiera de que se las mire. En la medida, en cambio, en que las cosas se encuentran ahí, pero como resultado de esa interrupción, para mirarlas, es decir, contemplarlas en su constitución y no simplemente usarlas, la traducción ha variado entre la fórmula «ser ante los ojos», que hace énfasis en ese estar delante como objeto de teoría (que originalmente significa «ver») y «estar presente ahí delante»[34]. En ambos casos, más allá de la traducción técnica, la diferencia se presenta entre un manejo «atemático», que indica esa absorción del *Dasein* en su mundo circundante, y la contemplación «temática», que se origina cuando ese estar absorto se interrumpe y algo pasa a ser objeto de contemplación. En este caso se encuentra la posibilidad misma de la ciencia y de un decir acerca del mundo que en cierto modo funcione con independencia de este. Decisivo resulta, no obstante, entender que lo original de las cosas a mano reside sobre todo en que de ese modo aparecen en un horizonte de permanente remisión a otras cosas (el zapato al suelo que pisa o a mi comodidad), lo que nos permite decir que así es como en realidad aparece el mundo y no como colección de cosas separadas. En cambio, es como resultado de la interrupción cuando las cosas aparecen aisladas y separadas de su marco, tal vez produciendo otros marcos (el agua, como objeto de análisis, llega a ser «a mano» para el observador o para el que simplemente trajina con ella trayéndola y llevándola). Unos marcos que, en ciertas condiciones, llegan a suplantar a su origen, de modo que aparece como «a mano» algo que «está ahí» como mera ocasión de contemplación y revisión. Así se puede entender que, por ejemplo, el Partenón de Atenas, que para el turista que lo fotografía de hecho ha llegado a formar parte de su mundo «natural» de un modo que bien puede considerarlo como una cosa «a mano», bien interpretado se revele que para nosotros eso ya no puede ser nunca más algo inmediato, sino tema de investigación, reparación, conservación o de ocio. En esa dirección, el conjunto de las obras de arte y los museos que las contienen serían considerables como objetos que simplemente «están ahí presentes», pero no «a mano» en el sentido fenomenológico indicado. Esto tiene que ver con aquello que nos dicen esas cosas, es decir, con el «mensaje» que nos envían desde su ser: esa señal que el cuadro de Vermeer envía al turista que va a visitar la exposición o al historiador de arte obligatoriamente difiere de la del que en algún momento poseyó la pintura y la tuvo colocada en una estancia. Pero ciertamente no porque aquella persona le prestara más atención, sino seguramente porque no se la prestaba y, por eso mismo, el cuadro formaba parte «de su mundo». A propósito de esto cabe la pregunta sobre cuál es nuestro mundo en el que tal vez funcione una dirección que tiende a identificar y resolver los dos modos de estar en relación con las cosas.

En todo esto subyace la gravísima cuestión de cómo interpretar las cosas. Una cuestión que remite a otra más original: ¿cómo nos interpretan las cosas a nosotros? Y en este último sentido de interpretar, más próximo al de interpelar (¿cómo nos interpelan las cosas a nosotros?), se dilucida también la cuestión de lo que quepa entender por «hermenéutico». Antes que por «Hermenéutica», que vale como título de la disciplina sobre la interpretación, sus objetos y métodos, «hermenéutico» nos remite a algo más original: al mensaje que permanentemente nos envían las cosas, mensajes que constituyen su propia interpretación. Dicho de otro modo: lejos de que el *Dasein* interprete el mundo, como quien maneja un instrumento teórico, el *Dasein* es tal porque vive en un mundo interpretado. Si no fuera así, simplemente sería el Sujeto (el Yo), que elige entre este o el otro método (entre ellos, quizá, el hermenéutico) para saber de las cosas. Pero el saber de las cosas no es resultado de una disposición extraordinaria sino, según estamos viendo y el capítulo 5.º lo revela complejamente, aquello que, cuando nos disponemos a conocer... ya ha ocurrido. Esto significa que vivimos en un mundo ya conocido y ya interpretado. Podrá decir Heidegger que de la ausencia de palabras no se sigue la ausencia de interpretación[35], porque esta es una operación más original, una que ocurre por el simple hecho de «ser-en-el-mundo». En realidad, es este hecho el que coincide con el fenómeno de la interpretación, al punto de que se puede afirmar que ser en el mundo es posible porque el mundo *ya* se encuentra interpretado. Pero dilucidar qué significa este «ya se encuentra» pasa por describir cómo se «es en» el mundo. El peligro de semejante dilucidación es el inherente a todo análisis: entrar a descubrir cada elemento de la estructura por separado puede dar a entender que a su vez se trata de componentes separados que posteriormente puedan ser articulados en un sistema. Pero de nuevo aquí se hace preciso recordar, aun a costa de resultar tedioso, que en todo este análisis no se está tratando de plantear una nueva teoría, ni siquiera una teoría del *Dasein*. Que el esfuerzo es mucho más complejo y delicado porque el análisis (que por ejemplo distingue entre el mundo, quien está en el mundo y los modos de ser en el mundo) se encuentra al servicio de un reconocimiento previo: que el tal análisis reconoce los momentos de la estructura pero no puede separarlos, porque es la misma relación interna de esos elementos la que define la propia estructura. En consecuencia, hablar del mundo como lo hemos hecho (distinguiendo entre dos formas de guardar relación con las cosas) no deja de ser otro asunto que hablar de cómo se es en el mundo. Por así decirlo, y así nos lo reitera permanentemente Heidegger en su exposición, el análisis de un momento solo puede hacerse a la vista y bajo la perspectiva del todo estructural, porque los fenómenos analizados son cooriginarios: el mundo no es anterior a mi relación con él ni a los modos de ser en él. No hay un mundo separable de la estructura «ser-en-el-mundo» ni un *Dasein* separable del mundo, porque *Dasein* –esto es lo que no debe olvidarse– significa solo «ser- en-el-mundo». Enfatizar esta cuestión resulta obligado para que no se imponga el esquema clásico de un sujeto que conoce el mundo y se reconozca, en consecuencia, que la estructura mentada constituye justamente la única para eludir ese esquema.

Pues bien, ¿cómo se es en el mundo? En definitiva, ¿cuál es la estructura del «ser en» que caracteriza al *Dasein?* Pero de nuevo se debe prestar atención al uso de ciertas palabras, pues se debe tener la precaución de que no se trata de un examen categorial del ente llamado *Dasein,* sino de la descripción de su carácter existencial. Para concluir que precisamente el *Dasein* no existe como sujeto se hace preciso reconocer que no constituye una «posición» desde la cual, por ejemplo, piense, conozca, actúe, espere, padezca, hable. *Dasein,* más bien, consiste en un «lugar» que no tiene localización: que es «ahí» desde el momento en que es también «aquí» y «allí» y que viene desde allí hasta aquí. Pero esta descripción no alude sino a que *Dasein* es siempre un límite, aquel en cuyo ámbito se desenvuelve, que constituye precisamente su abertura. Al modo en que al abrir una puerta o una ventana se produce una abertura, pero entendiendo que en esa operación se encuentra la posibilidad misma de que algo se vea (pues si no existiera tal abertura sencillamente reinaría la indiferencia, la ausencia de límites), el *Dasein* es de esa forma. Pero, más bien, cabría hablar de forma de ser esa abertura, o, dicho de otra manera: formas de ser el propio *«Da».* Estas son propiamente las formas existenciales, pues no son otra cosa que las formas que coinciden con lo que se viene llamando «existencia». En cierto modo, el «ex» del término alude también a esa abertura que es el *"Da",* ese ahí que es también aquí y allí, ese lugar que es un no-lugar. Por «no lugar» no se debe entender nada místico ni accesible solo por medio de una intuición aprendida. Más bien revela la situación fáctica de que se es siempre en un marco, semejante al de la luz que una puerta o una ventana deja al abrirse, por utilizar la misma imagen: el *Dasein* no es lo que se encuentra a un lado de la puerta y el mundo al otro, sino más bien el límite mismo en el que no se pueden separar esos dos lados.

Tres son según el capítulo 5.º de *Ser y tiempo* las formas de ese límite, o, lo que es lo mismo, de existir: «encontrarse» *(Befindlichkeit),* «comprender» *(Verstehen)* y «habla» *(Rede),* pero de modo tal que los tres fenómenos son igual de constitutivos y originarios. Es decir, no se trata de un proceso según el cual primero me encuentro en una situación, después la comprendo y por último la expreso en palabras. Tampoco se trata de categorías para explicar la conducta del *Dasein*. Se refiere más bien al paradigma que define la existencia, es decir, el modo de ser en el mundo. Lo decisivo reside en eludir cualquier comprensión de estas formas como facultades del conocimiento o del comportamiento propios de un sujeto o incluso del ser humano. Porque dichas determinaciones, por ejemplo, «sujeto» o «ser humano», son posteriores o, por lo menos, eso es lo que intenta mostrar la descripción fenomenológica por medio, precisamente, del análisis existencial. Para mostrarlo con más detalle: nadie escoge encontrarse o no encontrarse en una situación o estado de ánimo *(Stimmung),* porque no se puede no encontrarse en alguna. Uno siempre se encuentra en alguna situación, que es precisamente aquella a partir de la cual se abre el mundo y que, por lo tanto, marca cómo se nos aparece. Lo que cotidianamente llamamos «encontrarse en un estado de ánimo» –el hecho de encontrarse y el cómo te encuentras– acompaña todas las actividades, incluso aquellas que por su constitución más alejadas puedan parecer, como por ejemplo, la actividad teórica. Pero su alcance, por lo tanto, no coincide solo en lo emocional, sino con algo más original que acompaña todos mis estados. En cierto modo, se puede decir que el *Dasein* es su encontrarse, entendido en este amplio y formal sentido. Y es esta forma la que sitúa al *Dasein* siempre en su situación fáctica, arrojado precisamente a un mundo que se me presenta siempre como un todo, pero desde dicha situación fáctica. Este «todo» difiere completamente de la idea de una totalidad que se pueda pensar abstractamente, pues al contrario siempre aparece delimitado en un contexto de relaciones: mi «todo» es la habitación donde trabajo o duermo, o el taller o la calle, pero siempre uno determinado. Y es en esa situación, de la que en su caso no puedo salir –lo más que puedo hacer es trasladarme a otra situación, que estará también fácticamente delimitada–, la que se constituye en el fundamento de ese mundo que me aparece «a mano». En la situación fáctica concreta es donde aparecen las cosas que me interpelan y que, en su caso, se usan de la manera descrita: moverme por la habitación que habitualmente ocupo o por la calle por la que habitualmente camino, haciendo uso de ellas, es posible desde ese modo de ser fáctico. Así, encontrarse constituye una forma de «ser en» el mundo que define el carácter ontológico-existencial que podemos llamar «facticidad».

El fenómeno de comprender no es menos originario que el de encontrarse. Si generalmente comprender define uno de esos términos vinculados a un sentido teórico (como los de conocer, entender, pensar, explicar), aquí no remite a esas facultades, sino a algo previo, a lo que ya hemos señalado más arriba a propósito de qué significa conocer cuando se trata de «ser-en-el-mundo». En cierto sentido, si las tres formas mencionadas de ser *«Da»* («ahí») son cooriginarias, el comprender tiene un estatuto señalado que en el análisis existencial le hará aparecer, una vez culminado el análisis preparatorio al que se dedica la primera sección de la obra, en un primer plano. En efecto, se elige en la obra el término «comprender» con un propósito bien claro: concluir que el fenómeno del conocimiento es más originario que cualquier sentido ligado a conceptualizar y teorizar. En realidad, comprender significa «entender de algo», en el sentido en que un carpintero sabe hacer una mesa, un taxista conducir su coche o un profesor impartir una clase. Pero a su vez, este sentido de saber no deja de significar un «poder», en el sentido en que el carpintero puede hacer la mesa, que es justamente lo que otro no puede, o el profesor impartir su clase. Comprender, así, es poder, pero lo que más allá de cualquier posibilidad concreta se presenta en cada caso al *Dasein;* por eso, aquello que desde el poder hacer se presenta como posibilidad que no sea esta ni aquella ni la de más allá, sino simplemente la posibilidad en cuanto tal, es precisamente «poder ser». Ya no se trata del carpintero o del taxista o del profesor, sino de aquello que para todo *Dasein* rige como posibilidad. En definitiva, el *Dasein* es su posibilidad, pero su posibilidad para ser, es decir, su posibilidad existencial[36]. Así comprendido, posibilidad no significa más que existencialidad. Ahora se puede recordar también aquello de que el *Dasein* no tiene esencia, sino existencia, porque el *Dasein* es solo «sus posibilidades», y estas son las que lo definen. Que elija esto o lo otro ya no es la cuestión, pues más original que esto es que tiene que decidirse por una posibilidad. Y este «decidirse por sus posibilidades» constituye el carácter que podemos reconocer como «existencialidad». Ciertamente no se trata de unas posibilidades abstractas en el sentido de que todo, en cuanto posibilidad, me resulta posible.

No se trata ya tampoco de que, por ejemplo, no pueda lógicamente ser una silla o un barco o un gato, sino que tampoco puedo ser, desde mis posibilidades fácticas, médico o sacerdote o carpintero. Esto quiere decir que la existencia guarda un vínculo con lo que más arriba se llamó «encontrarse», de modo que este marca y condiciona lo que realmente puedo: atenazado por el miedo, no puedo impartir una clase, y con las ruedas pinchadas de mi coche, tampoco puedo conducir. La existencialidad es así solidaria de esa facticidad. Pero a su vez, más allá del análisis material de esa facticidad, la existencialidad tiene un sentido ulterior: en realidad, desde el punto de vista existencial, solo se trata de una posibilidad, que es la posibilidad existencial, es decir, ser libre para poder optar por mi existencia, que no consiste en otra cosa que... en poder ser. Se puede hablar así de una existencia propia, frente a una impropia que consistiría en eludir el proyecto que viene definido por mis posibilidades. «Proyecto» significa, de este modo, estar abierto a las posibilidades, o, mejor, estar abierto a la posibilidad que consiste en existir en lugar de detenerme en una posición, ligado a una realidad substantiva por el hecho de que simplemente está ahí, presente. Pero la cuestión de la existencialidad ha de entenderse precisamente como permanente conflicto entre la propiedad y la impropiedad. En efecto, el *Dasein* siempre ha elegido y, al elegir, ha desechado otras posibilidades que eran igualmente suyas. En cierto modo, el *Dasein* se encuentra fácticamente arrojado a su proyecto y, de ese modo, siempre es impropio. Leyendo de otra manera este conflicto, se podría decir que, siendo ontológico (es decir, respondiendo a su proyecto existencial), sin embargo siempre ha optado ya por algo óntico, por un ente (es decir, siempre ha elegido ya una posibilidad determinada). Esto es correcto si no se entiende algo así como que la existencialidad define lo ontológico y la facticidad lo óntico, pues ambas formas, estructuralmente, son igual de ontológicas. Pero en ambas formas se expresa la permanente relación entre propiedad e impropiedad. Desde el punto de vista del comprender, óntico es, por ejemplo, tomar de antemano lo posible por real, sin atender a que el comprender es simplemente ese momento por medio del cual se hace patente esa forma del *Dasein* que se reconoce como «existencialidad». Cuidar de la existencia consiste en estar abierto permanentemente a las posibilidades. Pero el *Dasein* existe impropiamente, de modo que sus posibilidades se orientan siempre por los entes, por las cosas, sin que, por así decirlo, tenga que reflexionar previamente sobre ello. Del breve análisis del comprender, que nos ha llevado al carácter ontológico de la existencialidad, no se debe perder de vista algo decisivo y ya dicho: en realidad, el *Dasein* existe ya en un mundo interpretado y solo posteriormente, a partir de esta situación, puede en su caso conceptualizar esa interpretación suya y articularla en enunciados. Se comprenderá así que la ciencia sea también una posibilidad del *Dasein,* y seguramente una decisiva, pero que su fundamento resida más bien en una interpretación que no tiene nada de la forma de un enunciado. Más bien el enunciado sería la forma explícita bajo la que puede aparecer la interpretación que resulta de esos fenómenos cooriginarios que son encontrarse y comprender. Se entenderá así que por «interpretación» se pueda entender lo que procede de ese inseparable vínculo entre las formas de ser ahí (encontrarse y comprender) y el modo de relación «a mano» con las cosas[37]. De igual manera, se percibirá que solo derivadamente las cosas pueden aparecer ante el *Dasein,* como a distancia, cuando precisamente la interpretación se ha interrumpido y el mundo aparece ante mí como un objeto de la teoría. Aquí, según sugiere el gráfico 5 (p. 178), se puede captar esa distinción entre «hermenéutica» y «teoría», así como la distinción entre una interpretación y un enunciado[38]. En efecto, todo enunciado procede de una interpretación más original que en muchas ocasiones aparece tapada precisamente por el enunciado que se impone. Y en dicha dirección se puede también afirmar que un enunciado tapa y hasta oculta la interpretación, porque no puede dar cuenta de ella. De una experiencia tan simple como ir a realizar un viaje, pero que en su riqueza fáctica y existencialmente en el sentido señalado (es decir, según el encontrarse y el comprender) solo una interpretación puede dar cuenta de ella, el enunciado «voy a realizar un viaje» o «voy a ir aquí o allá», etc., solo expresa una versión que es posible porque se ha liquidado precisamente en la operación de enunciar el sentido de la interpretación, un sentido que es más original que el de la articulación lingüística. Ciertamente, la ciencia se hace posible gracias a la puesta entre paréntesis de la interpretación que, por así decirlo, solo hace la primera parte del trayecto para ser obligatoriamente abandonada. Obligatoriamente, al menos, si se quiere hacer ciencia, que consistiría en articular en enunciados no las posibilidades, que no son, ni los estados de ánimo, que ya han quedado atrás, sino lo que simplemente se presenta y puede ser descrito y recogido en conceptos y enunciados desde esa presencia. Pero habremos de reparar en que de ese modo el enunciado queda desligado del origen, de la situación de partida, para instalarse justamente en lo que la ciencia llama «verdad». Y esta verdad resulta, en consecuencia, de haber ocultado y hasta liquidado el origen, que es aquella situación de tensión entre el encontrarse, que muchas veces vive de oscuridad y sombras, y el comprender, que reside en las posibilidades reales que me desafían pero que no constituyen algo presente. Y la verdad, al menos como la ciencia la pretende, elude toda oscuridad y todo aquello que no sea presente; elude, en definitiva, la tensión señalada con el fin de aparecer armónicamente como enunciado, esto es, sin interpretación. Que el análisis existencial, sin embargo, conduce a percibir cómo detrás de cada enunciado hay una interpretación, que de ninguna manera tiene que estar explicitada, apunta también a un sentido más original de verdad, un sentido del que desde luego ni las sombras ni la irrealidad de una posibilidad se encuentran excluidas. Ciertamente, en estas líneas se está manejando el término «interpretación» en un sentido original, previo al de su formulación lingüística. En realidad, dicha formulación siempre estará amenazando con hacer de la interpretación precisamente un enunciado. «Hermenéutica», desde este punto de vista, constituye por eso la única posibilidad que la filosofía tiene de referirse a su principio, al *Dasein,* en busca de su sentido, pero igualmente es una posibilidad permanentemente amenazada porque dicho sentido no se encuentra ahí delante, ante una mirada que pudiera comprenderlo según conceptos y formularlo en enunciados. En definitiva, «hermenéutica» no podrá ser, en ningún caso, una «teoría del sentido». Consecuentemente, si como se anticipó, en *Ser y tiempo* desde el principio se apunta a la temporalidad como sentido del *Dasein* y al tiempo como sentido del ser en general, desde esta perspectiva recién explicada, que es la del análisis existencial, hasta ahora concretado en ese descubrimiento de la facticidad y la existencialidad, no podrá formularse algo así como una «teoría del tiempo». Quien vaya a buscar semejante final en la obra se encuentra desencaminado. Por otros muchos motivos, desde luego, tal teoría del tiempo está excluida. Pero eso no significa que el análisis no pueda continuar y, en su caso, describir cómo el sentido es realmente sentido, es decir, fondo a partir del cual pueden entenderse los fenómenos descritos. Pero para eso, *Ser y tiempo* todavía tiene que avanzar hasta finalizar su análisis provisional del *Dasein,* que justo coincide con el final de la primera sección de la obra.

Quien se haya fijado en estos últimos párrafos puede deducir un papel derivado del lenguaje, sobre todo desde el momento en que nos hemos referido al enunciado. Efectivamente, los enunciados son posibles gracias al lenguaje, pero cabría preguntarse gracias a qué es posible a su vez el lenguaje. Esta pregunta remite a una articulación que es previa al lenguaje. Y dicha articulación solo podrá serlo del sentido, es decir, de ese fondo desde el cual el *Dasein* puede ser comprendido. Si hasta ahora, en el análisis provisional, lo que tenemos es «encontrarse» y «comprender», en suma, facticidad y posibilidad, esto será justamente lo articulable, y lo será por medio del «habla». El habla constituye la tercera forma de ser en el mundo, pero se trata de un habla que es anterior al lenguaje y que, por eso, puede ser fundamento del mismo[39]. En realidad, esa interpretación a la que hemos venido aludiendo se encuentra ya articulada, y lo está por medio del habla. Esta es existencialmente cooriginaria con el encontrarse y el comprender, de lo que se deduce que el habla no es un instrumento que se utiliza para, por ejemplo, expresar o decir algo. El *Dasein* no elige libremente el habla; más bien, al contrario, es el habla la que constituye existencialmente al *Dasein*. Desde ese punto de vista, el habla no es solo anterior a la gramática, sino que es fundamento de ella, hasta el punto de que una de las tareas de la destrucción fenomenológica de la ontología pasaría igualmente por liberar al *lógos*, al decir, al habla, de la gramática[40]. Solo así podrían experimentarse como originales aspectos desechados por la lingüística y la gramática, como por ejemplo el silencio, fenómeno que, lejos de ser opuesto al habla, es su misma condición. Así ciertamente el habla tiene que ver con la comunicación, pero esto no en el trivial sentido (y también científico) que la reduce a decir cosas y, a ser posible, bajo la forma de enunciados. Por eso el callar es también comunicar, aunque no haya enunciado, y comunicar propiamente consiste no en decir algo, sino en decir las posibilidades existenciales que derivan de la facticidad.

Con el habla, Heidegger cierra positivamente la descripción del «ser en». Así pues, encontrarse, comprender y habla constituyen las formas de esa abertura en que consiste el *Dasein*. Pero esta enumeración muestra un defecto: estas formas resultan de una descripción fenomenológica que momentáneamente tuvo que olvidar que el *Dasein* vive cotidianamente. Es cierto que algunos ejemplos han apuntado a que el «encontrarse» se concreta en unos estados de ánimo determinados, igual que el comprender se cifra en las posibilidades reales, fácticas, y no en unas abstractas, pero también es cierto que se enfatizó la dimensión de la posibilidad exclusivamente en términos definidos por la existencialidad y los estados de ánimo en términos de una facticidad. Es cierto que el *Dasein* es su existencialidad fáctica, pero que con esto no se llega a alcanzar fenomenológicamente una descripción de cómo vive cotidianamente ese *Dasein* que siempre se encuentra en algún estado y dirigido a posibilidades sin que la cuestión de la posibilidad se plantee como definición de su existencia. El *Dasein,* al contrario, en su caso elige esto o lo otro y generalmente no lo hace movido por preservar el sentido de su existencia propia, sino impropiamente como modo de ser en el mundo y conducirse según los entes. Esto quiere decir que del «ser en» forma parte indefectible ese modo impropio de existir que, así contemplado, no puede considerarse un defecto moral, sino más bien una señal existencial. Y esta forma impropia de encontrarse afectivamente ya arrojado en el mundo de las posibilidades es descrita por Heidegger a partir del fenómeno del habla. Porque, ciertamente, el habla constituye la posibilidad de la articulación del sentido, pero también es el marco defectuoso en el que el *Dasein* se encuentra y vislumbra sus posibilidades. En definitiva, dispone el marco en el que el *Dasein* es «uno» y se decide con exclusividad por lo óntico. Tres formas del habla, que desde luego podemos reconocer como «impropias» en el sentido explicado, sirven para completar la descripción del *Dasein* bajo la forma en que este es cotidianamente. Se trata de la «habladuría», la «curiosidad» y la «ambigüedad»[41]. Su orientación común se reduce a esa impropiedad, que también puede caracterizarse como opción por lo óntico o, siguiendo la terminología de *Ser y tiempo,* como «caída». Pero entiéndase bien que «caída», en primer lugar, describe la conducta según la cual el *Dasein* se ha orientado ya siempre por lo ente, pero la condición misma de la caída no es ella misma un ente. Esto quiere decir que la caída describe un momento estructural constitutivo del *Dasein*. No es que el *Dasein* pueda caer y en consecuencia también librarse de la caída. Este sentido, que quedaría muy próximo de uno moralizante, queda lejos de lo que se pretende expresar con él, a saber: que el *Dasein* siempre ha caído ya precisamente porque «comprende» y «se encuentra en una situación». En cierto modo, la caída es la prueba de que el *Dasein* comprende fácticamente. De este modo, lejos de referirse al lado negativo del *Dasein,* configura su cotidianidad. Cotidianidad que, ciertamente, define la constitución impropia del *Dasein* en su permanente orientación según lo ente, pero también la constitución estructural que eleva la caída a carácter ontológico.

Si desde la forma del «encontrarse» se alcanza el carácter ontológico de la facticidad y desde el «comprender» el de la existencialidad, de las figuras impropias del discurso (habladuría, curiosidad y ambigüedad) se alcanza a determinar el carácter propio de la caída. Ciertamente, un carácter propio que se revela siempre como disposición impropia.

Existencialidad, *facticidad* y *caída* constituyen los tres caracteres ontológico-existenciales del análisis del ser del *Dasein*. En cierto modo, el análisis, al llegar a este punto, ha conseguido separar los caracteres, pero el punto de partida señalaba que el *Dasein* constituía *un* fenómeno, es decir, era una unidad. Y así solo tenemos tres caracteres o momentos de su constitución. ¿Y dónde y cómo se hace patente que los resultados encontrados son caracteres inseparables y cooriginarios?

Tal vez aquí se encuentre uno de esos momentos críticos del *Ser y tiempo* escrito, justo uno que pone en peligro el procedimiento metodológico que impide de entrada recurrir a nada que de alguna manera no se presente. Porque, en efecto, introducir la cuestión de la «unidad» puede suponer atravesar una frontera no deseada. Dicho en otros términos: se parte de que el *Dasein,* comprendido como «ser-en-el-mundo», aparece ónticamente como un fenómeno unitario, pero del mismo solo hemos podido rescatar caracteres «ontológico-fundamentales» (en el sentido estricto de este término, es decir, los existenciales) sin que, entretanto, se haya presentado ontológico-fundamentalmente su propia unidad. Rescatar esa unidad supondría sobre todo el reconocimiento de que la existencialidad, la facticidad y la caída no son simples propiedades separables de un ente llamado *Dasein,* sino caracteres cuyo sentido reside precisamente en que no son independientes entre sí. Si lo fueran, entonces tendríamos una substancia de la que podríamos decir cosas, por ejemplo, que existe de modo fáctico y que está caída. Pero de ese modo reproduciríamos una forma categorial de hablar y el núcleo de la cuestión reside en entender que la *existencialidad* (carácter que procede del comprender), la *facticidad* (carácter que procede del encontrarse) y la *caída* (carácter que procede de la articulación impropia del lenguaje) no son categorías, sino existenciales. Eso significa que no son propiedades que se puedan decir «de algo», sino que constituyen ese «de algo» antes de que se pueda formular enunciado cualquiera sobre él. Volvemos a la cuestión, ya planteada, de cómo decir algo de la existencia si la existencia consiste –y valga esta forma de hablar para aclarar la cuestión– en nada. Pero al expresarlo así tal vez hayamos dado con el fondo del asunto: si del análisis tiene que resultar un último paso provisional (y provisional, en este momento de la obra, quiere decir: último paso del análisis preparatorio necesario para comenzar a indagar acerca del *sentido* del *Dasein)* que muestre la unidad y la totalidad de la estructura del «ser-en-el-mundo» como algo original, tal vez la nada venga en nuestra ayuda. En efecto, pero porque se trata de llegar filosóficamente, es decir, fenomenológicamente a dicha unidad y totalidad de la estructura, o sea, a dicho ser. ¿Cómo acceder fenomenológicamente a este ser, al *Dasein?* A la postre, se comprobará que esto no es más sencillo[42] que alcanzar, también fenomenológicamente, la idea del ser en general, que es el objetivo del proyecto *Ser y tiempo*. Que el lector se encontrará en el 6.º capítulo[43] una de las claves de la obra se revela si consideramos unitariamente los aspectos recién relacionados, que por eso reproducimos: a) el acceso fenomenológico al ser del *Dasein* (ya se sabe, entendido como «ser-en-el-mundo») tiene que ver con la posibilidad misma de que de la nada, a su vez, haya fenomenológicamente presencia; b) si se gana dicha presentación de la unidad y totalidad de la estructura del *Dasein,* precisamente porque este ente se caracteriza según la existencia y no según una cosa (es decir, existencial y no categorialmente), se habrá dado un paso de gigante para la consecución fenomenológica del sentido del ser en general. Porque se recordará que la vía a dicho sentido pasa obligatoriamente por el camino del *Dasein* y a la postre habrá que comprobar si este camino no constituye en definitiva el propio del ser en general.

Si no para el lector que por primera vez se aproxime a *Ser y tiempo,* que tendría que aprenderlo, pero sí para el que presupone la relación de esta obra con el conjunto de la historia de la filosofía, hay que decir que en la trama de este capítulo se está formulando una reiteración de la *Metafísica* de Aristóteles como nunca antes había ocurrido. Quede claro que no de la metafísica entendida como disciplina escolar, que precisamente procede de una devaluación de aquel intento aristotélico, pero sí del intento por elaborar una investigación (en Aristóteles, *theoría)* acerca del «ser en cuanto ser» y en lo relativo a sus principios (entre los cuales, modernamente, podríamos señalar el de cómo aparece). La indagación de Heidegger, en las líneas del final de esta primera sección, pretende resaltar precisamente el sentido del «en cuanto» con el fin de hacerlo relevante. Y quiero señalar que aludir a esta referencia, que para muchos lectores sería como remitirse al pasado, es expediente rentable para entender de qué va *Ser y tiempo* y no un mero excurso despistado. Porque se está suponiendo que ese «en cuanto» tiene que ver con la estructura misma del «ser-en-el-mundo», que es la que se pretende hacer relevante... precisamente revelándola. Si el proyecto de Aristóteles históricamente cayó en lo que en este libro hemos llamado «la ontología», es decir, la elaboración de un sistema (o diversos) de categorías, según el cual el ser resulta conocido precisamente en cuanto tal ser; si ese conocimiento se cifra en el rescate de unos principios que valen para todo ente, de modo que, trátese del que se trate (sea una mesa, una planta o un hombre) de todos ellos, más allá de su diversidad se pueden señalar caracteres comunes (por ejemplo, que a todos les corresponde la nota «unidad» o «diferencia»)[44], también es cierto que la presentación explícita de esos principios los difumina en su carácter ontológico para convertirlos en una suerte de entes privilegiados (los principios) que se encuentran por encima de los no privilegiados (la mesa, la planta o el hombre). Pero de ese modo lo que habría ocurrido es una especie de ocultación del ser, definitivamente convertido a ente. Así, «ser en cuanto ser» significa: la unidad, la diferencia, la substancia, pero de ese modo esas nociones se entienden como «cosas» importantes y principales, aunque (o precisamente por eso) sean no-sensibles. Que aquí se está gestando esa primacía del espíritu (si se entiende por tal lo no-sensible) frente a la naturaleza (lo físico: mesa, planta, hombre) se puede ver a la luz del olvido de ese «en cuanto». Pero se erraría si por un momento se pensara que la pretensión de Heidegger es aclarar ese «en cuanto» para convertirlo en el principio de su ontología fundamental. Ya se ha dicho que la pretensión de esta no es encontrar un nuevo principio, sino presentar expositivamente un fracaso. Ahora se puede contemplar más de cerca: tal vez ese «en cuanto» se haya olvidado porque su misma constitución no se puede hacer presente, aunque el esfuerzo filosófico tendría que haber pasado por hacer relevante esa imposibilidad y en ningún caso por hacer de esa imposibilidad una posibilidad, es decir, algo que se pueda presentar, por ejemplo como categorías (unidad, diferencia, substancia). Pues bien, en la búsqueda de la unidad de esa estructura, Heidegger no retrocede ante la posibilidad de fijarse en ese «en cuanto», es decir, en aquello que hace que una cosa pueda aparecer como tal cosa, sino que la persigue. Pero como además no se trata del análisis de una cosa en particular (los mencionados mesa, planta y hombre) sino del ser del *Dasein,* de la existencia, de la que además el análisis ya ha revelado que consiste en comprender el ser (existencia fáctica caída) –y eso significa tanto del ser que es él mismo cuanto de los seres distintos a él, aquellos que se cuentan en su mundo «a mano» o los que simplemente «están ahí» presentes–, no cabe duda de que aquí se está intentando *ya*, incluso en el análisis preparatorio de la primera sección, más allá de Aristóteles, volver a reiterar la cuestión de la ontología («ser en cuanto ser»), pero *exclu-*

sivamente de modo ontológico, que aquí significa: ontológico-fundamental. Si recordamos que esta expresión aludía a lo «preontológico», tal vez se pueda suponer que en eso preontológico no se trata de otro asunto que del «en cuanto», es decir, de aquello que hace posible la manifestación de algo. Y tampoco cabe duda de que ese «en cuanto» de alguna manera es ya el *Dasein,* pero solo si de este ha empezado a desprenderse aquello que lo hace aparecer también como ente. Pero este desprendimiento es solidario de que vaya insinuándose lo decisivo de su ser, que reside en que tiene «sentido». Así pues, si se consigue captar la unidad de la estructura, de los tres momentos (existencialidad, facticidad y caída), entonces se presentirá el sentido, que es aquello en lo que preontológicamente se anuncia una unidad más allá de toda categoría; una unidad que no será meramente la de cada cosa en particular, sino la de aquello que en general puede hacer que las cosas simplemente se presenten más allá y antes de que alguien las piense o las deje de pensar. Se anuncia una suerte de metafísica en la que la diferencia aludida entre lo físico y lo metafísico se juegue dentro del mismo juego y no en dos mundos separados.

Y ese juego es el del *Dasein,* que por ahora el análisis nos lo ha mostrado compuesto, pero que a partir de ahora el mismo análisis tendrá que revelar que no se trata de un *compositum* ni de un compendio, sino de la unidad en la que mundo y ser son a una. A su vez, desde luego, este «a una» no podrá ser una especie de concepto superior que unifique todo. Más bien se tratará de la reiterada diferencia en que consiste el *Dasein* y tal vez su sentido.

Si aquí Heidegger, a la busca de esta unidad previa, se sacara de la manga una noción unificadora, se podría decir que está haciendo trampa. En efecto, no se busca algo que venga a unificar los tres caracteres dados por separado, sino acceder fenomenológicamente (es decir, de modo que se haga patente) a lo que ya preontológicamente es una unidad: el «ser-en-el-mundo». ¿Y cómo se manifiesta este «en cuanto tal»? De nuevo tiene que quedar claro que no se puede recurrir a un algo que de suyo no le corresponda, para empezar porque nada queda fuera de dicho «ser-en-el-mundo», sino que, si se hace manifiesto el ser total del *Dasein,* habrá de hacerse mediante el encontrarse, el comprender y el habla, puesto que ese es el marco en el que y según el cual originariamente las cosas se hacen presente. Cierto que aquí no se trata de una mera cosa, sino nada menos que del «ser-en-el-mundo», lo que exigirá que tampoco sea un encontrarse cualquiera, sino uno señalado el que lo haga manifiesto. En realidad, cualquier encontrarse en un estado de ánimo nos presenta ya un mundo completo, aunque ciertamente no el todo de ese mundo. En efecto, sea la alegría, la tristeza o el miedo, incluso privilegiadamente el aburrimiento, en todos esos modos de encontrarse lo que se presenta es un mundo y no una mera cosa o un conjunto de ellas. Pero en cierto modo, lo que se presenta así es un mundo «impropio», en el sentido señalado, es decir, orientado por las cosas del mundo, que Heidegger reconoce bajo el título de «entes intramundanos». Eso significa que el *Dasein* percibe su mundo encontrándose siempre «caído», es decir, en medio de los entes intramundanos. ¿Y cómo va a ocurrir ahí la manifestación del mundo como un todo? Esto solo será posible si de alguna manera tengo el mundo ante mí, como a una distancia, pero no a cualquier distancia. Efectivamente, a distancia puedo ver una cosa, que pasa a estar ahí, pero incluso este procedimiento, que caracteriza la disposición teórica, me separa del inmediato sentido en el que el *Dasein* es a una con el mundo. Tendrá que ser una distancia que no me separe de una cosa sino del mundo en su totalidad, pero dado que *Dasein* no significa otra cosa que «ser-en-el-mundo», ¿cómo voy a estar ante él? No marchándome fuera, sino al contrario desde dentro de la estructura pero de modo que lo que se presente sea la propia estructura y no una cosa. ¿Y qué modo de encontrarse fundamental apunta a esa decisiva posibilidad? Heidegger lo reconoce en la angustia[45]. Pero, a fin de que no se produzca un despiste en la comprensión de este término, habrá de quedar claro que ni consecuentemente se podía haber recurrido a un concepto de unidad (que siempre sería una categoría) ni se podía salir «fuera de», porque no hay fuera, ni, por último, se trata de confiar a un sentimiento (la angustia) nada menos que el reconocimiento fenomenológico de la unidad y totalidad de la estructura. Así pues, por «angustia» no cabe entender una mera intuición que «yo puedo tener y tú no» y que es, por así decirlo, subjetiva. Tampoco cabe entender una mera emoción, por más que se trate de un estado de ánimo. Pero ¿por qué es un estado de ánimo fundamental? Pues porque en dicho estado de ánimo lo que aparece no es un ente intramundano. Es decir, ante lo que la angustia se angustia no es una cosa. Eso sería, tal vez, miedo, porque el miedo lo es siempre de algo conocido y que se teme. Y el miedo me traería la presencia de un ente intramundano, pero no de la totalidad. En la angustia no se abre un aspecto del mundo, sino el mundo como mundo en su insondable e inconceptualizable presencia. Lo que en la angustia amenaza no es algo en particular (eso, se dijo, sería el miedo), no es nada que se presente bajo una u otra figura, sino la posibilidad misma de las cosas a mano (es decir, antes de cualquier concepto), que es como decir: el mundo. Pero el mundo así entendido es nada. Si lo que ocurre es que en la angustia en realidad no pasa nada, bien puede ocurrir que sea precisamente esa nada la que aparece. Y en realidad, persiguiendo esa presentación fenomenológica del todo, eso es lo que ocurre. En cierto modo, en ese estado de ánimo queda suspendido todo, de modo que ya ni siquiera cabe protegerse en la segura percepción de una cosa, ante la cual pudiera reaccionar. Si en general el *Dasein* se encuentra caído, y aquí caído significa «en medio» de las cosas, donde por así decirlo encuentra una suerte de cobijo y hábitat (la casa, las relaciones humanas, las seguras costumbres), la angustia arranca al *Dasein* de su caída porque lo despoja de esa segura habitación lanzándolo fuera. En la angustia, el *Dasein* sale de casa para sumergirse directamente en la inhospitalidad *(Unheimlichkeit)* vacía y desnuda donde no cabe protección. Pero arrancarlo de la caída, es decir, de la existencia impropia, no significa que lo conduzca a la existencia propia y que de este modo hiciéramos de la angustia un estado privilegiado en el sentido de que fuera el mejor porque nos permitiera hacer el tránsito de lo impropio a lo propio. Más que situarnos en el estado de «propiedad», de ese arrancarse resulta la posibilidad extrema de que el *Dasein,* por haber salido «fuera de casa», es decir, de un determinado estar caído, pueda ver la caída como tal y justamente al lado de lo que significa no estar caído. En resumen: en la angustia al *Dasein* se le revelan la propiedad/impropiedad como las posibilidades de su ser y no solo como el lugar donde se pueda encontrar. Lugar como tal solo lo hay caído, porque la existencia pura, vacía y desnuda –la extrema inhospitalidad– es el no-lugar. Pero es desde el no-lugar que es la angustia, desde la nada que aparece bajo la figura del mundo como mundo, desde el que la existencia aparece como una y no como el fragmentario sucederse de estados de ánimo que tienen que ver con el contacto y la relación con los entes que nos rodean.

De esta descripción, interesa rescatar tres asuntos: a) el primero, que la pregunta por la existencia es distinta de la pregunta por un ente que está ahí; b) el segundo, que la vía de acceso fenomenológica a la unidad del *Dasein* no puede proceder de un método ajeno al *Dasein* mismo –de ahí que sea en el propio *Dasein* y desde él mismo desde donde se presente el mundo en cuanto tal–; c) el tercero, que en la angustia, por lo que se acaba de decir en el segundo punto en relación con la presentación del mundo, lo que ocurre es que es el propio *Dasein* en cuanto tal el que hace acto de presencia y que eso se salda con la percepción de que «nada» se manifiesta. Atiéndase, en esta enumeración de tres puntos, que se busca la unidad del *Dasein* pero a la vista de que este es «ser-en-el-mundo», de modo que en la angustia no se presentan el mundo y el *Dasein* por separado, sino la propia estructura, que ha revelado definitivamente su carácter ontológico: no es un ente, porque en ese caso se podría decir algo de él, sino *nada*.

Pero si la angustia constituye el estado en el que se hace patente la unidad del «ser-en-el-mundo» y de esta manera se vuelve el medio de acceso fenomenológico a dicha unidad, entonces en la angustia se han de revelar los momentos de la existencia. En realidad, el *Dasein* se angustia de su propia existencia, que se manifiesta en sus tres constituyentes y evidencia así su intrínseca unidad: el *Dasein* se angustia por estar arrojado en el mundo, lo que revela su *facticidad*, y simultáneamente por su propio poder ser, su *existencialidad*, en la medida en que este aparece suspendido sin haberse asegurado una posibilidad determinada. En definitiva, la angustia revela al *Dasein* como un ser fácticamente existente y lo hace de modo que se revela la trama como tal: no es que al ser fáctico se le añada la existencia o viceversa; es que el *Dasein* solo puede existir fácticamente.

Pero esta descripción peca todavía de analítica si no se revela qué pasa con cada carácter de la estructura; si, en definitiva, no se revela que pasa lo mismo en cada una de ellas: que la angustia revela a la existencia el propio ser del *Dasein,* esto es: su nada. Pero ¿en qué consiste esa nada que tantas veces está viniendo ya a cuento?; además, ¿acaso puede tener la nada una estructura? No otra cosa revela el análisis de la angustia como procedimiento para alcanzar la percepción de la unidad del fenómeno del «ser-en-el-mundo». En efecto, reconocerse como existencia significa tener permanentemente a la vista su propia posibilidad de ser de modo que el *Dasein* siempre se anticipa a sí mismo en ese poder ser. Pero no en el trivial sentido de que el *Dasein* vea sus posibilidades en relación con lo ente, con cosas (poder estudiar, poder amar, poder nadar), sino en el decisivo de ver que él mismo constituye su propio poder ser. Y en esto consiste el «anticiparse a sí» del *Dasein*. Así, el *Dasein* siempre se está anticipando, pero siempre se está anticipando ya desde un mundo en el que se encuentra arrojado. No ocurre, de este modo, que el *Dasein* solo se anticipe, sino que anticiparse es a su vez posible porque ya se está en el mundo. Pero a su vez, estar en un mundo no significa otra cosa que encontrarse absorto en él mismo, ocupado con aquello familiar y huyendo de lo inhóspito, en definitiva, huyendo de la angustia. En suma, esta brevísima descripción que resulta del análisis de la angustia revela una estructura unitaria: al carácter de la existencialidad corresponde ese «anticiparse a sí mismo»; al de la facticidad, el «estar ya en un mundo», y al de la caída, «encontrarse en medio» de los entes. Como ninguno de esos momentos sucede con independencia de los demás, de modo que se remiten entre sí, se puede definir la estructura en los nuevos términos encontrados: el *Dasein* es «un anticiparse a sí estando ya en medio de»[46]. Y es para esta unidad, así expresada, para la que Heidegger reserva el término «cura»[47]. Decisivo resulta entender que «cura» designa precisamente la unidad de la trama y no es, por lo tanto, un nombre para un compuesto. Ciertamente, «anticiparse a sí/estando ya/en medio de» refleja una estructura triple, pero no una tripartita: no hay partes. Como refleja el *esquema,* esta descripción surge directamente de los caracteres encontrados en el análisis del «ser en» y de su reconocimiento como caracteres ontológico-fundamentales, es decir, como «existenciales».

Ser en	**Caracteres ontológicos**	**Cura**
Encontrarse	Facticidad	Estar-ya-en
Comprender	Existencialidad	Anticiparse-a
Habla	Caída	En-medio-de

Lo esclarecedor del esquema reside en la posibilidad de captar la propia evolución de la descripción fenomenológica. Después de todo, el punto de partida de *Ser y tiempo,* al menos tal como aquí haya podido quedar reflejado, dejaba clara la dificultad fundamental, que residía precisamente en la cuestión del acceso: ¿cómo acceder fenomenológicamente, por lo tanto mediante una descripción, a lo que no es un ente ni una cosa? En efecto, como insiste Heidegger, la pregunta por la existencia es distinta de la pregunta por un ente que está ahí, de modo que no vale con utilizar los procedimientos habituales que vienen a su vez servidos por las ontologías y sus correspondientes sistemas de categorías (por ejemplo: algo es sujeto y algo predicado; algo sujeto y algo objeto; o naturaleza y espíritu; incluso, ni siquiera unidad y multiplicidad). Por descontado que resulta imposible –y ahí reside la interna dificultad de *Ser y tiempo,* que exige que solidaria de la elaboración de una analítica de la existencia se plantee una destrucción de la ontología– *prescindir* completamente no ya de los términos, pero sí del implícito uso lingüístico de ciertas nociones clásicas de la ontología. Ese prescindir acabaría convirtiéndose en una repetición inconsciente de dichas nociones. Incluso para la búsqueda del sentido del ser tiene que exigirse que el ser del *Dasein* aparezca como unidad; de ahí el concepto de «cura». Pero a esta unidad subyace ya un desplazamiento del sentido categorial habitual de unidad, según el cual se trata siempre de la unidad de una substancia, al punto de que en definitiva substancia y unidad (o sujeto y unidad) no significan asuntos diversos. La unidad de la cura se parece más bien a la de una articulación. «Cura» es la propia articulación, al modo en que originalmente *lógos* tampoco significa vacua y trivialmente unidad, sino selección y reunión[48]. Además, la búsqueda de dicha unidad, que por lo tanto no se propone como punto de partida, refleja la actitud de no haber dado nada por supuesto. El esquema, por otra parte, refleja tres pasos, que van (a) de la constatación de la articulación del «ser-en» en el sentido más próximo y hasta trivial (cuyo resultado es la triplicidad «encontrarse / comprender / habla»), pasando por (b), que propone como caracteres ontológico-fundamentales, es decir, caracteres de la existencia, accesibles desde (a), a la triplicidad «existencialidad / facticidad / caída»[49] hasta (c) la descripción fenomenológica fundamental de dichos caracteres en términos que anticipan la temporalidad: «anticiparse a sí / estando ya / en medio de».

Pero esta evolución expositiva tiene como objetivo, y tal vez como presupuesto fundamental, evidenciar que no es posible por medio de los habituales modos de descripción de los entes intramundanos (las cosas) llegar a describir ontológicamente el ente *Dasein* de un modo ónticamente originario. Pero tal vez eso ocurra no solo por la insuficiencia del análisis ontológico sino, mucho más decisivamente, porque el *Dasein* no sea un ente. Pues bien, llegados aquí, al final de la primera sección de *Ser y tiempo,* cuando se ha encontrado un término para designar la articulación de los caracteres y momentos del *Dasein,* se puede preguntar: ¿y si no es un ente, qué es? Se podría contestar: no se puede describir de un modo ónticamente originario porque en realidad el *Dasein* mismo es el origen. Y el origen puede aparecer como ente, como así ocurre al principio de la obra al presentarse medianamente «tal como aparece», es decir, sin análisis, pero en la medida en que todavía no se ha indagado acerca del propio significado de origen. Y tal indagación, a su vez, puede dar como resultado que «origen» no tiene significado, pero solo porque es y funciona como sentido, que es el horizonte o fondo desde el que algo puede aparecer. Hay que recordar que ya en el inicio de la obra solo se caracterizó al *Dasein* como «ámbito del preguntar»[50], ámbito que propiamente no coincide con contenido alguno, pero porque en cierto modo es todo. Pero que no es todo porque en ese ámbito puedan almacenarse todas las cosas, sino más bien porque desde él y en él algo puede aparecer[51]. Es posteriormente, cuando la descripción se detiene en el *Dasein* como el ente que plantea la pregunta, cuando se caracteriza ónticamente (el ente que se encuentra en un estado, comprende y habla), pero también en la medida en que dichas caracterizaciones responden ya a una descripción que se pretende ontológico-fundamental.

Cuando más adelante, para llegar a la descripción de qué pasa con esos caracteres que aparecen separados, se procede reparando en la angustia como un estado fundamental, se llega a reconocer que en el fenómeno que revela la angustia lo que propiamente se revela es la nada, una nada, ciertamente, que ontológicamente coincide con lo que Heidegger llama «mundo». Pero nuevamente hay que advertir que el error fundamental sería algo así como decir que se trata en esta cuestión de una «filosofía de la nada» que acabara dando a entender que la nada es un ente. Con el término «nada» se anticipa ya un aspecto de lo que acabo de nombrar como «origen» y, a su vez, como «sentido». Y con esto se quiere decir, ciertamente, que con la violenta y torturada expresión «anticiparse a sí –estando ya– en medio de» no se está caracterizando ya a un ente, sino persiguiendo su sentido. Que de ese sentido no queda muy lejana la nombrada «nada», más que conducirnos a la conclusión de que «el sentido es nada», tendría que llevarnos a entender que «nada» es origen y sentido, pero precisamente en la medida en que no es un ente. Que ahora, cuando comience la segunda sección de *Ser y tiempo,* el propósito explícito sea ya buscar el sentido para lo descrito como un ente en la primera sección y que dicho sentido se reconozca en la temporalidad sí podría conducirnos a entender la íntima vinculación que la temporalidad guarda con la nada y el origen. En todo esto se encuentra ya en juego el esfuerzo por describir, más allá de la filosofía aparecida como ontología y metafísica, el sentido del ser en general, que es lo que se busca. Pero se puede anticipar que ese sentido, para cuya búsqueda se hace preciso el análisis de un ente, tal vez no se encuentre muy lejos de ese ente. Pero eso siempre que en el curso del análisis, es decir, en la exposición, se vaya revelando que el tal ente que siempre aparece como ente originalmente no es un ente, sino el ser. Pero aquí «originalmente» significa: desde el sentido. «Ser», en todo caso, es a diferencia de todo ente, pero no algo extraño a las cosas. Como consecuencia del curso de *Ser y tiempo,* y como ya se anticipó aquí, al final de la ontología fundamental, una vez que hubiera desaparecido después de que hubiera realizado su trabajo, tendría que presentirse no ya que el *Dasein* no es un ente, aunque tuviera que partirse de su consideración como tal, sino que ninguna cosa lo es, porque cada una de ellas, precisamente en su irreductibilidad, es ser. Tal vez así pudiera entenderse definitivamente, muchos siglos después, el propósito de Aristóteles antes de que su intento por exponer filosóficamente el ser cayera en la ontología y, por lo tanto, se redujera a concepto universal. Un concepto que alcanzó mayor rango que la cosa que se suponía explicaba. A esta luz se puede entender el intento de Heidegger que no parte de modo optimista por devolver su rango a las cosas. Que, al contrario, parte de que las cosas son entes, es decir, algo distinto al *Dasein*. Por mucho que en el proyecto para nada se parta de una jerarquía según la cual *Dasein* vale más que los entes que no son el *Dasein* (en definitiva, las cosas), ya la misma distinción implica un tener que situar el origen en ese «ámbito del preguntar», haciéndolo así preeminente. Es de un rigor implacable reconocer que ese ámbito no se elija como la característica del hombre (y, por lo tanto, se eluda toda Antropología y Psicología), sino que al revés sea desde ese ámbito desde donde se pueda definir «hombre», pero el reconocimiento de la operación del preguntar implica la preeminencia de la operación de la pregunta como aquella donde pueden aparecer los entes. Desde las primeras líneas de la obra lo que se buscaba no es un ente, sino el ser, que, precisamente porque también fue confundido con un ente (la substancia, Dios, el sujeto) –y en esa confusión reside la metafísica–, se busca bajo el expediente del «sentido del ser». Pero del ser en general y no, por lo tanto, del *Dasein*. Este no deja de ser un camino aunque a la postre venga a aparecer no solo como comienzo particular de la exposición filosófica, sino como el origen que nos encontramos al final de la búsqueda por el sentido del ser. Dicho de otra manera: al final, lo que hay es origen, es decir, nada, es decir, tiempo. Pero todo ello tal vez no quiera decir otra cosa que «sentido», o sea, «ser», aunque esta palabra ya no quepa. Y en ese sentido y desde ese sentido es de donde podrá aparecer, ciertamente, «lo humano», pero también «cosa», sin guardar entre sí relación de preeminencia alguna, pero porque ya no se tratará de orden entre entes, sino de relación de ser a ser. Una relación que tampoco podrá tener que ver nada con las relaciones lógicas y ni siquiera con las relaciones de una articulación como la del *Dasein,* bien en su análisis preparatorio como «cura», bien ya definido como «sentido» de dicha cura. Pero eso ocurrirá como resultado del reconocimiento de que el propio *Dasein* no es un ente que está «ahí» («*Da*»), sino el «ahí» (no-lugar) donde aparece todo lo que es. Pero lo que aparece ya no es, dada así la vuelta a la cuestión, un ente y otro ente, sino el ser y el ser y el ser...

Todo esto anticipa lo que se puede titular «la continuación» de *Ser y tiempo,* pero de *Ser y tiempo* y no de cualquier invención que entretanto ocurriera como filosofía de Heidegger. Por lo tanto, si se quiere hablar de «giro» o «vuelta» en su obra[52], tal vez no haya que esforzarse tanto en buscarla en uno u otro período, en uno u otro escrito, sino más bien en la propia obra de 1927. Pero no al final y como resultado, sino al principio y como punto de partida. *Ser y tiempo* escenifica ya ese *giro*. En realidad, lo que propiamente escenifica es la liquidación del propio *Dasein* en aras del *Dasein,* por así decirlo, para que el *Dasein* revele su ser, que no es el de un ente, sino el propio ser.

Pero por el momento, hace falta continuar el análisis, y este tiene que dar un paso más allá, hacia el sentido del ser del *Dasein*.

Segunda sección

La segunda sección de *Ser y tiempo,* última de las escritas, comienza prosiguiendo su cerco al *Dasein*. El objetivo no ha variado –búsqueda del sentido del ser en general– pero la exigencia ha crecido: si la comprensión del ser en general depende del ser que llamamos *Dasein,* entonces el análisis de este deberá ser completo y, hasta ahora, obedeciendo un criterio de rigor metodológico (fenomenológico) que exigía cumplir todos los pasos, solo se ha ofrecido una descripción del ente *Dasein* tal como aparece, es decir, en su cotidianidad. Es obvio que, solo desde ella, se hace imposible una comprensión completa de este ente, una comprensión que pudiera acabar revelando su sentido y a la postre, por mor de ese descubrimiento, que en realidad no se trataba de un ente. Porque desde la perspectiva de la cotidianidad, sin embargo, el *Dasein* siempre aparecerá como ente. Así pues, se hace preciso remontar la cotidianidad avanzando... hacia el origen de dicho ente. Porque, en definitiva, ¿se puede decir que la cura constituya la versión *completa* del *Dasein?* Del descubrimiento de la cura ha resultado una impresión de unidad que ha permitido considerar fenomenológicamente al *Dasein* como una articulación. Pero ¿tenemos una comprensión original de esa unidad? En cierto modo, se podría decir que sabemos cómo funciona el *Dasein* pero no qué es. Ciertamente, se ha partido ya preliminarmente de que propiamente no hay «qué», no hay esencia, porque, repitámoslo, la *substancia* del *Dasein* –por utilizar paradójicamente ese término, pues *Dasein* justamente no puede ser substancia– es la existencia[53], y de esta solo se puede afirmar, aunque esa afirmación muestre un enorme grado de complejidad, que es «nada». Efectivamente, se ha comprobado que «nada» designa un asunto muy complejo que remite a la cuestión del sentido y del origen del *Dasein,* pero habrá que revelar más detalladamente, aunque esto suene extraño, la constitución de esa nada.

Pero de entrada se plantea de nuevo otro problema metodológico: si hasta ahora el análisis ha seguido un procedimiento fenomenológico, que en definitiva es el único autorizado, ¿salir de la cotidianidad no entrañará el peligro de perder de vista ese procedimiento? Si lo que el análisis ha detectado es que nuestra visión del *Dasein* no es suficientemente original porque no es completa, ¿alcanzar esa completitud no entrañará dar un paso extraño y más allá y convertir lo fenomenológico en metafísico? Se comprenderá mejor este peligro si se atiende a la solución que se propone al comienzo de la *segunda sección,* en el 1.ᵉʳ capítulo, para garantizar la completitud del análisis[54]. La muerte, se dice allí, es la buscada condición de posibilidad del «poder ser total»; es la posibilidad de considerar que el *Dasein* es un todo, tiene un límite y no se trata de algo indefinidamente abstracto. La muerte se convierte en la posibilidad de que el *Dasein* se experimente como un todo cerrado. Pero lo cierto es que la muerte no está ahí y no puede ser, por lo tanto, descrita fenomenológicamente. ¿Cómo no ser metafísico y continuar siendo fenomenológico si la garantía de la totalidad se propone fuera de cualquier descripción que tenga en cuenta lo que hay «a la vista»? De esta dificultad se deduce que se hace preciso elaborar un concepto existencial y no metafísico de la muerte. De la muerte, en efecto, no se puede decir nada, porque siempre queda fuera de nosotros. «Final», en efecto, que constituiría justamente la posibilidad de la descripción, significa que ya no estamos aquí. Además, dicho final no es representable conceptualmente, porque la muerte no es una cosa. Pero esta caracterización existencial de la muerte tiene un marcado carácter negativo que sigue impidiendo decir algo que defina al *Dasein* como «ser total». Lo más que se puede decir es que lógicamente la muerte aparece como lo opuesto a la existencia, pues mientras esta es, aquella no está, y cuando aquella está, el *Dasein* ha dejado de existir. Pero esa oposición lógica no es la buscada. La muerte se vuelve fenómeno precisamente cuando no se la considera opuesta a la existencia sino, al contrario, garantía de la misma. Y esto solo es posible si se atiende a lo único que fenomenológicamente se puede decir de la muerte en relación con la existencia: que el *Dasein* es un «ser-para-la-muerte» y es este ser el que funciona como garantía de nuestra completitud. Efectivamente, «ser-para-la-muerte» no significa la trivial afirmación según la cual el *Dasein* tiene un final (por cierto, un final no accesible existencialmente, sino solo ónticamente, por ejemplo, para los que se quedan, que hacen de forenses, pero no de una existencia, sino de un cadáver), sino que el *Dasein* es, por así decirlo, un «ser de final». Nada más lejos del fenómeno de la muerte así entendido que su vinculación a la realidad de un cadáver. En realidad, este viene a atestiguar no lo que sea la muerte, sino lo que es una cosa: del horizonte de la cosa-muerte ha desaparecido la posibilidad de pensar la existencia-muerte. Existir, así entendido, es morir, pero precisamente no porque la muerte sea un hecho que ocurre, sino porque no ocurre «todavía» y eso define el límite, el horizonte. Y sin límite, la existencia no es tal, porque existencia significa «finitud». En la consideración que la ontología de la substancia llegó a hacer de la cosa, esta nunca es finita, porque no desaparece, aunque cambie de lugar y hasta de constitución. Ejemplo extremo de esto es la consideración de la substancia como *res extensa,* que parte de que una cosa no desaparece sino que siempre se transforma y distribuye de otro modo en el espacio. Desde esta perspectiva incluso se puede decir que las cosas son eternas y, por ende, el universo, que es la gran cosa, sería la gran eternidad. Pues bien, también resulta claro que las cosas no mueren (ni siquiera desaparecen) y que la muerte solo tiene que ver con la existencia. La posibilidad de que la cura sea interpretable como la misma finitud se evidencia en el fenómeno de la muerte. Pero eso significa que la estructura misma de la cura es reinterpretable desde el fenómeno de la muerte, que, recuérdese, se evidencia comprendiendo al *Dasein* como un «ser de final»: el carácter ontológico de la *existencialidad* viene revelado por la misma muerte, que es el futuro (la muerte es lo venidero); el carácter de la *facticidad* se esconde en la angustia, cuyo fundamento es la muerte como posibilidad límite que revela la propiedad de mi «ser posible» (mi posibilidad extrema es, en efecto, la de la muerte); el carácter de la *caída*, desde el momento en que ocurre siempre como un estar absorto entre los entes intramundanos (las cosas), se manifiesta precisamente en la ocultación de la relación con la muerte. La angustia procede del fondo de la existencia, que sabe que no es una cosa que podría perdurar de alguna manera. La caída se define en su forma extrema como apartarse de la muerte volviéndose hacia las cosas.

Pero el rigor del análisis fenomenológico aún tiene que conducirnos más allá, porque a la vista de lo dicho se vuelve relevante que el *Dasein* también puede ocultarse permanentemente su relación con la muerte, precisamente siguiendo una de las direcciones fundamentales de su existencia: la caída. En definitiva, ¿cómo ocurre, y dónde, que el *Dasein* tenga un sentido propio de esa extrema posibilidad suya, en definitiva, de la finitud? Se da por sentado que puede no tenerlo, precisamente persistiendo en la caída, persistencia que, como se acaba de recordar, es existencialmente legítima, lo que de todos modos no significa que sea propia.

Propiamente, la muerte aparece en el fenómeno de la conciencia, que la anticipa, pues ella es el marco donde se puede tener la prueba del ser total, es decir, de la muerte como garantía de mi totalidad. No se debe perder de vista que aquí totalidad significa solo (y esto no es un defecto, sino una condición) «finitud». Pues bien, la conciencia llama a mi finitud de modo que esta se presente, pero esto significa que se hace previamente preciso querer tener una conciencia.

Al llegar aquí, en este 2.º capítulo de la segunda sección[55], se puede producir una sorpresa por esta irrupción de la conciencia y precisamente vinculada al fenómeno de la muerte. En realidad, tal fenómeno no se presenta sino a la luz de la conciencia, pero se produciría un despiste definitivo si aquí con conciencia se presentara un concepto que, además de la muerte, tuviera en consideración otros fenómenos. El análisis se habría deslizado hasta hacer que la conciencia reapareciera por la puerta de atrás, como soporte de la existencia. En realidad, propiamente dicho «conciencia» solo es conciencia de la muerte, y no de esto, aquello y lo de más allá. La conciencia no es el sujeto, porque propiamente no hay sujeto. Si lo fuera, la conciencia sería una cosa, que es justamente el carácter que *Ser y tiempo* quiere apartar de su comprensión. La conciencia constituye la posibilidad de que desde aquí, desde la existencia, se pueda tener una interpretación de la estructura completa del ser del *Dasein,* de la cura. Fenómeno de la muerte y fenómeno de la conciencia se encuentran tan vinculados que, aunque en la obra no se exprese en estos términos, bien se podría decir que la conciencia es la voz que invoca a la muerte. Pero ¿qué significa esto? En realidad, la conciencia, que no es substancia alguna, es solo una «voz» que, como tal, llama. Pero ¿a quién, cómo y por qué? La voz es realmente la del *Dasein,* pero es una voz múltiple: llama el *Dasein* angustiado por su «poder ser» y abrumado por el peso de no ser nada, pero llama porque en la situación de caída, refugiado en las cosas, quiere ser él mismo. Pero esto no se traduce en querer esta o la otra posibilidad, sino precisamente en aceptar ser como posibilidad. Si, además, aquello que define la posibilidad, es decir, la posibilidad extrema, el límite, es la muerte, la voz de la conciencia llama a la existencia a «ser-para-la-muerte», que es como decir: llama a ser sí mismo, a ser propio. La voz de la conciencia llama a un tránsito: pasar de la caída a la existencia, de la impropiedad a la propiedad. Y la única propiedad esencial es la muerte, porque solo desde ella se define el camino de la finitud. Y a esa propiedad llama la conciencia. Pero como se recordará, impropiedad no define un carácter defectuoso del *Dasein* sino una condición inherente al mismo. De hecho, *Dasein* no deja de ser permanentemente esa tensión entre impropiedad y propiedad, tensión que a su vez lo vuelve permanentemente culpable. Efectivamente, la voz de la conciencia nos advierte de una culpabilidad que no se concreta nunca por haber hecho esto o lo otro. En realidad, el *Dasein* no es culpable de nada o, lo que es lo mismo, es solo culpable por existir. Porque existiendo siempre ha elegido ya una posibilidad determinada, elección que traduce el sentido mismo de la posibilidad (recuérdese, de la existencialidad) en su contrario, en una cosa o en un hecho describible, por así decirlo, objetivamente. Ocurre que, eligiendo, el *Dasein,* a la vez que cumple su condición, se niega a sí mismo, porque cae en algo: se convierte en lo que ha hecho o en aquello que aparece, ocultándose de ese modo su condición de «poder ser». Por eso, en el análisis, la caída (haber elegido ya siempre algo) es tan constitutiva de la existencialidad. Por eso mismo, de este fenómeno de la conciencia, incluso de ese sentimiento de culpabilidad, queda apartada cualquier posibilidad de consideración moral. Ser culpable tiene un sentido ontológico, no moral. Por así decirlo, uno no puede dejar de ser culpable y, por eso mismo, la única opción posible de la conciencia no puede residir en dirigirse a esta o aquella posibilidad porque de suyo ninguna posibilidad es «mejor» que otra. En relación con el «poder ser», todas son defectuosas.

¿Qué hay, entonces, que elegir si el resultado va a ser siempre el mismo? La única posibilidad, de naturaleza eminentemente formal, solo podría consistir en una elección: querer tener una conciencia, o sea, optar por el «poder ser», que se traduce también en el reconocimiento de la finitud, de la muerte como delimitación de mi existencia. Y a esta opción límite es a la que Heidegger, continuando laboriosamente el análisis, atribuye el término «resolución»[56]. La verdad de la conciencia no consiste en tener un contenido u otro, pues según hemos visto la conciencia no tiene contenido, sino que es solo resolución.

De lo que se ha dicho se desprende que la muerte y la conciencia constituyen un vínculo inseparable: en realidad hay muerte porque hay conciencia y, en esa medida, esta atestigua la completitud del *Dasein,* es decir, de la cura. La conciencia es la prueba de la muerte y por eso mismo es indisociable de ella. Quien esperara un análisis de contenidos en relación con la conciencia se defraudará. Ciertamente, para Heidegger este es el único análisis fenomenológico, cuyo resultado da en reconocer que la conciencia es «nada», aunque de nuevo así se revele un aspecto más de esta nada:

voz de la conciencia que llama al *Dasein* a su más propio «poder ser», a la muerte.

Pero si la descripción hecha de estos dos fenómenos manifiesta esa aparente unidad, el análisis tendrá que revelar que dicha unidad es más que una impresión fenoménica. Dicho en otros términos: habrá de demostrar que esos dos fenómenos encuentran su unidad precisamente a partir del sentido. De nuevo aquí se entremezclan dos caminos: el que va desarrollándose como análisis del *Dasein* constituye a su vez la condición para explicar el camino en su conjunto. Si de verdad se da tal unidad de los fenómenos, esta tendrá que evidenciarse en un plano superior. Así, la muerte solo sería el fenómeno que viniera a revelar el carácter más estricto de la existencia, el «poder ser», que en el análisis de la cura se mostró como «anticipación». Efectivamente, la muerte se presenta en la anticipación de la misma, que es justamente lo que significa la expresión «ser de final» utilizada líneas más arriba. Pero esa anticipación, como también vimos, solo tiene lugar desde un estar ya en el mundo y en una situación fáctica determinada, que es justamente el marco en el que irrumpe la conciencia. Así pues, esta vinculación entre muerte y conciencia, formulada fenomenológicamente como «resolución precursora», encuentra su unidad en las posibilidades existenciales que definen el horizonte temporal. Pero eso significa –de ahí el moroso examen de los fenómenos de la muerte y la conciencia– que desde un punto de vista fenomenológico a la temporalidad del *Dasein* solo se accede desde esta unidad encontrada como «resolución precursora», que es el modo propio en el que aparece el *Dasein* como un todo, completo en su ser, en su finitud. La «resolución precursora» define la finitud del *Dasein* y permite acceder fenomenológicamente a su sentido, a la temporalidad.

De lo dicho se podría deducir que al *Dasein* le resulta tapado su sentido desde el momento en que se comprende a sí mismo como un yo o una substancia que ocurre en el tiempo. Esta concepción de sí mismo, que, lejos de revelar una constitución filosófica, procede de la comprensión más vulgar según la cual «las cosas –incluido el yo– ocurren en el tiempo», es precisamente la que impide pensar el sentido. Si además dicho sentido se buscara desde esta comprensión vulgar, se acabaría pensando el sentido como «algo» que, a su vez, también cae en el tiempo, por ejemplo, antes, de modo que sentido vendría a significar algo así como un principio o causa de explicación, un *a priori*. Del sentido se habría hecho entonces una cosa, por más que fuera señalada y «más importante», que se diferenciaría de aquello de lo que es sentido simplemente por una cuestión de rango. Pero cuando se trata del *Dasein,* que como fenómeno ya ha revelado que no es una cosa (porque es existencia), todo lo que tenga que ver con su sentido no podrá aparecer a su vez como una realidad que fuera tematizable. Si el *Dasein* no es «algo», su sentido lo será mucho menos. Ciertamente, si el *Dasein* es el fenómeno buscado (es decir, el ser), el sentido del ser se manifestará como el horizonte o fondo sobre el cual dicho fenómeno se hace comprensible, pero sin que él mismo pueda convertirse en tema[57]. El sentido habrá de reconocerse a partir del fenómeno del *Dasein,* es decir, a partir de cómo aparece el *Dasein*. Y del análisis ha resultado que el *Dasein* aparece como «resolución precursora». Sumariamente, esta fórmula revela una conjunción (y diferencia) entre la posibilidad más extrema que como definición del «poder ser» rige el proyecto de la existencia (la muerte) y el haberse resuelto ya por unas posibilidades determinadas que definen una situación, una tal que solo supone una modificación de la facticidad y un establecimiento en la misma. El *Dasein* es culpable, veíamos –siempre culpable–, por existir. Pero existir no es más que esa tensión aludida entre existencialidad (que tiene que ver con la anticipación de la muerte) y la facticidad y la caída. ¿Y no será el sentido esa misma tensión que posibilita que el *Dasein* se manifieste como existencia y no como una cosa? Pero el término «tensión» se vuelve impreciso si no se reconoce estructuralmente como aquello que hace comprensible la totalidad de la cura. Recuérdese que se busca el sentido de la cura y que esta se manifestó descriptivamente en el análisis como la articulación de tres caracteres (anticiparse a sí / estando ya / en medio de). Si se habla de la tensión como sentido, este, como se acaba de decir, no vendrá a ser un concepto *ad hoc* que «unifique» a modo de causa explicativa dicha articulación, sino la operación de hacer relevante el fondo que haga presente aquella articulación. Dicho en otros términos: el sentido no será otra cosa que lo que se ha encontrado ya (la cura), pero la misma cura vista a partir de cómo se ha desentrañado y aparecido como fenómeno completo (resolución precursora). Así, ¿qué es lo que posibilita al ser del *Dasein* entendido como resolución precursora relacionarse con sus posibilidades? Solo atendiendo a esa relación que localiza el ser propio en el poder ser, puede comprenderse más originalmente la existencia. Si esta no es una cosa, es sus posibilidades, de modo que el *Dasein* existe propiamente si está vuelto constitutivamente hacia esas posibilidades. Pero, en cuanto tales, las posibilidades no son, sino que proceden (vienen) del porvenir. Si como resumen propio de las posibilidades (que proceden siempre de la anticipación), como aquello que las define en su conjunto sumariamente, se ha comprendido la muerte, estar vuelto hacia la muerte solo se hace posible en la medida en que el *Dasein* es un ser «venidero»: es de ese «por venir» de donde procede la posibilidad de que el *Dasein* llegue propiamente a sí mismo. De este modo, el futuro se revela como condición de las propias posibilidades, y de forma señalada de aquella que las define, de la muerte. Pero no el futuro desde la comprensión vulgar del tiempo según la cual se entiende un ahora que todavía no es pero que llegará a ser actual. Así considerado, el futuro es un momento tan actual como otro que ya haya ocurrido y que ya fue. Es decir, así entendido es lo actual lo que define el ser del momento y lo que permite clasificar entre momentos actuales que ya fueron, que son o que vendrán. Por distinguir este sentido existencial del futuro, de él habría que decir que de alguna manera nunca será actual, sino siempre futuro. Porque futuro mienta ese permanente estar vuelto del *Dasein* hacia su «poder ser», hacia sus posibilidades, que solo se cumplirán como posibilidad extrema en la muerte. De esta manera es el futuro sentido del *Dasein,* porque el *Dasein* se comprende viniendo hacia sí mismo. Pero si el futuro no deja de ser este permanente regreso del *Dasein* hacia sí mismo, hacia su mismo ser (su «poder ser»), este regreso se hace posible porque el *Dasein* «ya es sido», es decir, en la medida en que el *Dasein* es también ya y a la vez pasado. El *Dasein* es venidero si es sido, pero solo puede ser sido en la medida en que es venidero. El pasado procede del futuro. Y el presente, por último, irrumpe desde esa tensión. En realidad, si se elude la normalizada comprensión del tiempo como una sucesión ilimitada en la que se inscriben los acontecimientos, el presente procede de la tensión entre pasado y futuro pero, sobre todo, de este último. En efecto, cuando digo «voy a hacer un viaje» se expresa un futuro no menos que cuando digo «viajo». Este presente, descrito en sí mismo, no dice nada de lo que estoy realmente haciendo. Si se quisiera describir como tal presente extratemporalmente, el único resultado daría en señalar solo que alguien, por ejemplo, yo, está sentado en el asiento de un coche o de un avión, o se encuentra andando. Pero de esa descripción justo se habría escapado el fenómeno en cuestión. Si se piensa que el ejemplo no es el más adecuado porque el sentido de viajar lleva implícito un cierto sentido de futuro, piénsese en la acción más elemental que se pueda, como por ejemplo ponerse unos zapatos. «Yo me pongo unos zapatos» realmente significa «yo me habré puesto unos zapatos», por ejemplo, para salir a la calle a comprar un periódico, que traerá buenas o malas noticias, o para encontrarme con alguien querido o detestado. El presente «me pongo unos zapatos», descrito solo como presente, y teniéndolo en cuenta solo como tal, se reduce a una descripción trivial de la que, por correcta que sea, se escapa todo lo que lleva implícito. Así, lo que lleva implícito el presente, es decir, aquello por lo cual ocurre dicho presente, se encuentra ausente y procede del futuro.

A la articulación de futuro, pasado y presente llama Heidegger la temporalidad. Pero se hace preciso atender a varias cuestiones. La primera, al orden: el futuro aparece dentro de la articulación con una prioridad, porque además el futuro nunca desaparece. En realidad, el significado de la muerte estriba en quedarse sin futuro: de ahí que mientras exista, el *Dasein* siempre tenga futuro. En segundo lugar, pasado no tiene el significado trivial de algo que ya no está ahí. Su significado es, literalmente, «lo que ha sido», pero de ninguna manera lo que ha desaparecido: una cosa puede desaparecer en el pasado, pero el *Dasein* no, porque este siempre ha sido y puede decir «yo he sido» mientras «está siendo». En tercer lugar, presente significa eso que queda mejor expresado con el futuro perfecto: «yo me habré puesto los zapatos», por ejemplo. En todo este asunto, se pueden conservar los nombres «futuro», «pasado» y «presente», pero siempre que se eluda pensar según la convención normal en algo que «todavía no ha llegado», «ya ha desaparecido» o «es actual». Porque más que de esa actualidad expresada y articulada en los tiempos verbales (que, sobre todo, vienen a organizar el presente), de lo que se trata aquí es de futuro, pasado y presente como temporalidad de los «éxtasis» del tiempo. «Temporalidad» significa originariamente ese «éxtasis», ese «estar fuera de sí» que se revela como unidad. La temporalidad no se obtiene como suma de los éxtasis sino que es este éxtasis en la medida en que futuro, pasado y presente son cooriginarios, lo que también significa una permanente dislocación o tensión. Ahora se puede entender por qué la temporalidad es el sentido de la cura[58]. Si la cura se entendió provisionalmente como la articulación del «anticiparse a sí / estando ya / en medio de», se podrá comprender ahora mejor que la cura no es una cosa, un ente, del que se pueda decir que es «antes», «después» o «ahora», que ya fue, que será o que es, porque su unidad es la de la temporalidad, justamente aquel sentido que permite que no sea entendida como una cosa «que sucede en el tiempo». Pero esto no viene sino a reiterar que para alcanzar el propósito de la investigación –el sentido del ser en general– el análisis no puede partir de un concepto de substancia (o de sujeto) que invalidaría de entrada la investigación (porque «substancia» ya constituye un significado de ser en general), sino que tiene que partir del análisis del *Dasein,* es decir, del análisis de la existencia, que fundamentalmente significa: «nada». Pero entretanto el significado de esta nada se ha enriquecido: si ex-sistencia alude a ese estar «fuera de», el sentido de esa existencia (de la cura) es la temporalidad, que se entiende como unidad de los «ex-stasis» del tiempo. El «fuera de» que se encontraba en el punto de partida se vuelve a encontrar al final y define la pauta para reconocer el sentido del ser en general. Y este sentido, este «fuera de», se revela directamente como lo opuesto a la substancia, que es aquello permanente concentrado en sí mismo, «dentro de». Pero esta oposición –de nuevo se hace preciso reiterarlo– no constituye expediente alguno para que ahora la nueva filosofía sustituya a la substancia por el *Dasein* u operaciones semejantes. Pero sí como camino para entender que el significado de substancia se deriva de un sentido previo, a saber, de la existencia. Si además se asume que este significado de substancia fue decisivo en la formación del concepto vulgar y filosófico del tiempo, se comprobará que está descartada la mera sustitución de una cosa por otra. De ese modo, por medio de esa sustitución, toda la investigación se vendría abajo, porque su objetivo no era sustituir algo, sino comprender el sentido de dicho algo. Efectivamente, el concepto vulgar de tiempo se forma a partir del significado de substancia: tiempo es algo que discurre y sucede pero que a la vez es permanente en relación con dicho discurrir. «Tiempo» puede ser incluso elevado filosóficamente a substancia suprema si se entiende como aquella sucesión donde cada cosa ocurre. Pero en esa aproximación existencial a la temporalidad *Ser y tiempo* se desmarca de semejante comprensión sustantiva. En la obra no se resta legitimidad al concepto vulgar de tiempo que, por ende, es también la base del concepto científico: sin esa concepción cualquier medición se haría impracticable, y sin la posibilidad de la medición se viene abajo la posibilidad de la cuantificación. En realidad la ciencia ha partido de considerar el tiempo como algo que «está ahí», presente y tematizable, de modo que de él se pudiera hacer un objeto: medirlo presupone el primer paso para la medición general del universo; incluso condición para poder hablar de «universo» (espacio general y tiempo general). En *Ser y tiempo* se retrocede respecto a esta versión y se muestra el tiempo como temporalidad, que es como fenomenológicamente aparece. Pero para eso fue necesario desarrollar un análisis del *Dasein,* que es donde pudo descubrirse ese sentido preontológico perseguido por la ontología fundamental. Y es ese sentido preontológico el que permite apartar del sentido del ser el significado de substancia.

Pero el análisis del *Dasein* no ha llegado a su final. El paso que se ha dado ha redescubierto la estructura de la cura a otra luz. Por así decirlo, al comienzo de la segunda sección, ya en busca del sentido, el fenómeno de la cura se hizo más transparente cuando se profundizó hasta alcanzar un significado completo de *Dasein*. De dicho significado, resumido en esa descriptiva fórmula de «resolución precursora», se llegó a fijar por vez primera el sentido de la cura como temporalidad. Pero el análisis no puede dejar de lado que todavía se trata del sentido del ser del *Dasein* y que este es un ente que se puede comprender a sí mismo de dos modos:

impropia y propiamente. Para ser consecuentes, el siguiente paso tendría que consistir en comprobar el resultado descubierto, la temporalidad, bajo cada uno de esos dos modos. De hecho esto permitiría reconocer una suerte de temporalidad «impropia» y una temporalidad «propia». Naturalmente que no se trata de dos cosas distintas, pero sí del reconocimiento de cómo puede aparecer constitutivamente el sentido. Por temporalidad impropia se entenderá la forma habitual de existencia, o sea, la cotidianidad, a la que se dedicará el 4.º capítulo de la segunda sección[59]. Por temporalidad propia se entenderá la historicidad, de la que se ocupará el 5.º capítulo[60]. En realidad, lo que expositivamente ocurrirá a partir de ese momento culminante que se encuentra en el § 65 de la obra es una repetición del análisis preparatorio, es decir, de la primera sección, pero a la luz del resultado encontrado, es decir, a la luz que es el sentido del *Dasein:* la temporalidad.

Descubierta la temporalidad como sentido del *Dasein* (gráfico 5), resta reiterar el análisis preparatorio de la primera sección a partir del nuevo hallazgo: se tratará ahora de reformular los existenciales como modos de la temporalidad. En definitiva, se trata de mostrar que la existencia, bajo cualquiera de los modos en que ocurre (comprender, encontrarse y habla / existencialidad, facticidad, caída), es posible por la temporalidad articulada: el futuro (anticiparse a sí) es la condición del comprender; el pasado (ser ya sido) del encontrarse y el presente (ser en medio de) de la caída. Pero como hemos visto, el reconocimiento del sentido ha de reformularse a la vista de la existencia impropia (cotidianidad) o de la existencia propia (historicidad).

GRÁFICO 5

- Ser-en-el-mundo
  - Mundo
    - *Vorhandenheit* (ser presente) – Conocimiento – Teoría
    - *Zuhandenheit* (ser a mano)
  - Ser-en
    - Encontrarse
    - Comprender
    - Habla

- [*Zuhandenheit* (ser a mano); Encontrarse, Comprender, Habla] → Interpretación
  - Facticidad – Ser-ya-en
  - Existencialidad – Anticiparse-a
  - Caída – Ser-en-medio-de
- [Facticidad, Existencialidad, Caída] → Cura
  - Pasado
  - Futuro
  - Presente
- [Pasado, Futuro, Presente] → Temporalidad

Comprender es posible como proyecto del *Dasein* sobre sus posibilidades y se ha visto que estas constituyen esa anticipación que define el «poder ser». En otros términos, esa anticipación posibilita el proyecto, lo que supone decir que hay proyecto porque este viene sustentado por el futuro. Pues bien, ¿cómo aparece el futuro en la cotidianidad? No como «las posibilidades» del *Dasein,* no como su «proyecto general», sino como las posibilidades próximas de las que dispongo desde mi situación. Las posibilidades son solo aquellas que aparecen en la situación determinada y delimitan fácticamente el que pueda o no orientarme por ellas: el *Dasein* vive culpablemente porque no está presente su proyecto general sino aquellas posibilidades concretas que *espero* se puedan actualizar. La «espera» constituye así la forma impropia de anticipar. La propia consistiría en no esperar sino en dejar que en el instante, en su tiempo, ocurra la cosa bajo cualquiera de las formas en que puede darse. Asimismo, desde el comprender, el pasado propio es la repetición, mientras que la forma impropia es el olvido.

El encontrarse es posible por el pasado. Su forma impropia es el miedo, que consiste en esperar algo malo, pero, por eso mismo, algo que ya se conoce. La angustia, en cambio, supone la culminación propia de la afectividad porque de ella está descartada cualquier huida: la angustia es el ya no sentirse en casa, la evidencia de la «inhospitalidad» como el estado más propio del *Dasein*. Por eso mismo, el estado insostenible y excepcional.

Respecto a la caída, que viene posibilitada por ese «ser en medio de» que es el presente, se puede reconocer que no puede haber una forma propia de la misma, pues ya la «caída» significa la forma impropia del presente que se revela en esas manifestaciones del habla (habladuría, curiosidad y ambigüedad). Así, la curiosidad no es el deseo de ver y conocer, sino de ver para decir que he visto o que «ya lo sé». El habla en general, no para explorar los entes que me rodean, sino para decirlos como ya conocidos, etc. Cabe hablar en todo caso de un sentido propio del presente en la medida en que el habla articula y dispone la abertura del *Dasein,* el estar abierto al ser que se concreta culminantemente en que haya tiempos en el propio lenguaje. En realidad, ya el habla es temporal. Cuestión decisiva es si la formación de esos tiempos como «tiempos verbales» no oculta la temporalidad preverbal, suponiendo que esta última expresión tenga algún sentido. Quizás no lo tenga, porque existimos ya verbalmente, es decir, bajo una situación intrínseca de impropiedad desde la que, en todo caso, cabe remitir a un más allá de la impropiedad, aunque solo sea detectando la impropiedad de, por ejemplo, los tiempos verbales. Ser propio, así, no consistiría fácticamente en algo distinto que ser impropio, sino solo en la detección relevante de esa impropiedad en la que consistimos. De nuevo aquí se revela la ilusión de una filosofía «nueva», por fin propia, que viniera a sustituir a la impropia. Ilusión solo comparable a la de intentar anunciar el «nuevo» lenguaje, pero ciertamente con las palabras del único que hay, que es siempre viejo.

Tal vez el análisis existencial concluyó muy precipitadamente que tenía una idea completa del *Dasein* y ahora, a la luz de la temporalidad, tenga que replantearse esa totalidad. En realidad, la muerte solo define un límite del *Dasein,* pero no el único. En efecto, tan fin es la muerte como el propio nacimiento, que constituye igualmente un límite[61]. «Final» no significa acabamiento, sino también comienzo, porque «fin» solo significa límite. Solo la concepción vulgar del tiempo hace coincidir final y término. El *Dasein* viene temporalmente definido por esos dos límites, la muerte y el nacimiento, que constituyen el tránsito «de... a...», entre lo uno y lo otro. Dicho «entre» es el acontecimiento decisivo en el que se juega el *Dasein*. Pues bien, es a este acontecimiento al que podemos reconocer bajo el nombre de «historicidad», que es a su vez el nombre de la temporalidad propia. Por medio de este concepto en *Ser y tiempo* se pretende marcar una diferencia frente a la historia. Se podría esquemática y fácilmente decir que la historicidad es a la temporalidad como la historia es al concepto vulgar de tiempo. La historicidad es la misma existencia, derivable de la estructura del *Dasein,* de la cura, y de su sentido. La historia, en cambio, presupone y constituye el concepto de tiempo como sucesión en el que las cosas acontecen. Los acontecimientos, de esta forma, son derivados de algo más principal y, en consecuencia, no son ellos principio. A esta luz la existencia sería también algo que ocurre en el tiempo.

Desde esta comprensión, la historia siempre se ha vinculado con el pasado. Pero ¿qué es el pasado? No son pasado las cosas que ya no están, sino «algo» de las cosas que ahora no está y antes estaba. Volviendo al ejemplo del cuadro de Vermeer, pero diciendo algo que valdría para muchos ejemplos: el cuadro no pertenece al pasado porque haya desaparecido, sino, más bien al contrario, porque está, pero también porque se encuentra de otra manera. No es más pasado el Partenón que el cuadro de Vermeer porque el primero se encuentre en ruinas y el segundo se encuentre perfectamente conservado. La ruina podría no ser pasado –como ocurre en muchas edificaciones habitadas (pero ciertamente inhabitables)– si se encontrara «a mano». Los dos ejemplos propuestos son casos del pasado porque no han desaparecido, sino que se conservan, pero porque no se encuentran «a mano» ni forman parte ya de nuestro mundo. Qué decir de las piezas musicales, las artísticas en general o las etnográficas, que revelan todo su ser pasado porque en su escenificación plástica (el arte) o teórica (científica) han dejado de ser algo a mano para convertirse en algo presente solo a la mirada. Pero las cosas no son el único caso del ser. En efecto, ¿qué pasa con el *Dasein?* En cierto modo, de él no se puede decir nunca que sea pasado, porque nunca aparece como algo que simplemente está ahí, presente, a la vista y que pueda desaparecer. El *Dasein* no es algo presente, porque en general no es, sino que existe. Y la historicidad tiene que ver solo con esa existencia. No tiene sentido hablar de la historicidad de las cosas, porque estas solo son históricas como entes que acompañan existencialmente al *Dasein*. Del *Dasein* formaron parte las cosas según la historicidad aunque determinada concepción del tiempo, derivada a partir de la comprensión del ser como substancia, las haya convertido simplemente en cosas históricas, interesantes eventualmente para esa ciencia e incluso para la vida cotidiana, pero independientes de ella. Es cierto que el *Dasein* también se puede volver objeto de ciencia, cuando por ejemplo se somete a la psicología, la sociología o la economía, pero en esos casos habría que decir que ya no se trata del *Dasein,* sino del ente humano. Desde esta última perspectiva, ciertamente hay ciencias del hombre.

Así pues, el concepto de historicidad queda como término que solo tiene que ver con la existencia del *Dasein*. Es el nombre para *su* temporalidad. Si esta existencia está constituida temporalmente –ese es su sentido–, eso significa que la historicidad tiene que manifestarse en relación con el futuro, el pasado y el presente. En efecto, en relación con el futuro, se puede llamar «destino» no al futuro abstracto que simplemente, como si fuera una cosa, se encuentra delante de mí. Destino es, más bien, el conjunto de *mis* posibilidades, unas posibilidades que solo pueden darse –y esto reitera el esquema de la relación entre el futuro y el pasado– a partir de mi herencia y no de cualquier otra. Y esa herencia, a su vez, define mi pasado fáctico, y no cualquier otro. Ciertamente, ese «destino» puede jugarse a partir de mi «ser-en-el-mundo», que ocurre indefectiblemente como «ser-con-otros»[62].

La historicidad es el concepto existencial de la historia, pero justamente uno que pone en cuestión el significado científico de la misma, no con el fin de deslegitimar a la ciencia histórica pero sí para revelar dos asuntos: (a) que dicha Historia, comprendida como ciencia, se deriva de la propia historicidad del *Dasein* y (b) que tal vez la Historia, además de ciencia, sea otra cosa. En efecto, ¿cómo conciliar si no que la historia, que se identifica asépticamente con el descubrimiento del pasado, se entienda también a sí misma como progreso? En esta autocomprensión se denuncia ya la inclusión de una idea ajena al ideal de ciencia. En resumidas cuentas, se quiere el pasado, pero no para descubrirlo, sino para justificar el futuro que viene como progreso. De este modo, no solo se pierde el pasado, sino el futuro, que deja de ser destino (ámbito de las posibilidades) para convertirse en construcción de hechos ya conocidos. El tránsito de la comprensión del destino como posibilidad al destino como fin obligado señala simétricamente el abandono de la historicidad en favor de la Historia y su planificación. Si esta tiene como pauta el progreso de lo actual, la historicidad se entiende como la reiteración de lo posible, es decir, de aquellas posibilidades que surgen de mi relación con el pasado. La auténtica realidad de la historicidad es la posibilidad, es el futuro. De ahí viene su sentido, como de ahí viene principalmente la orientación del *Dasein*. Si la historicidad consiste fundamentalmente en la temporalidad, cuyo origen principal es el futuro, la Historia carece de futuro en la medida en que lo ha planificado ya como algo conocido y realizable.

Por eso no tiene ningún sentido decir que la historicidad ocurre en el tiempo, porque el mismo análisis de la temporalidad como historicidad habría tenido que desmontar esa concepción del tiempo como sucesión en la que ocurren las cosas. Por medio del concepto de historicidad, en *Ser y tiempo* se vuelve a denunciar la comprensión del tiempo como pura sucesión de momentos («ahoras») que, bajo dicha comprensión, dejan de ser tiempo para convertirse en puras cosas, manipulables, reducibles y, también, rentables. Decididamente, el tiempo así entendido, que es la base de la concepción de un tiempo infinito, es una substancia, tan reducible como la del espacio. El tiempo, así entendido, será infinito, pero será una cosa, una cosa medible. La historicidad, en cambio, no ocurre en el tiempo: ella misma es tiempo y se temporaliza según la articulación de los éxtasis.

En esta concepción de la historicidad se anticipa completamente una comprensión original del tiempo, a saber, como acontecimiento. Pero esto se encuentra muy lejos de ser una invención de Heidegger, nuevamente en el sentido de una nueva teoría sobre la historia que viniera a sustituir a la actual. La historicidad no es una invención, sino que se descubre a partir de un decisivo ocultamiento que tiene que ver con el desarrollo de la filosofía, con su historia. En cierto modo, con una comprensión de la concepción aristotélica que oculta bajo la determinación de la substancia –y, a su vez, como comprensión de esta como mera cosa que está ahí presente, ante la mirada– el sentido mismo del tiempo. O mejor, el sentido que es el tiempo. Del análisis de la historicidad resultará que la historia tampoco puede ser algo reducible a tema, sino aquel ámbito o acontecimiento que en general hace posible cualquier tematización. Por otra parte, también se derivará que el tiempo no es algo; ni siquiera algo que pueda aparecer como «el sentido». Al contrario, es sentido desde el momento en que no puede proponerse como algo. Porque la temporalidad es la misma constitución-articulación de la existencia, que no es una substancia. Pero porque no es una substancia, también se puede decir que en general no es nada o, de otro modo, que es el ámbito donde puede aparecer el ser en general. Así entendido, si decimos «la temporalidad», quizás no se esté diciendo algo distinto que «el tiempo», porque mientras tanto el análisis ha concluido en que la propia historicidad es acontecimiento, o sea, ámbito o límite (entre) según el que ocurre el ser y no solamente aparecen los entes.

A la luz del final de la parte escrita de *Ser y tiempo* no tendría sentido que ahora se diera el paso a la formulación de una «teoría del tiempo». De nuestra lectura se habrá podido aprender que tal teoría es incompatible con el sentido original del tiempo y que, en general, frente a toda teoría la filosofía tendría que volver a reiterar su papel preteórico, en *Ser y tiempo* articulable a partir de ese sentido ontológico que Heidegger caracterizó como «preontológico». Pero si con estas expresiones («preteórico», «preontológico») se quiere entender algo místico, indecible, no conceptual, se estará produciendo el mayor equívoco respecto a la lectura de la obra. Porque «preteórico» pretende resaltar el cuestionado sentido de la teoría como significado de la filosofía. En definitiva, el sentido de ese «ver» que ha conducido al análisis fenomenológico en que consiste *Ser y tiempo*. Porque si la teoría, en el curso de la comprensión ontológica de la realidad que da como resultado a la ciencia, solo se comprende como discurso sobre lo que se encuentra presente, ahí, ante la mirada, habrá olvidado algo previo que consiste en el propio ver. Si eso que está ahí, ante la mirada, se considera lo único presente, y esa presencia se identifica con el ser, la filosofía tendrá que reiterar la cuestión del ser, pero a otra luz. Y esta nueva luz no es algo «nuevo», sino algo previo, y se identifica como «sentido del ser». La cuestión del ser se juega ahora, cuando la teoría ha devenido una exclusiva forma de mirar (en cierto modo, aquella que tapa el ver por haberse identificado exclusivamente con las categorías y con el modo categorial de decir), como cuestión o pregunta por el sentido del ser. Y que de eso solo se pueda decir preteóricamente algo, precisamente porque es también algo preontológico, de ninguna manera se sigue que en ese juego solo valen las intuiciones, las imágenes y los signos. Más bien lo que hay en *Ser y tiempo,* para perseguir el propósito que rige la obra, es concepto. Así, lo existencial, lo preontológico, la temporalidad, son *inevitablemente* conceptos, aunque sean conceptos que se introducen para liquidar una determinada versión de «concepto» según la cual la verdad queda solo del lado de la representación. En *Ser y tiempo* se quiso ver más allá de esa representación. Su fracaso no responde a que no se consiguiera, sino que más bien hizo falta exponer un fracaso para revelar que el *Dasein,* que se identificó como aquello abierto al ser, lejos de ser un ente, es el ser mismo, porque su sentido, la temporalidad, no es distinto que el sentido del ser en general. Y dicho sentido acontece en el *Da*. Así puede concluir *Ser y tiempo* más allá de la distinción de la que nos hemos valido aquí entre «proyecto» y «parte escrita».

II. La metafísica

1. La metafísica y la pregunta por la metafísica

«Metafísica» se vuelve en Heidegger término constitutivo de importancia no menor que, por ejemplo, el de «ser». En realidad, uno y otro resultan tan solidarios e inseparables como, por otra parte, obligados a diferenciarse. En cierto modo, la tensión entre lo inseparable y lo que, pese a ello, se hace obligatorio diferenciar en ambos términos constituye la clave para entender como filosofía lo que hace Heidegger. Por eso mismo la simple identificación de su pensamiento con una «crítica de la metafísica», que se ha convertido en un tópico de su recepción a fin de convertirlo en aprovechable para la filosofía contemporánea[1], se queda absolutamente corta. Si ciertamente hay crítica de la metafísica, esta es resultado de un problema y una operación anteriores y no de una preocupación añadida a la que también se dedicara la «filosofía de Heidegger». Así pues, la aparición multiplicada del término «metafísica» que sobreviene después de 1927 y llega a considerarse tema específico de una época no debe confundir respecto al problema original: que ni el término «ser» ni la investigación sobre el «sentido» del ser que define el comienzo de *Ser y tiempo* son siquiera planteables si no es precisamente como consecuencia y al hilo del significado de metafísica. Pero, por eso mismo, cabe preguntar: ¿qué es metafísica? La pregunta la plantea expresamente Heidegger como título de una de sus publicaciones[2] en 1929 y de hecho la reiterará permanentemente en el siguiente curso de su obra, al punto de llegar a dominar a esta por completo. Y este predominio, que parece identificar el problema de la metafísica con el problema del ser, ha orientado la interpretación de la «filosofía de Heidegger» en términos de crítica de la metafísica. Esta recepción no diferiría de la consumada con Kant, cuyo pensamiento habría quedado reducido en muchas exposiciones a la tarea crítica de algo exterior –la metafísica escolar– sin llegar a entender que el sentido más litigioso del término «metafísica» en Kant es precisamente el que lo sitúa en el corazón mismo de la elaboración de la *Crítica de la razón pura,* es decir, en el mismo significado de «filosofía trascendental», donde «crítica» y «metafísica» son, o tendrían que serlo, términos indiferenciables. Incluso cuando Kant, más tarde, y aparentemente como resultado del trabajo de las «Críticas», habla de una «metafísica de la naturaleza» y de una «metafísica de las costumbres», es ya cuando menos decisivo resulta para lo que podría reconocerse como «metafísica de Kant», es decir, para la «filosofía trascendental». Si se hace comparecer aquí a Kant para iluminar a Heidegger, es con el fin de mostrar cómo para ambos el problema de la metafísica –y para ambos es «problema»– es constitutivo de la génesis de su filosofía. Ciertamente, entre ambos también hay una diferencia decisiva: en relación con el primero, todavía tiene sentido la expresión «la metafísica de Kant» mientras que ya no tiene sentido para el segundo la expresión «la metafísica de Heidegger» sino simplemente, planteada desde un más allá, la pregunta «¿qué es metafísica?». La respuesta de Heidegger, o más bien la consideración de la pregunta, incluye a Kant (y a Aristóteles, Descartes, Hegel y Nietzsche, entre otros), que se encontraría dentro de la metafísica, mientras que de todos modos –y este «de todos modos» incluye el que eso sea un problema– Heidegger se encuentra fuera. Pero ¿hay «fuera» en relación con la metafísica? Precisamente en Heidegger se denuncia que aquel pensamiento que se ha declarado fuera de la metafísica –la propia filosofía, la antropología, la sociología, la lingüística y, en general, las ciencias– vive de una *situación* metafísica, mientras que su propia forma de hacer filosofía, a la que simplemente denomina «pensar», se esfuerza no tanto por salir de la metafísica, que es una operación que no puede resultar de una decisión subjetiva, sino por reconocerla como el *único* ámbito y horizonte que hay, pero, por eso mismo, también *reconocible* por primera vez como tal unidad respecto a la cual puede plantearse algo así como un «frente». Tal «frente», de todos modos, no puede reducirse a postular una salida, proponer un nuevo principio o asuntos semejantes, que siempre serían deudores de una situación original no superada –la metafísica–, sino a *entenderla*[3]. Y solo se puede entenderla si, como muestra el guion de la fórmula empleada, hay una distancia. Pues bien, la filosofía de Heidegger, y en concreto la pregunta «¿qué es metafísica?», es ya a la vez el reconocimiento y la constitución de esa distancia. Pero entonces, de esa constitución de la distancia forma parte la propia determinación del «entender», que no puede ser un entender cualquiera acerca de algo, sea una cosa, una ciencia o una institución, sino el planteamiento de la propia pregunta acerca de en qué consiste entender. En muchos sentidos, esa pregunta coincide con la pregunta acerca de la metafísica y justifica que se pueda referir lo hermenéutico a Heidegger.

El hecho mismo de que de todos modos entre Kant y Heidegger, como por lo demás entre Aristóteles o Hegel y Heidegger, haya una diferencia tan decisiva como la que se plantea entre la situación de encontrarse en la metafísica (que no pasa obligatoriamente por «hacer» una metafísica) y poder reconocerse, aunque sea litigiosamente, *frente* a la metafísica, obliga a definir el sentido de ese «frente» en solidaridad con el sentido del «entender» y, por ende, trazar los rasgos de la dual y enigmática relación entre el término «metafísica» y el término «ser». Se podría decir que esta relación se comprende bien en el pensamiento de Heidegger si se atiende a una suerte de trayecto en el que se dilucida que la cuestión del ser no es, propiamente dicha, la cuestión de la metafísica, pero que la cuestión del ser tiene que ver decisiva y constitutivamente –y solo es reconocible a esa luz– con la cuestión de la *esencia* (la constitución) de la metafísica, pero de modo que desde luego no hay una «filosofía del ser» (o lo que quiera decir eso) aparte de la «metafísica». La filosofía del ser, si se acepta provisionalmente esta redundante fórmula (pues no hay para Heidegger, además de esa, otra filosofía), es en todas sus dimensiones la filosofía acerca de qué es metafísica. En este caso, hay que explicar la diferencia entre la metafísica y la pregunta por la metafísica, que, en términos de Heidegger, no es otra cosa que la diferencia entre el olvido del ser y el ser mismo, suponiendo que tal diferencia pueda realmente establecerse y una y otra cosa puedan diferenciarse. Que esta diferencia tenga sentido resulta a su vez también de que se pueda constituir la filosofía como hermenéutica.

Desde esta perspectiva habrá de comprenderse, además, que a la metafísica (es decir, al olvido del ser) no se opone una filosofía del ser (por fin el ser) que venga a sustituirla, sino que en todo caso la diferencia reside en la misma cuestión del entender: ciertamente hay un entender propio de la metafísica que difiere del sentido mismo del entender.

Por qué este último se convirtió en aquel es algo que, entre otras cosas, también tendrá que resolver o al menos plantear la filosofía cuando se reconoce como original, que no es cuando piensa cosas originales y aparentemente nuevas, sino cuando se vuelve a su posición de partida, a la consideración de lo que Heidegger llamó «fenómeno» –la cosa misma–, del que forma parte la propia ocultación.

Si hubiera que simplificar, se podría decir que «metafísica» entraña siempre una dualidad que no es reducible, sino que forma parte constitutiva de la cosa misma. En efecto, de una cosa forma parte tanto lo que aparece como lo que no-aparece, pero de modo que este «no-aparecer» no es un defecto ni algo suprimible o superable, sino elemental. Cuando esta situación busca superarse a sí misma, no solo suprimiendo la dualidad, sino haciendo aparecer ambos polos –lo que pasa por reducir el constitutivo no-aparecer a manifestación–, entonces tenemos la metafísica frente a la cual Heidegger plantea la pregunta «¿qué es metafísica?», que ciertamente no tiene el propósito de liquidar a la metafísica sino de reconocer el no-aparecer como fundamental y no reducible. Esta distinción entre las dos formas de entender lo de la metafísica genera una paradoja: mientras que tradicionalmente el término «metafísica» se entiende míticamente como diferencia entre un «más allá», que se presenta como principio claro y transparente, y el «más acá» de las cosas, que siempre aparecen oscura y confusamente, con el fin de reducir este a conocimiento y claridad, en Heidegger se reclama una dualidad (llámese o no metafísica) de la que sea constitutivo el reconocimiento de ese «no-aparecer» de modo que también se reconozca solidariamente que el «olvido» es inherente a la misma aparición de la cosa y no se puede desprender de ella. Si la metafísica, históricamente, se presentó como origen y culminación de las ciencias, ciertamente alcanzó ese reconocimiento como resultado de haber comprendido su dualidad inherente en términos de dos posiciones manifiestas: a una, el «más acá», la reconoció como apariencia mientras que a la otra, el «más allá», le correspondió el nombre de verdad. Pero en el marco de esa dualidad metafísica a verdad y apariencia se les exigió *aparecer,* aunque fuera como distintos caminos. Ciertamente, uno de ellos, el de la verdad, constituyó la ciencia mientras que el otro, el de la apariencia, constituyó la experiencia, pero de seguir una ruta segura ambos caminos deberían encontrarse y reconocerse como el mismo, del que desde luego no podrían formar parte ni el no-aparecer ni el olvido. Pero ese objetivo constituyó también el expediente para que la propia metafísica se disolviera en la medida en que su estructural carácter dual acababa disuelto. En este último sentido, y contra él, se reclama en Heidegger la metafísica, o lo que es lo mismo: se reclama la ambigüedad y dualidad originales, en combate contra el camino emprendido por la filosofía a resultas de pretender eludir el olvido simplemente olvidándolo. ¿Y se puede olvidar el olvido?

2. Metafísica como diferencia

«Metafísica» es quizás el término más problemático en la obra de Heidegger, caracterizable por una ambigüedad original y no superable. Pero esta ambigüedad atañe también a la forma de entender el carácter dual propio del término. Si escolarmente «metafísica» se entiende como diferencia entre lo físico, las cosas –lo que la filosofía escolar llamó «ente»–, que es siempre lo inmediato, y aquello «meta» que se delimita por relación a lo inmediato, reconocido como la posición del ser y la verdad, tal diferencia puede ser entendida en otros términos, que son precisamente aquellos en los que se plantearía en Heidegger: frente a lo físico, que es lo que hay, las cosas, lo ente, cabe «metafísicamente» preguntar por en qué consiste ser a diferencia precisamente de todo ente. En el primer caso, aunque hay una diferencia, esta no tiene por qué entrañar propiamente una *diferencia ontológica* entre lo ente (las cosas) y el ser (lo que en ningún caso es o puede ser cosa), sino simplemente marcar una diferencia entre dos niveles o esferas dentro de lo ente, que se han nombrado en estas mismas líneas como «apariencia» frente a «verdad», o físico frente a metafísico. Por «diferencia ontológica», en cambio, se entendería una diferencia no reducible entre ente y ser, entre apariencia y verdad. Ciertamente, en este caso, apariencia sería lo que tiene delimitación y es definible, mientras que por ser habría que entender lo que no tiene definición. Pero entonces, ¿cómo cabe delimitar eso de «ser»? De esta dificultad sería erróneo concluir que «ser» vale solo como un término indeterminado cuya verdad no es accesible. Si hemos vinculado de forma implícita la cuestión de la diferencia entre ente y ser según el criterio lingüístico de lo definible y lo indefinible, se puede entender también que «ente» significa aquello que se puede determinar por medio de un «decir». En definitiva, así entendido, ente sería «lo dicho». Pero algo se encuentra «dicho» no simplemente cuando se le atribuye un nombre, porque, bien entendido, «decir» consiste en enunciar algo acerca de algo[4]; en definitiva, en decir *qué es algo*. En realidad, se puede hablar de ente y en general de cosas cuando estas aparecen dichas en lo que podemos llamar un enunciado, que consiste en la operación en la que de algo –de una cosa– se dice algo –en qué consiste ese algo–, como cuando, por ejemplo, de algo se dice que es un árbol o una casa o un hombre. «Ente» es lo dicho, pero ente presupone ya entonces una doble diferencia: a) entre lo que se dice (árbol, casa, hombre) y aquello de lo que se dice, que es siempre una cosa concreta e individual que tiene que encontrarse *ahí* delante; b) pero también, en general, entre lo dicho y el decir mismo. Así se puede entender que la cuestión del ser no tenga que ver simplemente con algo, sea físico y definido o metafísico –en el sentido vulgar del término– e indefinido; y ni siquiera con alguno de los «lados» del decir (lo que se dice y aquello de lo que se dice), sino con la operación misma en que consiste el decir, que es la operación en la que por otra parte, como se ha visto, algo se manifiesta como algo. «Ser», «decir» y«manifestarse», de este modo, guardan una relación interna y próxima en la que justamente se juega lo que la tradición llamó y también malentendió como «metafísica». Pero aquí, de entrada, se ha rescatado un sentido para el término metafísica que lo aleja de su comprensión normalizada como diferencia entre dos niveles del ser, el propiamente óntico y aquel que se encontraría «más allá», a partir del cual, como ámbito de la verdad, se definiría el primero. Si se quiere, retomando las fórmulas recién utilizadas, esta forma de comprender la metafísica sería aquella que concebiría la cuestión de la diferencia como diferencia entre «lo que se dice» («árbol», «casa», «hombre») y aquello *de* lo que se dice (el árbol concreto, la casa concreta y el hombre concreto). Este proceder, que constituye ya una forma culminante de comprender la diferencia, a saber, como diferencia entre «la idea» («ser árbol», «ser casa», «ser hombre») y la cosa (esto, lo otro, lo de más allá), no puede eludir que de todos modos en ambos casos se trate de «algo», bien entendido que en el primero de ellos, en el caso de la idea, el algo en cuestión sea lo mediato o la mediación en relación con el segundo caso, el de la cosa, que señalaría siempre lo inmediato. Pero ¿hay propiamente *diferencia* ahí? Si hablamos de «diferencia ontológica» –diferencia en la que ser y ente no pueden coincidir–, seguramente no, pues después de todo la idea también es algo, por más que ese «algo» sea de naturaleza «superior» («superior», se entiende, en relación con aquello que constituye el punto de partida, que es la cosa). Desde esta perspectiva se produce una proximidad entre el ámbito de las cosas, lo ente, y el ser, que amenaza con disolver la diferencia, bien porque todo acabe convirtiéndose en ente, en cosas, bien porque todo caiga del lado del ser, en ideas. ¿Y, realmente, «ser» es algo, aunque ese algo sea lo superior? Hay «diferencia ontológica» cuando frente a lo que hay, sea esto cosa o idea, cabe la pregunta: «¿en qué consiste ser?». Ciertamente la pregunta se puede desdoblar, bien preguntando en qué consiste ser cosa, bien en qué consiste ser idea, pero lo que no se transforma es el estatuto de la pregunta, de modo que «ser» siempre aluda a lo que no puede ser reducido a algo.

De todos modos, la diferencia entre la cosa y la idea se aceptó tradicionalmente como la diferencia metafísica, al punto de constituir su fundación disciplinar teórica. Es verdad que esta fundación coincide lejanamente con algo que se planteó en Platón, pero que de ningún modo se resolvió ni, mucho menos, se formuló allí escolarmente como disciplina de conocimiento o ciencia. Pues bien, la filosofía de Heidegger surge en cierto modo contra esa comprensión, no tanto porque no se pueda reconocer específicamente tal diferencia como metafísica, sino porque solo se puede reconocer bajo esos términos, mientras que por «metafísica» tal vez habría que entender una diferencia más original que recoja esa que establecimos entre lo *dicho* y el *decir*. En estos términos, la cuestión de la diferencia se manifiesta en todo su problematismo, pues así como algo siempre se puede decir y aparecer *dicho* bajo la forma de un enunciado, el decir en cuanto tal nunca podrá aparecer bajo la forma de enunciado. En realidad, esta forma de entender la diferencia (entre lo *dicho* y el *decir),* más que definir una diferencia metafísica, tendría que consistir en la metafísica misma. En efecto, «meta-física», así entendido, sería propiamente la diferencia; si se quiere, lo que he llamado «diferencia ontológica» frente a la «diferencia metafísica». Si esta última corre el peligro de poder desaparecer como tal diferencia, por convergencia de la cosa en la idea o de la idea en la cosa, «diferencia ontológica» señalaría propiamente a la propia posición de la diferencia, cuya naturaleza, por lo tanto, no es reducible, porque tiene que ver con el estatuto mismo de lo que se ha nombrado como «ser» y «decir». Así entendido, «ser» tampoco significa algo distinto que «diferencia» ni, en consecuencia, que «metafísica».

Se puede atisbar en qué consiste esa ambigüedad fundamental que recorre todo lo pensado y escrito por Heidegger y que atañe también a la dualidad (ambigüedad) fundamental que se encuentra en el núcleo del significado del término «meta-física». Se puede entender también por qué reducir la cuestión de la metafísica en Heidegger a la crítica de la metafísica significa eludir una posición más original del problema que afecta a la constitución y elaboración de la propia obra de Heidegger. Porque así entendido, *Ser y tiempo* tendría que considerarse ya puramente metafísica, incluso en un grado muy superior a cuando en el curso de su obra aparece expresamente la cuestión de la metafísica. En realidad, bajo cierta perspectiva la explícita pregunta «¿qué es metafísica?» encuentra su equivalente en la pregunta «¿qué significa ser?», que vale como la pregunta de la filosofía, incluso de la que inicia Heidegger. Como ya vimos, sin embargo, en *Ser y tiempo* este no habla de metafísica, sino de ontología (a saber, de «ontología fundamental»), y no pregunta por el ser, sino por el *sentido* del ser. ¿Pero resulta en realidad tan distinta la cuestión de la ontología fundamental de la cuestión de la metafísica tal como se acaba de presentar, es decir, como *diferencia* (entre lo *dicho* y el *decir,* y no entre la *cosa* y la *idea)?* En efecto, la ontología fundamental se constituyó en *Ser y tiempo* a partir de la cuestión del *Da-sein,* y este se explicó, más allá de su analítica, como el *lugar* mismo (el *Da)* de la diferencia, a saber, entre lo ente, las cosas, y aquello que no es ni puede ser ente, el ser. ¿No se encuentra aquí implícita también la diferencia entre lo dicho (las cosas, lo ente) y el decir? *Da-sein* significa, a la postre, el lugar, caracterizable ambiguamente como no-lugar, también como cruce, pero en ningún caso identificación, entre ente y ser. Desde este punto de vista, y solo desde este, puede decir Heidegger, al final de su escrito *¿Qué es metafísica?,* que la metafísica es el *Dasein* mismo, el acontecimiento fundamental del *Dasein*[5]. Pero esto se entendería mal si además se dedujera que al *Dasein* le ocurren otros acontecimientos, uno de los cuales es la metafísica. Más bien, habría que limitarse a entender que *la metafísica* es *el acontecimiento* y nada más. Justamente, nada más. Así estaríamos en posición de entender por qué la metafísica tampoco es algo que simplemente se pueda superar, porque en cierto modo su superación, su liquidación, constituiría el expediente para liquidar el *Dasein,* o sea, reducir la diferencia, que es justamente aquello contra lo que se defiende, y por eso se elabora, la filosofía de Heidegger.

3. Metafísica más allá de la ontología fundamental

Para entender adecuadamente la relación entre metafísica y ontología fundamental –y aquí se está apuntando a una coincidencia, por más que esta sea problemática– no basta con decir que el *Dasein* es una noción metafísica (u ontológica) en el sentido en el que hablamos de nociones (conceptos) matemáticos o biológicos. En la exposición de Heidegger, ya desde *Ser y tiempo,* se introduce un término –*Dasein*– con el fin no de elaborar un concepto lleno de significado, sino de apuntar a una *situación* original, anterior al significado.

Por lo tanto, no se produce nada, ni un hecho ni un concepto, sino que más bien se reconoce una situación en la que se está, aunque, como consecuencia de un determinado hábito que obliga a pensar todo según el esquema relacional sujeto-objeto, esta situación no aparezca ni se manifieste como tal y resulte olvidada. Para entender lo que se está diciendo aquí, aprovechando algún término ya recién utilizado, de «sujeto» sí se puede decir que es una noción ontológica o metafísica, resultado de una determinada elaboración conceptual, mientras que con *Dasein* –como vimos más arriba– se apunta más bien hermenéuticamente a un origen. Pero también se entendería mal, desde la perspectiva de este significado de metafísica que se comienza a emplear de modo explícito inmediatamente después de *Ser y tiempo,* que con lo de origen se volviera a entender un sinónimo de «principio», a partir del cual se derivaría una serie de consecuencias. Porque así considerado, «principio» no dejaría de ser, a su vez, algo derivado; por así decirlo, puesto *después*. Y este sentido del *después* resulta crucial para caracterizar el mismo sentido del *Dasein:* en cierto modo, todo viene después; todo es, formulado en términos kantianos, *a posteriori,* de modo que nada pueda ser interpretable como *a priori* (principio, fundamento, etc.). Nada excepto la *nada* misma por medio de la cual se dice que «nada hay a excepción de lo ente, de las cosas». Ciertamente es así, si de lo que se trata es de lo ente, de las cosas. Y es ya en el medio de estas donde se puede establecer una división –que no una diferencia– según la cual hay algo anterior, *a priori* –sea la idea frente a la cosa o el sujeto frente al objeto–, que funciona como ámbito de la verdad frente al *después, a posteriori,* de las cosas. Es también en el medio de estas en el que se puede establecer una diferencia entre lo físico-material y lo metafísico o espiritual, en definitiva, entre lo sensible y lo suprasensible, pero de modo que en este caso lo metafísico o suprasensible no dejaría de ser una parcela de lo que hay, de lo ente, pero no aquello que *es a diferencia de* todo ente. Marcar esa diferencia es lo que legitimaría propiamente hablar de metafísica, más allá del uso escolar y hasta filosófico de la tradición. Pero metafísico en este sentido *más allá,* es decir, más allá de todo ente, solo puede ser lo que *no* es ni puede llegar a ser ente. Y a eso, como se acaba de sugerir, solo le cabe el nombre de «nada». Se precisan, de todos modos, algunas aclaraciones. La primera de ellas, que con el término «nada» no se está planteando de nuevo la vieja oposición lógica (incluso ontológicamente entendida todavía en la *Lógica* de Hegel) entre el ser y la nada[6], ni mucho menos la logicista entre lo lleno (que tiene algún elemento) y lo vacío (que no tiene ninguno), porque si se trata de oposición, esta no es la que queda establecida entre el ser y la nada, sino entre la nada y lo ente; la segunda aclaración se deriva directamente de la primera: en realidad, lejos de oponerse a ser, «nada» vendría a funcionar como otro nombre para el término «ser», sobre todo cuando este se encuentra ya para desplazarse de su uso radicalmente contaminado por su interpretación óntica, es decir, por la larga tradición que ha entendido el ser como un ente, por más que fuera un ente más verdadero (la idea) o incluso más valioso (Dios); la tercera aclaración, de naturaleza más complicada, nos obliga a releer lo ya dicho a propósito de *Ser y tiempo* y debe ser introducida por medio de una pregunta: ¿por qué Heidegger introduce la nada como cuestión en su escrito *¿Qué es metafísica?* de 1929, es decir, en la estela de *Ser y tiempo?* ¿Qué obliga a tal convocatoria? En realidad, la pregunta puede reiterarse en estos términos: ¿por qué la pregunta por la metafísica después de 1927, cuando implícitamente habría quedado resuelta la cuestión de la metafísica por inapropiada o superada? ¿Se pretende solamente recuperar un sentido más original de la metafísica? Lo que ocurre, más bien, como quedó señalado, es que se intenta recuperar un sentido de *origen* que sea tal, es decir, que aparezca como tal y no como una imposición que, si cabe, muchas veces es hasta impostura. Y es a ese origen al que se señala como *Dasein,* es decir, como *Da-sein,* que no es algo inventado ni construido, sino, como dijimos más arriba, reconocido. Pero si cuesta reconocer el *Dasein* porque no se presenta como algo obvio es porque su *evidencia* no es la de un ente. Ciertamente, desde el comienzo de *Ser y tiempo* se habla del carácter de ente que tiene el *Dasein,* pero tampoco se dice que *sea* un ente. Ese carácter se deriva de la forma de considerar todo, cualquier cosa, sea cual sea, como ente, siguiendo el criterio de lo que aparece como extenso[7] o incluso solo como pensamiento, pero que tiene de todos modos una determinación óntica (así, la *res cogitans* cartesiana no dejaría de ser también, en algún sentido, ente). Dicho en otros términos: apuntar a que el *Dasein* es un ente significa al mismo tiempo haberlo reconocido ya, por ejemplo, como el hombre, lo que significa que en realidad no se ha reconocido al *Dasein* sino que se lo ha interpretado por medio de una idea previa (la de «hombre»). Como también se apuntó más arriba, en realidad, desde cierta perspectiva, *Ser y tiempo* se desarrolla con el propósito de desmontar la idea de que lo que a primera vista puede aparecer como ente (el *Dasein* entendido como hombre) sea tal. Y el resultado de ese desmontaje se puede leer como que el *Dasein,* que parecía un ente, en realidad acaba reconociéndose como el ser. Pero, según ya vimos, «ser» no es algo que sin más pueda aparecer, es decir, al modo en que aparece una cosa. Su manifestación es de carácter ontológico, lo que aquí significa: se manifiesta como diferencia, pero no ya meramente como *a diferencia de* todo ente –que también–, sino en un sentido más radical como diferencia *en cuanto* diferencia. Entendido de forma muy simplificada, esto sería como decir, por una parte, que la cuestión de la diferencia no sale del ser (sino a la inversa) y, también, solidariamente, que el *Dasein* es la diferencia, es decir, el lugar de la diferencia y no meramente la diferencia óntico-ontológica. No, sobre todo, si por esto solo se entiende que hay una diferencia entre algo, que es ente, y algo, a lo que se llama ser, porque con esto se pierde de vista el carácter radicalmente ontológico de la noción «*Dasein*». Pues bien, eso que líneas más arriba se llamó «lugar», que como también se dijo habría que caracterizarlo más bien como «no-lugar», porque se refiere sobre todo al horizonte o fondo de comprensión, es lo que se persiguió como «sentido». Si en la segunda sección de *Ser y tiempo* dicho sentido se reveló como temporalidad –lo que fundamentalmente quiere decir «diferencia» permanente entre los éxtasis del tiempo, de modo que cae la misma representación de sucesión, que resulta de la comprensión del tiempo como una cosa (presente) que sucede a otra (pasado) a la que sucederá otra (futuro)– y el *Dasein* llega a revelarse así, gracias a su sentido, no como ente, sino como el mismo ser, es decir, como la diferencia, no cabe ya como resultado de esto distinguir esencialmente entre el *Dasein* y su sentido. O dicho de otra manera: sí cabe tal distinción en un momento determinado del análisis, pero no a su conclusión, o por lo menos ante lo que esta abre. Y la metafísica, que es el acontecimiento fundamental del *Dasein,* tiene ya que ver directamente con esa diferencia que en *Ser y tiempo* todavía se nombra como temporalidad y en *¿Qué es metafísica?* como la nada (o el ser).

Tener que haber dado una vuelta para llegar aquí se debe propiamente a la vuelta de tuerca que Heidegger da y de la que surge, en lugar del gran resultado *positivo* que finalmente solucionara el enigma o que se expresara en una fórmula definitiva –por ejemplo: el ser es el tiempo–, una mirada hacia la metafísica o, lo que es lo mismo, una llamada a la atención para que vuelva a reiterarse la tarea filosófica en la historia de la filosofía de Platón, Kant, Aristóteles, Descartes y Hegel. En efecto, porque la metafísica no es esa doctrina presentada al modo de la ciencia que ya ha resuelto todos sus problemas, precisamente haciéndolos desembarcar ordenadamente en las diferentes ciencias que afrontan desde diferentes perspectivas la realidad (de la que fundamentalmente resulta una realidad natural y una realidad histórica), sino un nombre para designar un problema, un problema original, es decir, no resoluble. Pero eso significa que mucho más que un problema teórico que pueda, en consecuencia, alcanzar una solución teórica, la metafísica se sitúa en la misma línea original de la teoría, es decir, en la preservación de la *distancia* desde la cual determinada cuestión, la de la diferencia, puede a su modo aparecer. «Metafísica» es el nombre para esa distancia *(theorein)* desde la cual se está fuera de lo que hay, lo ente, las cosas, pero no para desecharlo, sino para considerarlo en su ser, que aquí significa: en su diferencia. ¿Y qué diferencia opera en cada cosa, es decir, en el surgimiento o aparición de cada cosa? En este caso, tanto como de diferencia cabría hablar de movimiento, porque «surgir» entraña ya movimiento. Si en lo que normalmente se repara cuando surge una cosa es precisamente en la cosa, la filosofía se definiría originalmente por reparar en el propio surgir. Pero lo que ocurre en semejante ejercicio es que tal surgir desaparece cuando aparece la cosa, como si esta se lo hubiera tragado. En cierto modo, ocurre que el surgir desaparece o, dicho de otra manera, *desiste* de aparecer. Frente a la insistencia de la cosa por presentarse, el propio surgir desiste. Pues bien, ¿qué pasa si, en lugar de surgir, entendemos simplemente «ser», y en lugar de desistir, simplemente «nada»? De entrada, el reconocimiento de que ser y nada no se excluyen siguiendo una oposición, sino que más bien coinciden, son lo mismo, pero de modo que ese desistir que es la nada dice mucho más del ser de lo que cualquier otro hecho, cosa, acción o término pudiera hacerlo. Para empezar, dice algo definitivo: que el ser no es algo, un ente, sino que su constitución tiene que ver mucho más con un movimiento de retracción que con el acto de imposición. No sería del todo inadecuado, por más que sí conllevaría ciertos riesgos, decir que la nada es el nombre que se reserva para la temporalidad si esta se comprende metafísicamente. Esto tiene que ver con algo más que con un mero cambio terminológico: no es solo que la temporalidad sea el nombre ontológico y la nada el nombre metafísico. Más bien, en ese desarrollo que va de *Ser y tiempo* a *¿Qué es metafísica?* se asiste a una reiteración *filosófica* (es decir, a la vista de la *distancia)* de la metafísica que consiente verla como fenómeno. La metafísica, así entendida, como cruce y a la vez lucha entre cierto insistir de la cosa y la desistencia del ser (es decir, la nada), es también el *Dasein* visto como *fenó-*

meno, o, lo que es lo mismo, como ya se anunció en *Ser y tiempo:* como algo cuya esencia consiste en ocultarse[8]. Lejos, así pues, de que la cuestión de la metafísica sea una mera doctrina. El *Dasein* es la metafísica, esto es, la diferencia en cuanto diferencia: el ser, o sea, la nada. El *Dasein* es de esta manera el cruce entre lo que aparece y su inherente desaparecer. El *Dasein* es el verdadero fenómeno, que es lo que nunca puede aparecer como una cosa acabada, como un ente. Ese cruce que es el *Dasein,* esa diferencia, puede ser entendida también –como Heidegger hará más tarde– como «entre», pero específicamente como tal: es decir, no un entre en el que lo relevante sea lo que hay a cada lado –no los lados del entre– sino la misma cisura en cuanto tal. Ese es, en todo caso, el único ámbito del ser.

La filosofía se reitera como tal a diferencia de las ciencias. Estas no se dedican a la nada, sino a lo que ya aparece culminado, que es lo único que toman como fenómeno. En definitiva, algo derivado. En cierto sentido, las ciencias, y en general el conocimiento, pueden proceder gracias a ese *olvido* de la diferencia (del ser y la nada). En un sentido absolutamente radical se podría decir que sin ese olvido no hay conocimiento, lo que de nuevo nos remite a una filosofía cuyo estatuto original de conocimiento resulta, cuando menos, enigmático.

4. Kant y el problema de la metafísica. Metafísica y finitud

A la vista de un discurso que reclama fijar la atención en la nada, cabe preguntar sobre la naturaleza de ese saber que se llama «filosofía». Difícilmente se encontrará un contenido para tal saber: de ahí que la pregunta por su constitución se vuelva problemática. Que el texto de Heidegger sobre la metafísica de 1929 no constituya una rareza, un ejercicio de estilo literario o simplemente una pieza mística lo avala el íntimo parentesco con otro texto fundamental, también publicado en 1929, que representa además uno de los hitos de su trayecto. Me refiero a su *Kant y el problema de la metafísica*[9], cuya lectura se hace obligatoria al lado de *¿Qué es metafísica?* y en la estela de *Ser y tiempo*. El texto sobre Kant no dice, en el fondo, nada distinto que el texto sobre la metafísica, y ambos se apoyan mutuamente. No se trata solo de que Heidegger vaya a buscar en Kant la legitimidad de su lección sobre la nada[10], sino que las señales –algunas ya sugeridas– para entender esa lección inaugural y, en definitiva, para responder al tipo de saber que es la filosofía se revelan también en la interpretación de Kant. Pero en definitiva, ¿qué pueden tener en común el problema de la metafísica en Kant y la pregunta por qué es metafísica además de los títulos? Si para su época, a comienzos del siglo XX, la obra kantiana que recibió el título de *Crítica de la razón pura* mereció toda la atención filosófica generando incluso una escuela filosófica –el neokantismo–, esa atención rescató sobre todo como núcleo de la misma el problema del conocimiento y de la ciencia, a la sazón considerado el genuino problema de la filosofía. Que Heidegger reinterprete la *Crítica* como metafísica apunta, desde luego, a otro horizonte que prácticamente no guarda punto de contacto con su interpretación como teoría del conocimiento. Ese horizonte esconde, además, una clave esencial para la comprensión de la propia filosofía de Heidegger y se deja exponer en estos términos: decisivo para interpretar a Kant es leerlo al lado de Aristóteles; si se quiere, en su vinculación con Grecia. Ciertamente, no se trata de que Aristóteles y Kant expongan lo mismo, sino que lo formulado por Aristóteles vuelve a hacer su aparición en la obra de Kant; una aparición que, de ese modo, no deja de ser una reiteración. Y es esta reiteración la que en mejor medida define la filosofía moderna en su conjunto. Que Heidegger ya haya considerado en *Ser y tiempo* que *su* problema pasa por la revisión conjunta (entre otros) de Kant y Aristóteles, a saber, en lo que iba a ser la segunda parte de la obra de 1927, no agota el nuevo planteamiento de 1929 que hace solidaria la interpretación de la filosofía de Kant de una reflexión filosófica acerca del sentido del ser, para cuya formulación además resulta decisiva la atención a la nada. Es como si en 1929 la doble tarea[11], que caracteriza la articulación de *Ser y tiempo,* se encontrara directamente en obra.

Ahora tenemos que de la propia reflexión filosófica acerca del sentido resulta inseparable la indagación sobre Kant, bajo el presupuesto de que esta nos va a decir lo mismo. ¿Y qué nos dice? En todo caso, lo que sea constituirá también un intento por responder a la pregunta general, «¿qué es la filosofía?», implícita en el horizonte de la época. En 1929, para Heidegger, la respuesta no es «teoría del conocimiento», sino simplemente «metafísica». Y Kant habría vislumbrado una aclaración sobre su constitución, aunque retrocediera ante su descubrimiento. En dramáticos términos de Heidegger: «Kant vio lo desconocido y tuvo que retroceder»[12]. Pues bien, *Ser y tiempo* y los textos que le siguen inmediatamente en 1929 constituirían el avance ante la resistencia que Kant no quiso traspasar. Sería un recurso fácil detectar que metafísica significa precisamente eso, lo desconocido, porque es aquello que se encuentra más allá. Pero cuando se habla de «desconocido», eso no significa algo que aprovechando una mayor perspicacia y ejercicio se pueda llegar a conocer. En el texto de Kant en que aparece el término «desconocido»[13], su significado no difiere mucho del que Heidegger da a «la nada», por lo menos tal como en estas líneas se ha interpretado: como desistencia. Esta, como lo «desconocido», no es algo que se pueda o deje de poder conocerse, porque su estatuto trasciende esa posibilidad. En este último sentido, es ciertamente una noción genuinamente metafísica, porque apunta a un saber que no se refiere a cosas ni a ideas (a determinaciones), que es justamente el saber que puede recibir el nombre de filosofía.

Y filosofía fue lo que hizo Aristóteles, intentando descubrir a qué se puede llamar «principios» si estos de ningún modo pueden ser interpretados como cosas (determinaciones o, como se diría modernamente, contenidos). Para Aristóteles, esa investigación se formuló como aquella que tenía por tema «el ser *en cuanto* ser», presuponiendo que de entrada difícilmente se podía llamar a eso tema y, en segundo lugar, que ese «en cuanto» sería difícilmente exponible. Kant, para Heidegger, se encuentra en la misma dificultad, porque además de reconocer una diferencia entre las cosas (en Kant, lo empírico) y los principios (en Kant, lo trascendental), también en el plano de los propios principios es detectable una diferencia decisiva. De nuevo nos encontramos con ese doble sentido de la diferencia que vuelve a unir a Kant, que representa la filosofía moderna, con Aristóteles, que es Grecia. Esa diferencia, recuérdese, es la metafísica, que ahora Heidegger, que viene *después* de Aristóteles y de Kant –de ahí que no haga simplemente metafísica, sino que se pregunte por ello–, interpreta a partir de la ineludible vinculación entre Grecia y la modernidad, es decir, a partir del interno vínculo entre la fórmula con la que Aristóteles resume la filosofía («investigación del ser en cuanto ser») y la problemática kantiana («la constitución del conocimiento»). ¿Y son tan dispares la fórmula aristotélica y la problemática kantiana? En el intento por responder a esta cuestión Heidegger empeña su propio camino, pero de modo que de él resulte una rectificación de la propia idea de la filosofía y la metafísica. El asunto principal no reside ya solo en que la filosofía trascendental, con su pregunta sobre la posibilidad de los juicios sintéticos *a priori*[14], pregunte por la estructura de la experiencia y, solidariamente, del conocimiento de esa experiencia, sino que reconoce en el planteamiento kantiano una interrupción de la marcha de la filosofía moderna. En efecto, si el presupuesto de esta reside en la posibilidad de reconstruir nuestro conocimiento de la experiencia (basado en juicios de hecho –verdades de hecho–) por medio de juicios de identidad (basado en juicios de identidad –verdades de razón–), la revisión kantiana de los juicios revela una diferencia irreducible entre los dos tipos de verdades (las que se formulan respectivamente en juicios sintéticos y analíticos), de modo que hace fracasar todo conocimiento puro de la experiencia. Pero a la vez –y ahí comienza propiamente la filosofía– Kant reconoce un tipo de juicio que, por así decirlo, es ontológicamente anterior a aquella división. En efecto, los juicios sintéticos *a priori* se reconocerían como aquellos «principios» –en el sentido griego– válidos para toda experiencia. Como tales principios, determinarían a las cosas en la medida en que son cosas, es decir, caracterizarían el ser de las cosas en cuanto tal. Pero a diferencia del planteamiento de Aristóteles, la constitución de dichos principios de la *experiencia* lo son simultáneamente del *conocimiento* de esa experiencia, haciendo indistinguible una realidad ajena a nuestro modo de conocerla. Pero en Kant, además, los constituyentes de dicho conocimiento, y por lo tanto de la experiencia, son dos, la intuición y el concepto, que remiten a dos facultades correspondientes: la sensibilidad y el entendimiento. Pues bien, la forma pura de la sensibilidad es reconocida como «tiempo» mientras que de la del entendimiento se reconocerán las «categorías». Pero entiéndase bien que tiempo y categorías, precisamente en la medida en que son elementos puros (es decir, sin mezcla de nada empírico), no son cosas que sucedan, es decir, en terminología kantiana, no son fenómenos, sino aquello cuya síntesis hace posible los fenómenos.

Para Heidegger, Kant habría interrumpido cierta marcha de la filosofía moderna (pues él mismo es, sin embargo, frente a Aristóteles, moderno) al vincular, aunque sea *solo* en el plano trascendental, es decir, en el plano de los principios, el tiempo y las categorías, si se quiere, aquel elemento (el tiempo) cuya naturaleza remitió tradicionalmente a una dimensión exterior y no dominable, con aquel otro elemento (las categorías) que en la tradición moderna constituyó el nombre para la esfera del pensamiento (el *cogito* cartesiano). Esta dualidad kantiana reitera en el marco moderno la tradicional dualidad entre las cosas, cuyo único ser es el tiempo –el tiempo del nacer y perecer–, y las ideas, cuyo ser es el pensamiento. De alguna manera, reitera también la dualidad cartesiana entre extensión (el ser propio de las cosas, caracterizables solo según espacio y tiempo) y pensamiento (el ser propio del sujeto, caracterizable por la espontaneidad conceptual y la libertad moral). En Kant, dicha dualidad, de todos modos, manifiesta todo su problema, que es lo mismo que decir su imposibilidad de ser *una,* una identidad (un asunto es la intuición, y otro, el concepto del mismo modo que tiempo y categorías se caracterizan esencialmente por *no* ser lo mismo), en el reconocimiento de que el origen de la síntesis entre los dos elementos es «desconocido», lo que no lo hace presentable ni exponible. En efecto, tenemos conocimiento, es decir, tenemos intuición y tenemos concepto. Uno y otro son reconocibles analíticamente, aunque el conocimiento en cuanto tal solo proceda de su síntesis, pero de esta síntesis no hay a su vez conocimiento. Como dice literalmente Kant en la Introducción a la *Crítica de la razón pura*, es «desconocida»[15]. Ya nos hemos referido líneas más arriba al estatuto de eso desconocido, que Heidegger entiende como la propia subjetividad del sujeto, cuya investigación conduce «a lo oscuro»[16]. Dos asuntos resultan relevantes de este rodeo por Kant, solo aparentemente alejado de nuestro tema, que sigue siendo la cuestión de la metafísica en Heidegger: uno, que el conocimiento resulta intrínsecamente *finito*, pues no se puede conocer simplemente lo que se quiere (que en este contexto querría decir: lo que se construye en el entendimiento) dado que el conocimiento se encuentra más bien a la espera de aquello que le viene dado en la intuición (de todos modos, los conceptos del entendimiento, y no solo la intuición, son limitados y dependientes); el segundo asunto, que el origen del conocimiento, es decir, el origen que es la síntesis entre tiempo y categorías, aquello cuya presencia fracasa en cuanto tal, es decir, en la medida en que lo que aparece es siempre un fenómeno, un fenómeno analizable según sus elementos constituyentes (intuición y concepto), pero no el origen, constituye la *finitud* misma. Y esta *finitud,* esta raíz común de sensibilidad y entendimiento, es lo único que merecería el nombre de «ser», toda vez que por «ser» se entendió no algo, sino la síntesis (y la separación) de algo con algo. Recuérdese lo que se dijo líneas más arriba sobre la comprensión metafísica (es decir, dual) del ser y el decir. Ahora, en el núcleo mismo de la filosofía de Kant, Heidegger vislumbra la constitución misma del ser, reconocible exclusivamente como *finitud.* Una finitud que define la metafísica misma, es decir, el atisbo de una síntesis de tiempo y categorías, pero como «desconocida». La metafísica revela aquí no solo su estructura más íntima (la dualidad), sino también su propia naturaleza, que podría quedar reflejada en su interna imposibilidad de *aparecer* como unidad. Pero en Kant, cuya metafísica se reitera, a diferencia de Aristóteles, como filosofía trascendental, Heidegger captura el instante de la *finitud,* un instante no reducible a momento alguno. En efecto, si todo momento lo es de una sucesión, por instante se entendería el tiempo mismo, el tiempo de la *finitud,* que no deja de ser sino la interna diferencia a la que propiamente le corresponde el nombre «metafísica». Además, esa *finitud*, caracterizable de todos modos como *tiempo* y *concepto;* es decir, a la vez como diferencia y, no obstante, vinculación entre ambos, constituye la estructura del sujeto del conocimiento (moderno), es decir, constituye su subjetividad, que no se reduce solo al elemento del pensamiento. Cómo esta interpretación de la subjetividad siguió señalando un camino no continuado por la filosofía moderna y haciendo de Kant una isla en semejante corriente constituyó para Heidegger un cierto punto de partida (el otro es seguramente la investigación sobre Aristóteles) que iluminó ya la idea de *Ser y tiempo*. Pero que la iluminó no simplemente por medio de un remedo o aprovechamiento de Kant para fines propios, sino originando una reinterpretación más original de eso que la filosofía moderna llamó subjetividad, reconocida en su marco como principio general y absoluto de todo, pero que en el fondo –según el Heidegger que procede de Kant– es derivada. Esta interpretación, a su vez, no procede de que Heidegger infravalore la subjetividad o cosas semejantes, sino, al contrario, de que revela el máximo interés por su constitución y estructura. En realidad, según ya vimos, entre otras cosas, de *Ser y tiempo* puede resultar uno de los más lúcidos análisis de la subjetividad moderna entendida como pura positividad, precisamente porque se lleva a cabo desde esa figura de la negatividad que Heidegger tituló como «*Dasein*». ¿Y no quiere ser el *Dasein* precisamente el nombre para eso que el mismo Heidegger reconoce en Kant como *finitud?* Lo que ocurre es que tiempo y concepto (categorías) no funcionan en la estructura del *Dasein* como meras condiciones de posibilidad, al modo trascendental kantiano, sino que se definen fácticamente, siguiendo una articulación más compleja. En realidad, lo menos importante es si hay algo equivalente en Heidegger al concepto en Kant, cuya estructura guarda una correspondencia con lo que se define como temporalidad. Lo decisivo reside en entender que el *Dasein* señaliza el punto en el que el ser y la comprensión del ser *coinciden*. Y a esa coincidencia es a la que se puede denominar como *finitud*. Pero esta no viene a ser simplemente la figura opuesta a la infinitud, y mucho menos una parte de la misma, sino, más radicalmente entendido, la interrupción de la propia infinitud. *Dasein,* como exponente de la metafísica, constituye el expediente más legítimo para desactivar el significado de infinitud o, en su caso, denunciarlo exclusivamente como idea. Al mismo tiempo, de ese modo se caracteriza a la metafísica como expresión misma de la finitud, frente a la versión vulgar que la identifica con una posición de infinitud frente a la cual habita, defectuosamente, la finitud humana. Es muy posible que constitutivamente esta sea defectuosa (caída, como diría Heidegger –y Schelling–), pero este defecto es original y frente a él no se da el no-defecto, la idealidad, si no es como algo derivado y, por eso, seguramente no verdadero. Verdad es, metafísicamente entendido, ese defecto, sin el cual no hay *Dasein* y, por lo tanto, no hay ser.

Se puede entender también aquí, a la vista del horizonte kantiano, cómo la constitución de la *finitud* –para Kant, la constitución de la subjetividad– se encuentra atravesada por la nada, por el movimiento de desistencia, de retirada y separación inherente a la imposibilidad de presentarse la raíz común de la síntesis. La nada, como lo «desconocido» en Kant, atraviesa el origen de las cosas, eso que Heidegger, pero también Kant (y Hölderlin), llamaron simplemente «ser».

«Metafísica», no explícitamente desde *Ser y tiempo,* pero decididamente a partir de *¿Qué es metafísica?* y *Kant y el problema de la metafísica,* se revela como el nombre para la filosofía, por encima incluso del de «ontología fundamental». En realidad, esta no deja de desarrollar esa «metafísica que es el *Dasein*»[17], lo que significa también apuntar al significado de «acontecimiento». Un acontecimiento que no ocurre en el tiempo sino que es el tiempo. Esta distinción resume las dos concepciones del tiempo implícitas en la reflexión de Heidegger acerca de la metafísica. Para la concepción normalizada del tiempo, que no resulta más que de la versión cristalizada positivamente de la metafísica tradicional moderna, las cosas simplemente suceden en un tiempo que ya está ahí, antes siquiera de que cualquier acontecimiento se anuncie. Para la interpretación que resulta de *Ser y tiempo,* y en general de toda la obra de Heidegger, que surge contra esa concepción normalizada, no hay por separado el tiempo y las cosas, del mismo modo que tampoco hay por separado el *Dasein* y el mundo (el sujeto y las cosas, según los habituales esquemas modernos), porque del mismo modo que se puede hablar del ser solo desde el momento en que está el *Dasein,* del mismo modo el tiempo es solo el propio acontecer, un acontecer que se puede entender a partir de la «nada», es decir, a partir del propio aparecer/desaparecer, del juego de presencia/ausencia, que es aquello en que consiste el tiempo. Considerado desde esta perspectiva, el tiempo aquí es también la propia metafísica, es decir, el cruce de dos polos que nunca podrán ser idénticos. La metafísica caracterizada a partir de Kant responde a la siguiente estructura: dualidad, todavía manifiesta y reconocible (por ejemplo, entre tiempo y categorías), y simultáneamente unidad constitutiva, pero cuya manifestación es imposible y cuyo conocimiento resulta impracticable. Pero por eso mismo, esa unidad –lo desconocido– puede recibir el nombre de ser, porque representa el continuado fracaso en el que ya se está pero que no cabe siquiera reducir a concepto, a conocimiento. ¿Es la metafísica, entonces, un conocimiento? Aquí es más bien el tiempo, pero que resulta anterior a la dualidad, constituyendo la raíz común, eso desconocido. Y esa metafísica no es ya conocimiento, sino acontecimiento. Pero por eso mismo será también reconocida en Heidegger por medio de otro nombre, casi identificable con ella: «verdad».

5. La metafísica y la verdad: acontecimiento e historia

La caracterización de la metafísica como acontecimiento y no como conocimiento presupone dos cosas: que la diferencia –entre ser y ente/en el mismo ser– no es un producto del entendimiento[18], sino rasgo fundamental del propio ser, y que la cuestión de la verdad tampoco se juega en el ámbito cognoscitivo o lingüístico, sino que es algo previo, aquello que precisamente caracteriza al acontecimiento en cuanto tal. Pero ambas cuestiones se encuentran relacionadas con la idea de que la metafísica es solo la palabra que describe el *gestarse* del propio *Dasein;* en definitiva, la palabra que nombra su constitución. Y esa constitución, como vimos, es la diferencia. Y esa diferencia, entendida también como rasgo del ser y no del entendimiento, define la constitución de la verdad.

Pero con esta interpretación se da la vuelta a la comprensión metafísica moderna de la verdad, para la cual «verdad» define solo un lado, el de la idea o el pensamiento (subjetividad), que se caracteriza, frente al de la cosa (objeto), por presentar siempre la misma determinación, el mismo aspecto. En efecto, para esta compresión, la verdad es lo siempre presente, la presencia misma, que no es propia del ser de las cosas, sujeto a nacer y perecer –a devenir–, sino de lo que no cambia, es decir, del ser, entendido en un sentido metafísico escolar. Es esta concepción la que sirve de apoyo a la tesis lingüística de la verdad como adecuación y conformidad entre el enunciado y la cosa. La verdad, en definitiva, es el ser, cuyo límite es el no-ser, que se identifica con las cosas y su devenir. Esta concepción hace de la verdad algo trivialmente metafísico: en efecto, verdad es lo que se encuentra *más allá* de las cosas, en la idea, en el sentido en que lo interpreta el platonismo (como lugar, cosmos, mundo o posición ideal), o en el sujeto en el sentido en que lo interpreta la modernidad, es decir, como subjetividad lógica y pensamiento. «Metafísica» y «verdad» ganan aquí, en esta trivial concepción –«trivial» no quiere decir algo carente de importancia, sino más bien algo no problemático–, el mismo significado, porque metafísica pasa a delimitar y definir el *lugar* de la verdad. ¿Pero tiene la verdad lugar? Paradójicamente, para que la verdad tenga lugar, es decir, para que *ocurra*, no puede ocupar un lugar ni por lo tanto ser esa posición metafísica caracterizada por la permanente presencia. «Ocurrir» presupone cierto movimiento y, por eso, también cierta negatividad: solo puede ocurrir (acontecer) lo que no es, pero de modo que ese no-ser sea relevante y no meramente algo accidental y pasajero. En efecto, no se trata de lo que *todavía* no es pero llegará a ser, en cuyo momento el no-ser se vuelve irrelevante. Porque en esos casos se trata igualmente de la trivial atención a las cosas que ocurren, cuyo aparecer llena y deslumbra de tal modo que eclipsa esa trascendencia y movimiento que, por así decirlo, las deja sobrevenir. En esos casos, en definitiva, ni siquiera tenemos la verdad sino solo cosas verdaderas. Por otra parte, ¿acaso hay cosas no verdaderas? Toda cosa, desde el momento en que es, es verdadera por el simple hecho de que aparece. En realidad, la distinción entre verdad y falsedad tiene que ver más con un juego lingüístico que con el ser propio de las cosas. Pero no porque la falsedad, o mejor, el fundamento de la falsedad, no sea relevante, sino porque no se atiende a su dimensión constitutiva. La verdad como juego lingüístico-conceptual, en el sentido señalado, es algo derivado. La verdad, incluso como juego o lucha entre aparecer y no-aparecer, que no deja de ser el fundamento de lo verdadero y lo falso, se juega antes. Se juega en la misma estructura del acontecimiento, es decir, en la misma metafísica.

«Verdad» no define una posición, sino el interno movimiento de llegar a aparecer, del cual son constituyentes tanto lo que se desvela o desoculta como el velamiento y ocultamiento. Porque a todo desencubrimiento es inherente su encubrimiento. Pero este encubrimiento, como se señaló más arriba, no es despreciable, sino lo más relevante. Igual que de una cosa es propia su sombra, y de lo que se puede ver de ella es también propio aquello que no se puede ver –nunca se puede contemplar una cosa por todos sus lados, y «fenómeno» significa, entre otras cosas, eso–, del mismo modo, del desencubrir es propio el encubrimiento, como algo que lo acompaña permanentemente, constituyéndolo. Pues bien, si ahora nombramos el desencubrimiento con la palabra «ser» y el encubrimiento –recuérdese nuestra traducción por «desistencia»– con la palabra «nada», estaremos más próximos a entender que esa diferencia interna entre ser y nada, que bien puede entenderse como auténtica diferencia metafísica, se puede reconocer también como el acontecimiento. El acontecimiento o la verdad, o el ser, pero solo si ya hemos dejado atrás el trivial significado que identificó ser con «presencia» y posición. Y precisamente porque eso ha sido dejado atrás, tal vez se esté en posición de interpretar «ser» más bien a partir de lo que en *Ser y tiempo* se llamó su *sentido*. El *sentido* del ser es la *verdad* del ser, aquel ámbito o espacio de juego donde ocurre propiamente esa interna diferencia entre ser y nada y, por eso, puede surgir esa diferencia entre el ser y los entes, las cosas.

Pero esta interpretación de la verdad debe ser entendida, más que como una nueva teoría sobre la verdad, como un desmontaje de toda teoría acerca de la verdad. Lo que se puede llamar comprensión ontológico-fundamental de la verdad, que no es más que su señalización preontológica, según se indicó, se gana como desmontaje de una versión fundamental, pero derivada, que en realidad hizo de la verdad una cosa, por privilegiada que fuera. En los escritos de en torno a los años treinta, sobre todo en los dos opúsculos titulados respectivamente *De la esencia del fundamento* y *De la esencia de la verdad*[19], se lleva más adelante aquella búsqueda anunciada en *Ser y tiempo* como «pregunta por el *sentido* del ser».

Del «sentido» ya se ha dicho algo nuevo. Con ello se puede recordar otra vez por qué resulta limitado asociar a Heidegger exclusivamente con la crítica a la metafísica. Ciertamente toda su obra puede merecer esa calificación, pero esta solo sería adecuada si se entendiera que se elabora justamente a partir de la metafísica. Y nos quedamos cortos igualmente si entendemos que hay dos sentidos de metafísica y que Heidegger critica o desmonta el sentido escolar para rescatar su propio sentido o cosas semejantes. No hay en absoluto intención alguna de preservar algo, ni siquiera de defender una determinada teoría sobre el ser o sobre la verdad. Heidegger hace filosofía, lo cual significa precisamente que no elabora teorías sobre esto o lo otro, sino que atiende a lo que hay, y a lo que «hay» lo reconoce –ciertamente con el nombre con el que funcionó *históricamente*– bajo el término «ser» («lo que hay», «lo que es»). Y es reconociendo lo que hay, es decir, el ser, sin presupuestos, cuando puede interpretarlo como «metafísica». Pero resulta obligado aclarar esa expresión recién formulada, «sin presupuestos», porque justamente de *Ser y tiempo* se deriva la imposibilidad de atender, mirar, entender y hablar «sin presupuestos». También resulta obligado aclarar una expresión que se acaba de introducir sin discusión previa: «históricamente». Vinculando ambas aclaraciones se podría decir que, si se da un decisivo presupuesto, este es justamente el de «la historia». Pero eso equivale a decir que el gran presupuesto, ineludible e irrevocable, es «el ser», pues como se esforzó en explicar *Ser y tiempo* desde su Introducción, cada vez que comprendemos algo tenemos ya un significado previo del ser, que no lo hacemos relevante como tal (por eso es previo). En realidad, ese significado previo de ser surge ya de un horizonte aparentemente no reconocible o desfiguradamente reconocible: ese horizonte es el delimitado por «Grecia», o, lo que es lo mismo, la situación en la que, además de hablar por medio de términos acerca de las cosas –de esta y la otra cosa, y la de más allá–, se formula una pregunta explícita por esos propios términos determinados, una pregunta que culmina en la escueta fórmula pensada por Platón que dice así: «¿qué es ser?», «¿qué significa ser?», y que se continúa en Aristóteles con una investigación acerca de ese significado en cuanto tal (es decir, no ya acerca de esas cosas nombradas por aquellos «términos determinados», sino acerca de los términos en cuestión). Pues bien, por medio de esa pregunta, de la que posteriormente se hizo doctrina, cambia el signo de las cosas, de modo que estas pasan a ser también aquello bajo lo cual son comprendidas, originando (destinando) no una, sino la forma de ser de las cosas. Esa «forma de ser» es la que se puede reconocer como «historia», pero de manera que incluso esta historia puede ser olvidada aunque sea por el evasivo procedimiento de suponer que «siempre hubo historia». Pero de esta manera se interpreta igualmente el tiempo exclusivamente como historia, sin reparar en que «historia», en todo caso, ciertamente decisivo, es igualmente solo una época, o, lo que es lo mismo, un acontecimiento. En realidad, para nosotros, el acontecimiento: nuestro propio acontecimiento. Pero «propio», aquí, no significa solo «de nuestra propiedad», sino en mayor medida aquello que hace posible el que podamos hablar de algo propio y según algo propio, por ejemplo, de esto o lo otro o lo de más allá, a diferencia de aquello, etc., y que lo hagamos de determinada manera, a saber: que esto es A o esto es B. En definitiva, así entendido, el ser es lo propio. Deducir de aquí, en cambio, que a esa época le precedieron otras y le seguirán otras implica situarse en la perspectiva derivada de que el tiempo, entendido como historia, es eterno, una línea continua e indefinida. Ciertamente, tarea de la filosofía de Heidegger fue denunciar esa línea o continuo ilimitado[20] que surge de un olvido fundamental, y acaso necesario: que «ser» se volvió relevante por medio de una pregunta y que esa relevancia se sostuvo propiamente como «lo que hay», cuando lo que hay es ya siempre algo sobrepasado al nombrarlo y pensarlo (ese «lo que hay» es lo que puede caracterizarse como «fenómeno», que se manifiesta precisamente ocultándose). De ser justos con la interpretación de Heidegger, se podría decir que solo hay una época, y que esta se llama «historia», esto es, la historia o «la metafísica». En definitiva, no hay épocas, sino solo *una* época.

Cualquier intento por entender ciertas «sucesiones» como las que aparecen formuladas en algunas publicaciones, como veremos más adelante, según las cuales hay una «historia del ser» –que comienza con la determinación del ser como *phúsis* y culmina como *voluntad de poder*–, como un proyecto de «filosofía de la historia»; en definitiva, entender la fórmula heideggeriana «historia del ser» como material o concepto para una filosofía de la historia no solo constituye un error en lo relativo a la tal «filosofía de...» (para Heidegger no habría ni filosofía de esto ni de lo otro y resulta tan derivada una filosofía de la historia como una filosofía de la naturaleza o una filosofía del arte), sino también en lo relativo a la propia fórmula «historia del ser». Porque esta expresión revela una peligrosa ambigüedad, como ya se señaló[21], que reside en entender que hay algo así como un despliegue, un desarrollo, en el sentido más trivial que denota el término «historia», de algo así como el ser. Así entendido, el ser sería algo que se «historia». Y la cuestión clave consiste en que «historia del ser» tiene que ser entendido como «ser», como ser que cuando se hace relevante –comienzo de la filosofía– es destino *(Geschick)* y, por eso mismo, «historia» *(Geschichte)* en el sentido aludido más arriba, como acontecimiento. En cierto modo, la expresión «historia del ser» resulta redundante, o bien supone un rodeo para entender el término «ser» como algo que no se elige o deja de elegir, para lo que no hay opción, sino que nos precede como horizonte, como sentido. «Ser» es lo que fue pensado en Grecia, es decir, el hacerse relevante de algo que ya se encontraba ahí (la situación de que *ahí hay* siempre ya algo dado). Por eso atribuir, casi siempre en términos simplemente literarios, al proyecto de Heidegger la intención de que en él se intenta restablecer el viejo proyecto del ser habla desde la conciencia de que ya no se está en ese proyecto, como si eso pudiera ser algo abandonable. En realidad, el proyecto de Heidegger trabaja más contra ese restablecimiento que su habitual crítica, porque en la medida en que se esfuerza por reconocer qué hay o se da bajo el término «ser» se trabaja simultáneamente por el desmontaje de un sobreentendido. Otra interpretación equivocada que se deriva de lo recién dicho consiste en entender que en la larga historia del ser –una de esas sucesiones a las que se ha aludido– la metafísica es solo una época, precedida por otra y a la que continuará otra (en este segundo caso, aprovechando cierta terminología casi mítica de Heidegger, la gran «época del ser» que vendría a salvarnos definitivamente de los males de la metafísica)[22].

Después de lo que se ha dicho hasta aquí sobre la metafísica y su ambigüedad, se puede intentar entender esa jerga heideggeriana en otro sentido: ciertamente, el término «historia» en su sentido más habitual alude a cierta sucesión y recorrido, que es el menos relevante para lo que se está diciendo. Pero también tiene otro sentido que sí justifica su aparición al lado justamente del de metafísica. Es el sentido de «tránsito». En realidad, de este último sentido se rescata, según ya vimos, el derivado de historia: cuando la historia deja de ser tránsito como paso estructural «de... a...», es decir, cuando deja de ser «límite» para convertirse en línea en la que el «de» y el «a» señalan simplemente puntos indistinguibles e indistintos, es cuando surge la habitual comprensión de historia como línea que desde un pasado, *pasando* por el presente, tiende hacia un futuro. Es cuando, por así decirlo, la historia se eterniza y se presupone un significado infinito de tiempo, un significado ciertamente derivado y metafísico –en el sentido más negativo de la palabra, pues nadie ha *visto* tal tiempo infinito, en el que nunca se está–, que resulta insuperable e intransformable. En efecto, ¿quién puede convertir el tiempo infinito en otra cosa? Además, ¿con qué fin habría de pensarse semejante transformación? La posible respuesta de Heidegger no es de carácter moral: no habría de transformarse porque hay otro sentido del tiempo que sea *mejor*. De este asunto queda desterrada la discusión de si es mejor lo infinito que lo finito o viceversa, porque la cuestión fundamental reside más bien en reconocer *qué hay*. Y lo que hay cuando el presupuesto es la línea continua o, como ha formulado un intérprete[23], el continuo ilimitado es un significado derivado que, sin embargo, se pone como principal. Y de este principio, de esta línea, se excluye incluso la noción misma de límite, de muerte, porque de tal continuo no se sale ni muriendo. Incluso la promesa religiosa de una «vida eterna», fuera de alguna grandiosa formulación en el marco de la literatura y el arte –sobre todo en la música–, viene a constatar trivialmente esa resistencia contra el límite. Derivada resulta esta concepción de la «vida eterna» igual que la totalitaria idea de un Estado político del que no se puede salir, en el que la transformación no es posible. Fenomenológicamente hablando, de todos modos, la representación de la infinitud, no siendo original, resulta ya sin embargo incontestable. Y ni siquiera se trata de desactivarla sin más –como si eso se pudiera–, pues el posible error no procede de que sea así, sino de no reconocer que es precisamente derivada. Porque de no reconocer esto último, sí queda oculto algo: la finitud, que gracias a ese reconocimiento podría llegar a ser relevante. En la simple idea de una «historia del ser» late el esfuerzo por volver relevante esa finitud, igual que latía en el propósito inicial de *Ser y tiempo*. Pero eso implica una determinada forma de entender la cuestión del tránsito.

6. La metafísica y la «historia del ser»

En uno de los trabajos más notables de Heidegger –seguramente el más importante de los no publicados– que difícilmente merece (lo cual no es ni demérito ni defecto) el nombre de obra, *Beiträge zur Philosophie. Vom Ereignis*[24], redactado entre los años 1936 y 1938, seguramente en uno de los momentos más decisivos de su trayecto por lo que pudiera tener de inflexión, se plantea la cuestión de la historia en términos de tránsito. Tránsito de un origen, al que se da el nombre de «primer comienzo», y un supuesto final de ese origen, al que se titula como «otro comienzo». Es de reseñar que Heidegger no habla de «nuevo» comienzo, sino de «otro». Si trivialmente hubiera que entender ese «primer» y ese «otro» como los polos que definirían la mencionada «historia del ser», desde el punto de vista del contenido, es decir, de cómo se puede llenar ese recorrido, sin embargo, solo se puede detectar una figura que lo ocupe. Es decir, no hay una figura –por ahora me abstengo de proponerla mediante un nombre– para el «primer comienzo» y otra figura para el «otro comienzo». Por decirlo con otras palabras: el «otro comienzo» no es nada, porque no hay con qué llenarlo. Queda descartado, en consecuencia, que «otro comienzo» se refiera a alguna figura que pudiera coincidir con lo que el pensamiento moderno habría llamado «utopía» o que, en general, lo de «otro» remita a una historia o época venidera. Contenido –y ahora, después de esta aclaración, sí se le puede dar un título a esa figura– es solo la metafísica, es decir, la época o historia que hay y en la que se está. Ciertamente, incluso en esa época (el «primer comienzo») es reconocible un tránsito, uno tal que justificará que se vaya a hablar de «otro comienzo»: el tránsito de Grecia, caracterizable en términos generales como la posición de la finitud y el límite, a la modernidad, caracterizable en términos igualmente generales como la posición de la infinitud, la mentada sucesión ilimitada. Pero eso es todo lo que hay en torno a la figura de ese tránsito, porque tanto lo que aquí se ha llamado Grecia como lo denominado modernidad son igualmente «metafísica». Son precisamente lo que Heidegger llama «la metafísica», ineludiblemente comprensible como «historia», pero, según se vio, por mor de su implícito planteamiento de hacer relevante lo que sin más ya se encuentra dado y dejado atrás. Es cierto que en el planteamiento de los *Beiträge* continuamente se habla de una «superación de la metafísica», pero no tanto como una operación que los filósofos –comenzando por Heidegger– pudieran llevar a cabo cuanto como un movimiento interno a la cosa misma, a la propia metafísica. En términos del propio Heidegger, no siempre afortunados, del «primer comienzo» es propio la «pregunta por el ser de lo ente»; del «otro comienzo» sería propio la «pregunta por la verdad del ser». La «ontología fundamental», esa fórmula empleada en *Ser y tiempo* para nombrar a la filosofía, sería la encargada del tránsito desde el final del «primer comienzo» hasta el «otro comienzo», y de ese modo ella misma –la ontología fundamental– se superaría.

En relación con esto último ya se ha dicho algo: la ontología fundamental está ahí y se propone con el fin de desaparecer, justamente cuando haya esclarecido su propia constitución y hasta su título. Pero en relación con lo propio de cada uno de los comienzos, a la luz de lo dicho hasta aquí en este capítulo sobre la metafísica, ¿se puede decir en realidad que solo el primer comienzo sea la metafísica y que, en consecuencia, lo propio del segundo sea otra cosa? En realidad, también según lo que se ha visto hasta aquí, casi se podría decir lo contrario, pues se ha introducido la cuestión de la metafísica justamente como aquello a lo que subyace, y es descubrible en ella, la verdad del ser, porque por *verdad* también se ha entendido algo original, pero en el sentido originalmente metafísico, a saber, una dualidad interna que hace posible en general que simplemente haya ser, es decir, se den las cosas. En realidad, hasta ahora poco se ha dicho aquí del «ser de lo ente», fórmula que caracteriza en su conjunto al planteamiento de la metafísica en su sentido doctrinal y, por ende, escolar (bajo muchas diferentes formulaciones, ciertamente), y no porque carezca de importancia sino porque podría resultar despistante en relación con lo fundamental que se quería tratar, a saber, un sentido original de metafísica que acompañó a Heidegger tanto cuando se refirió explícitamente al mismo como cuando apenas lo nombró. Pero se trata de entender ahora que realmente «ser de lo ente» y «verdad del ser» son fórmulas que difieren por la perspectiva y el cuándo de la consideración, pero no por aquello a lo que se refieren. Porque «verdad del ser» se refiere a aquello original que subyace en «ser de lo ente» y lo hace posible. Además, ciertamente «verdad del ser», según los términos que se han utilizado para explicar las dos expresiones, puede plantearse –al igual que la pregunta *¿Qué es metafísica?*– cuando el planteamiento del «ser de lo ente», de la metafísica en su sentido de doctrina que tiene que consumarse, ha culminado. En Heidegger aparecerá trazada y descrita esa consumación a partir de la mitad de los años treinta, definitivamente cuando emprenda su particular recorrido por la interpretación de Nietzsche y del idealismo alemán. Pero en simultaneidad con esa búsqueda por medio de Nietzsche (y de Schelling, Hegel, Kant, Leibniz, Descartes, Aristóteles, Platón, Parménides y Heráclito), también redacta los *Beiträge*, donde la superación de la metafísica, es decir, de aquello que comienza a resumirse en la fórmula «ser de lo ente» característica de la historia de la metafísica, se plantea como pregunta por la esencia de la metafísica, por su constitución y su fondo, a saber, como intento por exponer lo que el mismo Heidegger llama «verdad del ser». Así entendido, entonces, la superación de la metafísica sería más bien una apropiación de la misma, pero una apropiación que conllevara cierta desactivación. La forma de desactivar la metafísica, entendida como «ser de lo ente», y lo que esa fórmula lleva implícito –la concepción de un tiempo infinito y de un continuo-ilimitado–, es reconocer su propio fundamento como *finitud*, aunque ahora esta finitud no pueda ya simplemente entenderse como finitud humana, sino más decisivamente como «finitud del ser». La superación de la metafísica, así, pasa por un «retorno al fundamento de la metafísica», que es el titulillo con el que se caracteriza el escrito *Introducción a ¿Qué es metafísica?*[25], de 1949. En esta fecha, después de la elaboración de muchos trabajos –algunos decisivos, como los escritos sobre Nietzsche, no publicados hasta 1961, o la

Carta sobre el humanismo[26], que parece desprender una reflexión interna sobre la propia obra escrita, pero también cierta despedida–, Heidegger pregunta de nuevo por la metafísica, añadiendo una introducción decisiva. Y en ella se vuelve a hablar del *Dasein,* igual que en el escrito sobre el humanismo. Igual que en los *Beiträge*. A esta luz, cabe preguntar sobre qué trata esta no-obra que cierta interpretación académica anunció como la segunda obra más importante de Heidegger[27] después de *Ser y tiempo*. Incluso contra el propio título, que anuncia otra cosa, trata solo de dos asuntos: de la metafísica y del *Dasein*. Pero ahora en el horizonte de lo que llamó «otro comienzo», esa fórmula introducida no con la intención de anunciar algo nuevo y venidero, sino tal vez con el propósito de desactivar algo viejo. Ciertamente eso presupone ya una suerte de transformación que, bien entendido, no consiste en cambiar una cosa por otra, sino más bien en descubrir realmente en qué consiste una cosa, más allá de la interpretación (y la ejecución) que vuelve a las cosas indistinguibles e intercambiables. La metafísica también pensó la cosa, aunque de ese pensamiento deviniera su comprensión y determinación como objeto. El *Dasein,* en los *Beiträge,* en lugar de aludir a la finitud humana, alude ya a la finitud del ser, es decir, a la finitud, es decir, al ser. Y eso recibirá un nombre en la obra inédita de 1936-1938, un nombre que para la interpretación nunca debería superar su carácter provisional, bajo pena de convertirse en un término fijado en torno al cual se pudiera hacer doctrina, como quien la hace de Dios, elaborando una teología, o del sujeto, elaborando una antropología, una psicología e incluso una batería de ciencias humanas. Ese nombre es *Ereignis*.

Si en estas líneas se introduce ese nombre es con el propósito de reconocerlo en ese carácter estructuralmente provisional, a fin de no fetichizarlo y suponer que por medio de la reflexión sobre el mismo comienza una nueva filosofía en Heidegger, que además caracterizaría lo que se llama en bloque «segundo Heidegger». Es verdad que muchos pasajes del escritor Heidegger son responsables de la importancia evocadora y del carácter concitador del término, como si lo importante fuera la palabra. Aquí en estas líneas se parte de que la palabra se encuentra ahí en cierto modo para desecharla como tal, cosa que no deja de tener que ver con que la interpretemos al lado de otras, no menos decisivas. Para empezar con aquella que procede del lenguaje de la ontología, pero que se piensa *de nuevas*, como «verdad». También con aquel término introducido por Heidegger ya en el seno de *Ser y tiempo* y que adquirirá una relevancia propia, aunque ligada a ese sentido de «verdad»: *Lichtung,* traducible por motivos de estilo por la palabra «claro», pero que seguramente se corresponde mejor, si no fuera por la confusión que puede introducir, por el término «luz» (se entiende: como «luz» de una puerta o una ventana, es decir, ese hueco o vano que al abrirse deja ver). Términos todos ellos que se encuentran en la estela del cumplimiento de lo que Heidegger quiso pensar en 1927 como *sentido* del ser. Un sentido, como se dijo, que, por mor de la propia filosofía que se pone en marcha con *Ser y tiempo,* puede acabar entendiéndose como sinónimo de «ser» –una vez desmontada su versión puramente ontológica y metafísica– aunque entonces «ser» ya pueda o tenga que escribirse de otra manera, por ejemplo, como *seyn* –con «y» griega– o también como *Ereignis*. Estas advertencias, de las que se podría prescindir si realmente se leyera con atención en lugar de convertir a los nombres en protagonistas del pensamiento, tienen cierta intención negativa: la de precaver acerca de una comprensión de la filosofía identificada con nombres y conceptos fijados. En el caso de Heidegger, filósofo del que muchas veces la única noticia que se tiene procede del eco de las palabras de las que se valió, el peligro es mucho mayor, sobre todo si se tiene en cuenta que parte de su tarea consistió en desmontar el cristalizado valor de unos significados –*ousía*, ser, substancia, espíritu, voluntad– con el fin de poder reconocer su sentido. En cierto modo, su propia tarea filosófica puede entenderse a esta luz: la de desmontar sucesivamente sus propios términos –léase *Dasein,* por ejemplo–, pero no para denunciarlos como errores, sino para señalar la permanente provisionalidad y hasta precariedad de cualquier palabra a la hora de erigirse en término verdadero. La verdad, y eso tiene que ver también con el término *Ereignis,* ni surge ni depende de un término, pero no porque la verdad sea una cosa muy importante e incluso inaccesible para las lenguas humanas, sino porque su espacio de juego coincide con el propio del nombrar. Y eso previo puede caracterizarse como «intraducible», que por otra parte es la mejor caracterización que se puede hacer del término «ser». En efecto, lo traducido son siempre significados, que corresponden a cosas determinadas, *dichas* en el marco de esa relación que es el decir, que en sí mismo es intraducible. Se puede vislumbrar en esta oposición recién introducida (intraducible/traducible) una relación decisiva para entender también la cuestión de la verdad, que es algo que no puede aparecer en cuanto tal, pero que sí acontece. Ese acontecer, se podría decir, tiene lugar bajo la forma de la ausencia, al modo en que se ha explicado el juego de la «luz», como «entre» en el que se cruza la oscuridad del muro y la claridad de la abertura, del vano. Ese «entre» es el que resulta no-traducible, es decir, no reducible ni a un lado ni a otro, porque permanece como límite no superable. De ahí su intraducibilidad. Del mismo modo que no se puede *decir* lo que hay entre «lo que se dice» y aquello «de lo que se dice», porque en esa tierra de nadie (más bien, de nada) solo habita el decir, que es como decir *nada*. Sobre este horizonte puede vislumbrarse ya lo que Heidegger reserva para la comprensión del lenguaje, a diferencia de las lenguas, convertidas a esos sistemas o gramáticas por medio de las cuales casi se ha suplido el habla. El lenguaje se vincula a la verdad, a la abertura, a la luz, y acontece; acontece como habla antes de que intervenga la lengua y su gramática. De cara a entender qué sentido tiene *Ereignis* en el momento en que comienza a representar un papel relevante, resulta decisivo comprender ese carácter de intraducibilidad que también nos aproxima al significado de verdad, es decir, a la verdad como sentido.

En los *Beiträge zur Philosophie*, ese largo escrito no publicado, las reservas a las que se acaba de aludir son tan importantes como el supuesto desarrollo de lo que trata la obra. Porque para empezar, lo escrito no trata de algo, ni pretende presentar algo objetivo, sino que más bien trata de lo «a-temático» mismo, de lo que no es tema ni puede aparecer como tal. A esto se lo llamó ya en *Ser y tiempo* el «sentido», porque justamente no aparece. Ciertamente, se partía de que era el sentido del ser, que sí apareció como tema de la filosofía a resultas de hacerse algo relevante. El destino de la filosofía reside en ese conflicto interno entre atender a lo que no es tema, que nunca puede ser algo –el ser–, y hacer tema de ello como consecuencia de esa atención, convirtiéndolo en «el ser», ya tratable, por ejemplo, por la «Ontología». Como vimos, ya el título de «ontología fundamental» pretende una desactivación de la ontología que surge de aquel conflicto, y lo hace por medio del término *Dasein*. En cierto modo, lo que mienta la palabra *Ereignis* es el resultado de la transformación de aquello que Heidegger pensó bajo *Dasein*. Repárese en que dicha transformación del *Dasein* es resultado del propio planteamiento de la obra *Ser y tiempo* y no de una rectificación hecha después, desde la altura de una nueva posición. ¿Y cuál es esa transformación? En cierto sentido, ya fue anunciada: del análisis del *Dasein* se revela que este, más que el ente que parecía ser, se revela como el propio ser, es decir, como el cruce en el que en general puede darse el aparecer y, por eso mismo, las cosas. Dicho en otros términos: que del análisis del *Dasein* lo que realmente resultó fue el descubrimiento *hermenéutico* de que, más que un ente, *Dasein* era exclusiva y propiamente el *Da*, el lugar. Pero no un lugar según se entiende, por ejemplo, el espacio, es decir, como marco previo en el que se sitúan y colocan las cosas, sino como lugar que surge a una con la propia cosa. Al modo en que al abrir una ventana no se encuentra primero el espacio vacío en el que luego se irán inscribiendo articuladamente las cosas que se ven a través –el cielo y la tierra, los edificios y el mar–, sino que dichas cosas surgen al abrirse la luz de la ventana, así puede ser plásticamente entendido eso que aquí se llama *Da*. Pero por eso se dijo lo de «hermenéutico»: lo que se pueda decir sobre el *Dasein* no procederá del descubrimiento de una situación objetiva ni de un estado de ánimo subjetivo

–una vivencia–, porque ni objetiva ni subjetivamente se encontrará nada. Así, *Da* no puede ser entendido tampoco como un lugar, por ejemplo, el lugar de la ventana –caso que se ha traído aquí solo como ejemplo del desarrollo de esta explicación–, porque tales lugares, siendo lo más concreto, no se presentan como cosas. En realidad, lo que podamos decir que es una cosa resulta mucho más de una interpretación que del hecho de detectar algo objetivo. La cuestión *hermenéutica* del *Dasein* no deja de aludir a la imposibilidad objetiva de las cosas. Por eso la filosofía, como hermenéutica, no puede ser una ciencia que lo único que persiguiera fuera la reducción de toda manifestación, que es de naturaleza fenomenológico-hermenéutica, a objeto delimitado y tratable. Más bien, al revés, debe tratar de redescubrir lo fenomenológico-hermenéutico en la acostumbrada forma de ver cada cosa como objeto. Esto resulta esencial para entender el propósito de los *Beiträge* precisamente como continuación de *Ser y tiempo*. Así se entiende también que la partícula *Da*, del término *Da-sein,* constituye el mejor expediente para interpretar la proximidad de la «luz» *(Lichtung),* el «acontecimiento» *(Ereignis)* y el «sentido» *(Sinn)* como nuevos medios para interpretar la cuestión de la «verdad» *(a-létheia)* más allá de su versión cosificada y objetiva. A saber, para interpretarla como cruce entre verdad y error, memoria y olvido, en fin, luz y oscuridad. La esencia de la verdad, se podrá decir así, es el claro, la luz, donde la propia verdad desaparece y se oculta, justamente cuando se presenta lo que ella abre. Toda esta interpretación surge seguramente del lejano comentario a aquel fragmento B 123 de Heráclito, que decía: «la *phúsis* ama ocultarse». Heidegger, añadiría: como la verdad.

Del fragmento de Heráclito puede inferirse la cuestión que guía esa transición a la que aluden los *Beiträge*, que resulta también una decisión en torno al sentido de la metafísica: *¿puede decirse el ser?* Tras todo lo que se ha formulado en estas líneas, la pregunta tiene que ser acogida con reservas dado que ya se ha dilucidado una interna relación, completamente decisiva, entre el asunto del decir y el propio del ser. Por otra parte, ¿a qué ser nos referimos aquí? En realidad, Heidegger tendría que decir que ser no hay más que uno y que ni siquiera, al modo de Aristóteles, se dice de muchas maneras, aunque se encuentre siempre en una situación de decisión, siempre en la hermenéutica situación de aparecer como ser de lo ente o como verdad, en el sentido indicado. Pero se trata de lo mismo. «Decirse el ser», más que decirlo, pues no es algo, no es siquiera cuestión extralingüística, al modo en que en muchos lugares puede leerse que la cuestión del ser en Heidegger es antepredicativa, sino esencialmente lingüística, siempre que lo de lingüístico se entienda aquí como lo propio del lenguaje a diferencia de las lenguas, que ya aparecen siempre como lenguas modernas. Es decir, siempre que se entienda que el lenguaje es lo que tiene que ver con el decir y ocurre como habla y no como sistema de signos. «Decirse el ser» implica que no hay diferencia entre un sujeto que dice y está de un lado y un objeto que se encuentra del otro lado para ser dicho. Tiene que ver también, decisivamente, con que el hombre no es aquello que se enfrenta al ser por medio de un instrumento llamado razón y una operación llamada lenguaje. Tiene que ver, sobre todo, con que eso que se llama «hombre» (razón), lejos de ser un ente, por privilegiado que sea, es *Dasein,* de modo que –y así se *dice* el ser– de aparecer lo hará como «entre» o como «abismo», entendiendo por esto no la escatológica imagen de una superficie a cuyo lado se encuentra un sitio sin fondo, sino más bien que en lo sin fondo se da el propio ser, la cosa. En efecto, ese «entre» es el *Da* al que me vengo refiriendo, la abertura que no se puede cerrar. Pero eso es también el tiempo, si de su sentido se elimina el fatal significado de sucesión ininterrumpida para quedarse con el más limitado de acontecimiento en el que se cruzan los éxtasis, el futuro, el pasado y el presente, pero también luz y oscuridad. «Decirse el ser» supone también entender, fuera de ese significado científico, lo que significa «historia», es decir, *«Geschichte»,* que no deja de ser el otro nombre para llamar al *acontecimiento* cuando en su medio ocurre una oposición fundamental entre los hombres y los dioses, la tierra y el cielo. Por eso «decirse el ser» *(lógos)* es la historia, pero no la historia del ser como quien entiende el recorrido de algo, recorrido que se podría obviar (dejar de contar). De la historia (del ser), así entendida, no se puede prescindir, o, paradójicamente, se prescinde cuando simplemente se historia al modo habitual. La historia es el acontecimiento de ese «entre», de ese *Da*, también de ese cruce articulado en el que se revela la finitud, el lugar donde la abertura –y por eso el cierre– es posible. Por eso donde es posible también la relación entre el ser del hombre y el ser. Ciertamente, así, ese *Da* no es solo el nombre para cada posible lugar, para cada «donde», cada «aquí» y «allí», sino también para cada «entonces» y cada «cuando», pero de modo que «aquí» y «allí», «entonces» y «cuando» no sean meras coordenadas formales para situar algo, sino lo que surge del algo mismo tal como acontece; tal como acontece *Da*. En consecuencia, ¿es relevante para este «decirse el ser» la distinción entre espacio y tiempo, incluso entre sustantivo –nombre– y verbo? ¿O no ocurre en el *Da,* según el *Ereignis,* una coincidencia, que por cierto no tiene nada de mezcla, que se revela como la pura diferencia, es decir, no como la diferencia entre el ser y el ente, sino como la diferencia en cuanto tal, como el lugar de la diferencia? ¿Es eso todavía metafísica?

«Metafísica» es un nombre hermenéuticamente ambiguo, se dijo al principio. En todo caso, como también se señaló más arriba, no designa objeto ni tema alguno, sino que más bien es la forma de interpretar algo que se presenta. Si con el nombre solo se mienta aquello que se presenta y se interpreta como fenómeno, pero no como tema, «metafísica» sería un nombre válido para señalar ese «entre» y esa «historia». Pero si «metafísica» vale también como el nombre que ha renunciado a su carácter hermenéutico para explicar un tema, haciendo de ese tema algo traducible, entonces ciertamente resulta inválido. La metafísica, así, no es el acontecimiento, no es el *Dasein (die Geschichte),* sino la tematización del ser y su correspondiente «historia» *(Historie).* ¿Desde dónde se hace esa tematización y para qué? Aquí se entra ya en el ámbito en el que *Dasein* –nombre original– fue nombrado como substancia, sujeto, razón, espíritu, con vistas al tiempo y a su sucesión, pues la substancia, a diferencia del *Dasein,* no es solo algo compacto, cerrado en sí mismo y autónomo, sino por eso mismo algo que tiene que perdurar en el tiempo, ilimitadamente. La substancia, ciertamente, no muere; de ahí que se volviera comprensible como infinitud, aunque fuera infinitud procesual por medio de la continuada transformación de sí misma. Pero *Dasein* no es *substancia*, aunque ambas palabras aludan a una metafísica (diferencia) que en el primer caso se quiere decir original, y en el segundo seguramente también, aunque su interpretación muestre otro resultado.

Pues bien, con esa ambigüedad de la metafísica –y con esto se recoge algo ya introducido– es con la que guarda relación la ambigüedad del «primer» y «otro» comienzo. Pero para volver a señalar que no se trata en un caso de «la metafísica» (Grecia y la modernidad) y en el otro de «la historia del ser», que sería algo así como el nuevo pensamiento crítico, por medio del cual cabría juzgar todo lo que ha pasado. «La historia del ser» –expresión despistante si no se atiende a lo dicho– no piensa una cosa nueva, sino la metafísica, de modo que aparezca su propio origen, que es también aquello que la dispensó de reconocer simplemente un *fenómeno* para convertirse en teoría sobre el ser, es decir, en doctrina. Solo en este sentido se puede entender que haya superación de la metafísica, que en consecuencia habrá que entender mejor como *retroceso* hacia la misma.

Por los años en que fueron escritos los *Beiträge*, entre 1936 y 1938, seguramente cuando se pensaban a cierta distancia los internos resultados de *Ser y tiempo,* la interpretación de la oposición entre «primer comienzo» y «otro comienzo» resulta decisiva para entender a Heidegger y lo que se llama su filosofía. Porque una interpretación meramente temporal de esa relación (oposición) en el trivial sentido cronológico –hasta aquí ha habido una cosa y a partir de aquí sobrevendrá otra– hace de Heidegger, y de la obra en cuestión, en el mejor de los casos un mal filósofo de la historia (en el peor, simplemente un charlatán). También, si lo de «otro» se entiende como «nuevo» y se lee a la luz de los tiempos políticos de aquellos años, adquiere un cariz más tenebroso. Porque de la lectura de la obra, cuya dedicación más explícita se dirige a pensar el interno vínculo entre lo que en *Ser y tiempo* se llamó «*Dasein*» y el término «*Ereignis*», bajo el trasfondo de la metafísica, no se sigue que haya ni rastro de esto, excepto desafortunadas expresiones que pudieran dar lugar a lecturas extrañas a la filosofía. Ciertamente de su lectura fiel puede resultar una cierta imposibilidad de la filosofía misma, pero como el carácter que mejor le conviene: la imposibilidad de decirse a sí misma –ese «decirse el ser»– bajo el peligro de aparecer como *obra filosófica* y, en consecuencia, poner a la filosofía en un estado *positivo* del que constitutivamente carece. De la lectura de los *Beiträge*, a veces laberíntica y torturada, se revela lo peligroso que puede resultar decir algo así como «historia» o «ser», y se revela también el decepcionante resultado de que no es posible un *nuevo* discurso filosófico, por más que eso no excluya ensayos de pensamiento que seguramente, sin saberlo, aún guardan una deuda con la metafísica más trivial, aquella que se solidifica en su pensamiento de la sucesión ilimitada, del infinito. La filosofía –y eso marca los *Beiträge*– solo tiene un cometido: pensar lo que quiera darse en llamar «la finitud». De ahí que en el momento en que Heidegger piensa, también tenga que pensar la infinitud, porque entretanto aquella, la finitud, se ha convertido en infinitud, y eso hay que explicarlo. Hay que explicar la historia de la metafísica. Por eso la cuestión «Grecia» va a ocupar un puesto relevante, más allá del que ya tenía, en esta nueva tarea, de modo que ahora pueda distinguirse entre una interpretación que hace de Grecia simplemente el obvio precedente de la modernidad o, por el contrario, una cara opuesta. En ambos casos se trata de una interpretación (en el primero, supuesta y no explícita; en el segundo, una por hacer, de lo que ya se dio cuenta Hölderlin) que hace de la historia de la metafísica algo litigioso en sí mismo. Cuestión clave residirá en la continuidad o discontinuidad entre Grecia y la modernidad. En el trayecto de Heidegger se reconstruye como historia de la metafísica una continuidad que se interpreta exclusivamente desde delante, desde el final, desde lo que Heidegger entiende bajo el nombre «Nietzsche». Con ello se describe completamente el recorrido de lo que se ha llamado «primer comienzo». Pero al lado de este (no después, como «otro comienzo») aparece –sin posibilidad de tal reconstrucción cronológica, no relevante para el caso– Grecia, o, mejor, una interpretación que conduce directamente del *Dasein,* incluso como es entendido en los *Beiträge,* al final de Heidegger, del que resulta pensamiento decisivo la cuestión de la *cosa*. Tal vez aquí, en esta convergencia entre lo que en un momento del trayecto se llamó *Dasein* y *Ereignis,* y el pensar (y poetizar) la cosa, sí se encuentre un cierto final de Heidegger.

7. Metafísica y ontoteología

El programa de una revisión de la metafísica, bajo la fórmula de una «destrucción de la historia de la ontología», formaba parte del proyecto[28] «Ser y tiempo». Es muy posible que el mismo proyecto fuera ya resultado de esa revisión de la metafísica y que la palabra «destrucción», lejos de significar la liquidación de un edificio construido, significara tomar distancia con vistas a una revisión desde fuera. Pero ese «desde fuera» se hizo inmediatamente problemático, porque para Heidegger muy pronto se hizo evidente que de la metafísica no se sale como resultado de una decisión, en primer lugar, porque la metafísica es el lugar que se habita y el horizonte desde el que se piensa todo, en el que se inscribe todo. Precisamente, todo. La fórmula «destrucción» esconde así un carácter radicalmente revolucionario: se trata de «dar la vuelta» a donde se está. Si la actividad de la filosofía, en tiempos, fue caracterizada como «poner el mundo al revés» y mientras tanto ese mundo –después del idealismo y de sus réplicas epigonales: materialismo, positivismo, vitalismo– pasó a ser el de la metafísica, lo que la filosofía tiene que poner ahora al revés es a la propia metafísica. La metafísica, se nos está diciendo desde antes de *Ser y tiempo,* no es solo esa doctrina filosófica en decadencia frente a la ascensión de las ciencias experimentales, sino la lógica interiorizada según la cual se conoce, percibe, piensa y habla. Pero ¿qué metafísica? Decir aquí «la del *Dasein*» sería despistar, porque se daría pie a pensar que hay más de una, y se ha insistido en que la clave del asunto reside en que es el propio planteamiento de la metafísica (en suma, de la filosofía) el que esconde una ambigüedad fundamental, no solo en el sentido de que ofrezca dos posibilidades, sino en el más radical de que su propia emergencia y constitución (de la metafísica) esconden el olvido de su propio origen. Esto conduce a la representación de que dicho olvido forma parte constitutiva de la propia formulación metafísica, si seguimos entendiendo por metafísica esa dualidad original. Tanto es así que la revisión de la metafísica en el sentido de una destrucción en realidad solo se hace posible cuando el olvido se ha hecho total y la dualidad inherente a la metafísica –diferencia entre idea y cosa; forma y materia; sujeto y objeto, por citar solo algunas fórmulas tópicas– se diluye, aunque sea haciéndose intercambiables los polos de la dualidad, o incluso reduciéndose uno al otro. Todo resulta intercambiable, pero para empezar porque hay todo, porque resulta habitual, como quien no quiere la cosa, hablar no solo de todo (de cada cosa en particular), sino del «todo». Ciertamente esto es un resultado de la metafísica o, lo que es lo mismo, un resultado de cierto planteamiento que consistió en preguntar acerca del «ser en cuanto tal y en su totalidad», pero interpretó inmediatamente tal pregunta como «ontología», a saber, como pregunta por los «caracteres universales» inherentes a cada ente, a cada cosa, de los que hizo principios. Ciertamente, esos caracteres comunes a las cosas no son las cosas: si a estas últimas las consideramos «sensibles», a dichos caracteres, aceptados como principios de esas cosas, en la medida en que no se manifiestan sensiblemente, es obligado considerarlos como «más allá» de lo sensible. Ese «más allá» es, ciertamente, meta-físico por lo que se refiere a las cosas, pero no obligatoriamente «suprasensible» (es decir, por encima de las cosas) sino simplemente «no-sensible»[29]. En efecto, los caracteres universales propios de cada cosa por el mero hecho de ser cosa e independientemente de que sea esto o lo otro o lo de más allá definen un «ser común» que guarda una independencia respecto a las cosas concretas. No hay que imaginarse ningún misterio tras esos «caracteres comunes». Se trata de que una cosa, antes de ser esto (casa) o lo otro (caballo), es «una», es «a diferencia de la otra», «ocupa un lugar», «ocurre en un tiempo», etc. Todos estos «rasgos comunes», por otra parte, igualan a las cosas y constituyen una suerte de mapa superior de las mismas: ahora también se puede decir que *todas* las cosas, independientemente de su diversidad, cumplen esos caracteres y pueden en consecuencia ser reducidas a ellos. Desde la perspectiva de poder ser reducidas, las cosas pueden entenderse bajo el horizonte de la totalidad y ser consideradas como «el todo». La supuesta irreductibilidad de las cosas desaparece, y hablar de «una cosa» sin que simultáneamente no aparezca el rasgo común que la convierte inmediatamente ya también en «otra cosa» resulta casi imposible. Después de la ontología ya no hay una cosa y otra y otra, sino un todo a partir del cual podrían diferenciarse numéricamente las cosas: una cosa, dos cosas, tres cosas, pero no *una* que no cuente para nada en la sucesión y que no pueda, en ningún caso, formar parte del conjunto *tres* o *cinco* o *mil*. Pero esta reducción surgió como consecuencia de la pregunta por el ser, de la que también surgió —en este horizonte del todo— la decisiva cuestión de a qué se puede llamar «ser» entre tanto ente; es decir, qué puede ser reconocido como superior y hasta supremo a la vista de los entes. En cierto modo, considerándolo a la vista de los entes, la respuesta no podía culminar en lo específico del ser (porque tal específica singularidad se habría anulado), sino más bien en un «ente supremo», al que Aristóteles nombró como «divino». Ciertamente, ese ente supremo coincide con los mentados «caracteres universales» en que es «no-sensible», pero a diferencia de estos, además de encontrarse por encima de lo sensible, es también superior a «lo común». Es «supra-sensible». Si a la investigación de aquello universal se le llamó escolarmente «ontología», a la de esto «supremo», por tener ese carácter superior divino, se le reconoció como «teología». Ontología y teología resultaron ser así disciplinas de conocimiento cuyo tema es lo «no sensible», aunque consideraran eso no sensible desde una doble perspectiva, desde lo universal (ontología) y desde la totalidad unificadora de un ente supremo (teología). Se reconoce aquí la lúcida descripción que Heidegger ofrece de la metafísica como «onto-teo-logía», es decir, discurso *(lógos)* sobre lo ente (lo común) y al mismo tiempo sobre el ente supremo (Dios). La metafísica, entendida como ontoteología, no es un defecto, sino más bien un acontecimiento[30], porque la misma expresión refleja la constitutiva confusión inherente a la distinción entre ente y ser: se pregunta por el ser y se acaba en el ente supremo, pero porque de la naturaleza del propio ser es propio el ocultarse y no aparecer, o hacerlo como ente.

La historia de la filosofía es, de todos modos, escenario para ese combate permanente entre ser (que no quiere aparecer como ente) y ente (que aspira a aparecer como ser). Su final se resuelve en una confusión[31] en la que difícilmente se hace identificable algo que se reconozca como ser respecto a los entes, porque en cierto modo sensible y suprasensible viven de una coincidencia en la que «uno» (ontología) y «todo» (teología) coinciden. Pero toda la historia de la filosofía, no obstante, vive del esfuerzo por marcar esa distinción entre lo sensible y lo suprasensible. Así, la diferencia entre las cosas físicas y lo metafísico –reiteración de la diferencia del platonismo entre la cosa y la idea– en la representación escolar de lo griego, o entre el sujeto y el objeto –diferencia entre la razón y la experiencia, el pensamiento y la extensión, lo espiritual y lo corporal– en la representación habitual de lo moderno. En ambos casos, la idea o el sujeto se proponen para distinguirse como ser de lo otro, de lo ente, muchas veces considerable como el resto: las cosas, la experiencia. Pero el objetivo último de este proceso de diferenciación metafísico se planteó como la reducción de las cosas a ideas y del objeto al sujeto. La metafísica bien entendida constituye el proceso en el que la experiencia, siempre campo de lo singular y concreto –de lo irreducible–, tiene que ser reducida (explicada) según *sus* principios, principios que obviamente definen el campo de lo verdadero. De una u otra manera, un lado, el metafísico –definido por ejemplo por la idea o el sujeto–, viene a coincidir con la verdad, de modo que el otro se supone inmediatamente no-verdadero. En esta dualidad, lo realmente decisivo no reside en cuál de los lados caiga la verdad, sino que haya dualidad y que en cualquiera de los lados pueda, en algún momento, caer la verdad. Pero es que el objetivo último de semejante dualidad no consiste, como se sugirió líneas más arriba, más que en el hecho de que todo llegue a ser verdad, de modo que la propia dualidad se haga superflua o irrelevante, como mero momento en el proceso hacia ese todo (la verdad). Sería este, como también se señaló, el punto de coincidencia de la totalidad universal con la singularidad suprema, con Dios, que equivale por otra parte a reconocer que ya no tiene sentido hablar de la verdad (si la verdad es todo y el todo es lo único, la designación «verdad» deja de tener sentido) ni de Dios (si lo supremo es todo, ya no hay nada respecto a lo cual pueda algo ser supremo). Y esta coincidencia, que resulta de la metafísica y su confusión original entre ente y ser, es la que puede recibir el nombre de «nihilismo». Pero así entendido, el nihilismo no es una figura antimetafísica, ni mucho menos no verdadera, pues al contrario resume la culminación de la verdad metafísica: todo es indistinto porque el mismo carácter universal constituye a la vez el carácter supremo de cada cosa por el hecho de ser cosa, que además, en cuanto tal, en el marco del nihilismo, resulta intercambiable. Metafísica y nihilismo reflejan la misma figura y constituyen la expresión definitiva del acontecimiento «ser», aunque sea como «olvido» del ser, pero siempre que se tenga en cuenta que ese olvido es inherente al mismo hecho de ser. En todo caso, resulta que el nihilismo no es siquiera algo que haya sobrevenido al final. La determinación del ser como idea, por ejemplo, oculta ese rasgo nihilista, porque la idea es lo que *no* se presenta, lo que *no* aparece, lo que *no* es sensible, pero que gracias a ese *no* se convierte en verdad[32]. Es como si, en cierto modo, lo vacío fuera elevado a categoría suprema, porque de todos modos en él resulta más fácil la coincidencia.

Solidaria de la distinción entre ontología y teología resulta otra: desde el momento en que la ontología se define como la pregunta por la constitución (el ser) de una cosa, preguntando *qué es*, a la respuesta se le reconoce como esencia; a su vez, si la teología pregunta por el ser *que es* supremo, se presupone la *existencia* de ese ser, gracias al cual tiene además sentido hablar de la existencia de las cosas. Esencia y existencia definen formalmente los dos polos de la unidad de la metafísica: esta, entendida como ontoteología, es la unidad de esencia y existencia; si se quiere, la unidad de una dualidad.

En conjunto, estas caracterizaciones –diferencia entre ontología y teología, diferencia entre esencia y existencia– constituyen ya un cierto desmontaje de la idea de metafísica y un cumplimiento de aquel programa de destrucción, pero ya en otro contexto. En realidad, el programa de «destrucción», tal como fue anunciado en *Ser y tiempo,* quería atender a aquellos momentos relevantes en los que, «en el curso de la historia de la ontología, la interpretación del ser ha sido puesta temáticamente en conexión con el fenómeno del tiempo»[33]. En qué medida de todos modos ya en aquel programa se vislumbraba que decididamente en la historia de la ontología la relación de ser y tiempo había sido eludida, lo que solo significaba que para la historia de la ontología no era cuestión el *sentido* del ser (sentido, como vimos, que para Heidegger coincide con el tiempo), fue factor para que ese programa de destrucción se extendiese de forma explícita al conjunto de la historia de la filosofía (es decir, de la ontoteología), a fin de preguntar entonces de forma adecuada por el sentido del ser. Porque, en efecto, lo que revela la estructura de la metafísica reconociéndose en la dualidad esencia-existencia es un descuido por aquello que efectivamente posibilita la propia distinción, que es justamente aquello que se oculta. Así se hace posible que aparezcan lo uno (la esencia) y lo otro (la existencia) de modo que bien una de las partes, o incluso ambas a la vez, puedan identificarse con la verdad. De hecho, la verdad, propiamente entendida, no sería sino esa identidad entre lo uno y lo otro. Una identidad que, como también vimos, se plantea en el juicio, hasta en el más elemental que afirma que «A es B», por ejemplo, que una cosa (existente) es algo (esencia). Porque en el seno de ese juicio se aspira a una identidad entre A y B, aunque sea de forma incompleta y solo se consiga parcialmente. Pero ya late en esa estructura del juicio la representación de una identidad entre los opuestos –la existencia y la esencia–, de modo que la verdad suprema fuera esa identidad. De ese marco, que sitúa la identidad en el medio de los dos opuestos, entre la existencia y la esencia, queda excluida la comprensión de la cosa en cuanto tal, es decir, en *su* propia identidad, en aquella irreducible, antes de cualquier juicio[34]. Es fundamental, entonces, entender que esa identidad metafísica del juicio o confusión entre esencia y existencia es estructural y no algo de lo que una inteligencia superior o más fina hubiera podido librar al pensamiento. El *error* constituye así la marcha de ese pensamiento y hace comenzar la historia, de tal manera que el error es consustancial también a la verdad[35].

8. Nietzsche: la historia de la metafísica

Lo que Heidegger empieza a describir a partir de 1935-1936 como historia de la metafísica, sin ese título, y en la medida en que también –aunque no solo– puede interpretarse como una continuación del programa de «destrucción» planteado en 1927, comienza a presentar una perspectiva casi sombría. Esa perspectiva encuentra su carácter unificador en la «figura hermenéutica» de Nietzsche. Los motivos externos de por qué Nietzsche se vuelve pieza esencial del discurso heideggeriano precisamente en estos años pueden ser relevantes, pero seguramente no tan decisivos como el motivo interno por medio del cual Heidegger vislumbra en la aparentemente dispersa obra póstuma de Nietzsche la expresión suprema de lo que hasta aquí se ha llamado metafísica y ontoteología.

Ante la dedicación de Heidegger a Nietzsche se pueden plantear dos preguntas –que son igualmente paradigmáticas para entender otras dedicaciones de Heidegger a Aristóteles, Kant, Hegel, Platón– pero que adquieren en el caso de Nietzsche un valor especial, en la medida precisamente en que ese caso llega a *contener* a los otros: a) ¿cómo un libro sobre un filósofo puede convertirse en «filosofía decisiva»?; b) ¿en qué sentido esa «filosofía decisiva» enmascara o desenmascara una figura filosófica anterior, en este caso la de Nietzsche? De estas dos preguntas depende esa versión de Heidegger que se ofrece aquí desde el principio: que su filosofía depende de la lectura de los filósofos y es *solo* eso. Pero entender adecuadamente ese «solo» resulta crucial también para desenmascarar cualquier intento de hacer *nueva* filosofía prescindiendo de lo anterior. Heidegger no solo no prescinde sino que articula su interpretación sobre lo anterior, que se convierte así también en el horizonte de lo nuevo por pensar. Así pues, pensar de nuevo a Platón, Descartes, Kant, Aristóteles y... Nietzsche. Pero Nietzsche es *Nietzsche,* es decir, no el hombre, el filósofo de finales del siglo XIX que seguramente mejor anticipó sus tiempos venideros –para nosotros, hoy, no solo nuestro pasado y presente, sino seguramente también nuestro porvenir–, sino el pensador que resume el destino mismo de la metafísica, es decir, su naturaleza nihilista. Por eso, la interpretación que Heidegger hace de Nietzsche se encuentra lejos de consistir en una mera revisión de su obra filosófica. Más bien consiste en entender que de la interpretación de *Nietzsche* como la expresión más desarrollada de la metafísica moderna se sigue la interpretación de la historia de la metafísica, es decir, de la relación o el tránsito de Grecia a la modernidad. «Nietzsche», en este sentido, se entiende como final cronológico de esa historia, pero como principio hermenéutico. En cierto modo, se podría decir que sin él no hay historia de la metafísica, porque sin él no hay final. Así, el punto decisivo de la versión de Heidegger reside en explicar qué significa hermenéuticamente –pues cronológicamente no tendría más que un sentido relativo– lo de «final».

Pero una mirada al carácter de las publicaciones revela más matizadamente la naturaleza de la dedicación de Heidegger. En realidad, la interpretación titulada *Nietzsche* procede de las lecciones[36] que Heidegger encadenó sucesivamente entre 1936 y 1941, de cuyos resultados se ofreció una primera exposición pública en 1943, en el texto posteriormente publicado bajo el título «La frase de Nietzsche "Dios ha muerto"» en el volumen *Caminos de bosque*[37], publicado a su vez en el año 1950. Pero el resultado completo de esa dedicación de 1936 a 1941 solo se ofreció reunido por vez primera en 1961, en la publicación en dos volúmenes titulada simplemente *Nietzsche*[38]. El detalle de los dos volúmenes adquiere una especial relevancia –al punto de ser conocidos hoy simplemente bajo los respectivos títulos de *Nietzsche I* y *Nietzsche II*– si se considera el contenido de cada uno: si el primero contiene las lecciones dictadas entre 1936 y 1939, es decir, antes del comienzo de la II Guerra Mundial, el segundo está formado por lecciones y ensayos escritos ya en el desarrollo de la contienda. En cierto modo, esa diferencia establece también una frontera que puede ser relevante para el intérprete. De todos modos, además de entender que «Nietzsche» es una «obra en devenir» que solo adquiere una delimitación veinte años después de su finalización, en 1961, que es lo que permite su aparición como libro acabado, lo decisivo reside en entender cómo la misma cisura entre el primer y el segundo volumen es reveladora de una proyección de Nietzsche que lo acaba convirtiendo en imagen del propio trayecto de la historia de la metafísica. Como si solo el comienzo de la guerra, además de los resultados de las primeras lecciones, hasta 1939, produjeran el impulso decisivo para entender de una vez, solidaria y conjuntamente, a la «metafísica», a la «historia de la metafísica», al «nihilismo» y a la «esencia de la técnica moderna», como una unidad. El programa de una «destrucción de la historia de la ontología» adquiere, en consecuencia, otro carácter y, sobre todo, otra proyección irrenunciable que se deja resumir en la representación de que la metafísica no solo es la gran idea de «teoría» de la que surgió una determinación del pensamiento como razón y dio lugar a las ciencias, sino que, precisamente porque es eso, define también la organización de la vida natural, social, científica, estética y personal, en suma, aquello que de manera ya conjunta se puede llamar «humano». Que la metafísica, así entendida, sea también sinónimo del «humanismo», como revelará la lúcida publicación de 1949 titulada «Carta sobre el humanismo», es solo una consecuencia de esto, ganado decisivamente a través de Nietzsche.

La tesis principal del *Nietzsche* en su conjunto se resume en el intento de interpretar las nociones fundamentales de la filosofía de Nietzsche como constituyentes y expresión culminante de una metafísica. Así, «voluntad de poder» y «eterno retorno» definirían las nociones estructurales de toda metafísica constituida, a saber, respectivamente la esencia y la existencia. Pero eso significa reconocer que lo que Aristóteles llamó «ser en cuanto ser», es decir, aquel rasgo que, independientemente de lo que se trate, caracteriza a un ente, a una cosa por el hecho de ser cosa, se define en Nietzsche como «voluntad» y, más específicamente, como «voluntad de poder». Que Heidegger vea en la noción nietzscheana de voluntad de poder –aquella misma que el propio Nietzsche pensó como especialmente antimetafísica– la expresión culminante de la metafísica amplía el significado de esta. La voluntad, entendida como voluntad de poder, constituye la *esencia* de cada cosa desde el momento que cada cosa, por el hecho de ser, quiere ser *más*, de modo que «poder» significa propiamente «querer ser más». Al mismo tiempo, ese ente determinable como voluntad no consiste más que en aparecer siempre aumentadamente: su modo de ser, su existencia, consiste en reiterar su esencia, en repetir su *querer más* lo mismo. La figura del «eterno retorno de lo mismo», pensada por Nietzsche como salida del significado metafísico de tiempo, acaba interpretada en Heidegger en términos de existencia metafísica: el eterno retorno es el modo de ser de la voluntad de poder; esta es como eterno retorno de sí misma, a saber, de la voluntad. «Lo que vuelve», en definitiva, no es aquello que la voluntad quiere, porque aquello –que es siempre una determinación– se encuentra siempre sobrepasado y olvidado en beneficio de lo que nunca desaparece, la propia voluntad que aspira a algo más. La voluntad, figura metafísica total, solo se quiere a sí misma, de modo que resulta siempre provisional y estéril determinar algo que pueda funcionar como su contenido. Ella es su contenido. Lo decisivo de esta interpretación de Heidegger reside en reconocer una continuidad entre Nietzsche y el idealismo alemán, que precisamente había ya reconocido –inicialmente en los primeros escritos de Schelling– en la figura del «querer», no interpretado en términos de voluntad humana, el carácter *general* del ser[39]. También, desde luego, en reconocer que lo que se pueda llamar y reconocer como «esencia» en absoluto tiene que quedar ligado a una noción suprasensible, al menos en términos de espíritu. Porque, en efecto, «voluntad» es un término metafísico al caracterizar a todo en general y no porque su determinación quede desvinculada de lo sensible. El concepto de metafísica queda, en consecuencia, ampliado: «metafísica» es caracterizable no tanto porque obligatoriamente lo verdadero remita a un más allá no-sensible, sino porque haya «dos», porque se presuponga una oposición estructural, independientemente de que esa oposición se establezca en términos de oposición sensible/suprasensible.

Y esto es decisivo para que Heidegger considere que la determinación más adecuada de la voluntad de poder se establezca efectivamente en términos de oposición dual, pero entre lo que Nietzsche llama respectivamente «arte» y «conocimiento». Que en esta oposición resuena la vieja dualidad platónica interpretada doctrinalmente como oposición entre «cosa» e «idea» parece bastante obvio: la cosa tiene que ver con el arte como la idea con el conocimiento. Así Nietzsche ya traduciría modernamente el platonismo escolar. Desde el momento en que arte y conocimiento –como reflejo de la estructura de la voluntad de poder– caracterizan los dos polos de la metafísica, se sugiere una inversión: Nietzsche habría atribuido al arte un protagonismo decisivo frente al conocimiento, precisamente porque al arte es inherente el papel de «transfiguración» material y sensible, mientras que al conocimiento lo es el de «fijación». Ahora, en el nuevo modelo, sin cambiar para nada la estructura dual, es el elemento sensible, caracterizable como arte –permanente transfiguración de lo real– frente al conocimiento –permanente conservación de lo real mediante el concepto–, quien propiamente puede identificarse con el elemento más decisivo de la voluntad de poder. En esta inversión, que haría de lo sensible el polo principal –no obligatoriamente el verdadero, como se verá–, sin embargo algo ha cambiado respecto a la comprensión tradicional de lo sensible: ahora esto no es identificable con la mera cosa sensible y estática, por así decirlo inactiva, que simplemente se encuentra ahí. Porque ahora lo sensible, más que una cosa, representa un determinado movimiento, una posición que por lo demás resulta siempre cambiante y es, por eso, relativa. Todo, cada cosa, quiere ser más, y lo que quiere no es ya ser esto o lo otro, sino simplemente aumentar. Pero ¿aumentar de qué? Nietzsche habría dicho: aumentar de *valor*. Pero entonces ¿es el valor eso que clásicamente se identificó también sobre todo con una substancia espiritual y no sensible? Lo que a ojos de Heidegger se encuentra en juego en este Nietzsche es una transformación ontológica del ser, de la cosa, que estaría abandonando definitivamente su comprensibilidad como substancia para entenderse exclusivamente en términos de valor. Pero eso es lo que haría justicia a la tendencia de la filosofía moderna, para la cual la cosa, cuyo ser solo se revela en un juicio *válido*, no es ni mucho menos un mero trozo de materia física, sino algo determinable en términos metafísicos de «fuerzas», que no deja de ser una caracterización de corte espiritual. Y «valor», a su vez, no deja de ser una determinación espiritual, pero *absolutamente* espiritual, es decir, algo cuya determinación no tiene contenido alguno, cuyo ser espiritual entonces consiste en su propia estructura formal: no hay valores, hay valor, y lo que pueda ser entendido como los valores son meros contenidos cuya posición objetiva es solo relativa y superable. En efecto, «valor», en definición de Nietzsche reiterada por Heidegger para comprender su simetría con la estructura de la voluntad de poder, es meramente «el punto de vista de condiciones de conservación y de aumento por lo que se refiere a formaciones complejas de duración relativa de la vida dentro del devenir»[40]. Pero la *conservación* y el *aumento*, que son los dos momentos estructurales del ser entendido como valor, corresponden a los dos momentos de la voluntad de poder, respectivamente al *conocimiento*, por lo que se refiere a la conservación, y al *arte*, por lo que se refiere al aumento. Eso significa que el valor tiene una estructura metafísica, inevitable si se entiende que para que haya aumento se necesita algo –una posición– que aumentar y sobrepasar. Ya solo falta señalar que lo que aquí se identifica con la conservación y el conocimiento corresponde a lo que Nietzsche llamara «la verdad», para que la oposición se entienda en términos de *arte* y *verdad* –o arte contra verdad–, de la que sin embargo la verdad no solamente no es un polo que tenga que desaparecer, sino que, al contrario, resulta imprescindible para que pueda ocurrir el arte, el aumento, el sobrepasamiento: la verdad es un momento necesario, pero relativo, dentro del devenir. Si a esta verdad se la identifica ahora con lo que la metafísica tradicional llamó «ser» y al arte con ese movimiento que puede llamarse «devenir», la oposición verdad/arte puede ser comprendida igualmente como oposición entre el ser y el devenir, pero de modo que, por mor de la metafísica de Nietzsche, «ser» es simplemente una posición relativa y superable frente al *verdadero* ser, que resulta el devenir. Pero «verdadero» entonces ya no está vinculado a la posición quieta y eterna, sin movimiento, de la idea y el concepto, sino al movimiento y la transfiguración del arte.

«Metafísica del arte» puede ser el título que para Heidegger corresponda a la filosofía de Nietzsche. Pero metafísica al fin y al cabo, y además hasta su extremo más desarrollado, porque frente a la determinación finita de todo concepto, caracterizable precisamente por unos límites –aquellos que lo diferencian de otro concepto («mesa» frente a «silla» o «casa»)–, el arte se caracteriza por su infinita capacidad de transfiguración, porque el arte es la producción misma. Y ahora, «producción» *(poíesis)* no se refiere tanto a una capacidad humana, ejercitable o no, opuesta a la actividad meramente teorética y práctica, sino al mismo carácter inherente a cada cosa por el hecho de ser cosa. En definitiva, no solo es el arte el que resulta entendido como técnica, sino que la propia naturaleza en su conjunto es técnica en este sentido poiético y productivo. En el devenir objetivo de lo que hasta ahora fue considerado específicamente humano –reducible igualmente a ser, es decir, a valor y devenir–, la naturaleza misma, ahora entendida técnicamente como el gran objeto por excelencia, también deviene subjetividad, porque se convierte en productora, en aquello que ya siempre ha decidido y se ha decidido por sí misma, es decir, por su ser que es voluntad, devenir.

Pero esta determinación de la metafísica de la voluntad de poder como «metafísica del arte» que expone el *Nietzsche I* en diálogo con Platón no es más que una interpretación moderna, realizada desde el final, de la figura de la metafísica. Por medio del arte se alcanza una fundamentación metafísica del «ser sensible», que, lejos de ser el mero resto inválido, se reinterpreta como el verdadero ser, ahora entendible como devenir y, por eso mismo, como verdad. La fundamentación del ser como devenir no es más que la fundamentación metafísica de lo físico, que pasa a ser lo verdaderamente metafísico y verdadero, de lo que dependen las ideas y los conceptos. Se consuma así una imagen de lo antiguo metafísico (ideas, conceptos y categorías) como derivado.

Pero en realidad, detrás de lo que se acaba de decir, se encuentra sobre todo Descartes y su determinación del ser como sujeto y subjetividad. Así llega efectivamente Heidegger, en el *Nietzsche II*, en diálogo con Descartes y en plena guerra mundial, a concebir esa metafísica del arte como la expresión culminante del «nihilismo». Efectivamente, en la primera lección de la publicación, también la más extensa, que tituló «El nihilismo europeo», que procede de un curso de 1940, Heidegger caracteriza ahora la metafísica de Nietzsche a partir de la correspondencia entre cinco títulos fundamentales: 1. El nihilismo; 2. La transvaloración (de todos los valores); 3. La voluntad de poder; 4. El eterno retorno, y 5. El transhombre o superhombre. En un ejercicio interpretativo de una extremada finura, Heidegger reitera en cada uno de estos cinco títulos el contenido de los restantes, de modo que cada uno de ellos reproduce la escena general que bajo el título de «nihilismo europeo» se puede leer así: nihilismo, transvaloración, voluntad de poder, eterno retorno y transhombre son nociones hermenéuticas para comprender la culminación de la comprensión del sujeto moderno iniciada en Descartes.

El término «nihilismo», cuyo reflejo literario se resume en la frase «Dios ha muerto», no entraña un significado religioso, sino que es expresión filosófica del reconocimiento de que el mundo suprasensible y su sentido –la concepción de un *estado* de la verdad– se han devaluado y, en consecuencia, dejan de valer como tales: no es posible la referencia a un valor supremo que sirva de criterio, lo que significa que hablar de verdad, bien o belleza supremas resulta vacío. Pero paradójicamente, lejos de constituir el nihilismo este vacío, es más bien contra lo que actúa. En efecto, nihilismo es también ese reconocimiento de que el vacío (la falta de un estado para la verdad, el bien y la belleza) no puede regir. Así, resulta que la *transvaloración* se impone, pero no con el fin de poner unos nuevos valores en lugar de los viejos (el viejo valor, Dios, que vale como resumen de la verdad, el bien y la belleza), sino más bien con el propósito de señalar que lo que cae no son tanto los valores sino el modo de valorar: la capacidad de poner valores. Y la *voluntad de poder* se reconoce como el nuevo principio de valoración, cuya legitimidad, ciertamente, no puede proceder del mero arbitrio, sino del reconocimiento –¿la interpretación?– de un principio anterior a cualquier valor concreto y determinado, un principio, en cierto modo supremo, que por otra parte es metafísico porque afecta a todo lo que es: la voluntad o potencia que mueve a cada cosa a crecer y ser más. Si este principio de valoración, como ya se vio, no es más que otro nombre para el devenir, con este último significado se reconoce el sinsentido de un ser comprendido como posición y estado: el principio no puede ser ya más algo identificable con la substancia ni, en consecuencia, tampoco con la substancia pensante o *res cogitans* que Descartes reconoció como principio. El *eterno retorno*, cuarto título de esta articulación de la *metafísica nihilista*, solo vendría, como ya se había formulado en el *Nietzsche I*, a expresar la realidad de lo que retorna: la propia voluntad de poder, que siempre vuelve sobre sí misma, como si nunca acabara de alcanzar algo que no fuera ella. El eterno retorno no deja de volver a mostrar la soledad del sujeto moderno, que solo encuentra compañía en sí mismo, cuya trascendencia solo desborda a una concha más amplia de su infinita constitución. Porque el eterno retorno constituye también ese culminante modo de entender el tiempo en un sentido moderno, como sucesión ilimitada de momentos indiferenciados. Así, «eterno retorno» supone el significado metafísico (se sobreentiende: metafísico-nihilista) del tiempo, aquel modo de existir de la voluntad de poder. Ahora, la eternidad no reside en Dios, más allá del tiempo, siempre perecedero en la comprensión metafísica clásica, sino en el imperecedero –eterno– tiempo, que es lo único que retorna: siempre un instante *más*. «Voluntad de poder» y «eterno retorno», esencia y existencia de esta «metafísica de Nietzsche», reiteran diferidamente la vieja dualidad metafísica entre idea y cosa, entre el espíritu y el tiempo, pero ahora mostrando que se trata de lo mismo: la subjetividad del sujeto. ¿Y se encuentra tan lejos de ese nuevo sujeto –expresión simultánea de la máxima alienación, en el sentido de una objetividad culminante, y la mayor concentración, en el sentido de la mayor potencia– la noción de *transhombre,* con la que Heidegger culmina su interpretación de su texto «El nihilismo europeo»? En cierto modo, es un término y un significado redundantes, que solo vienen a nombrar lo que los otros cuatro títulos ya han expresado, pero, si se quiere, recordando al hombre, no en el sentido de un «superhombre», sino más bien en el sentido de una ausencia del hombre que se evidencia en ese «trans», lo que se encuentra más allá. Eso ya no es, modernamente entendido, el hombre, sino, a secas, el sujeto. Pero «sujeto» aquí se encuentra lejos de tener un eco antropológico, pues más bien se refiere a ese «uno/todo», a esa síntesis de voluntad de poder y eterno retorno, que se refleja como «transhombre», es decir, como puro dominio. El «transhombre» es el dominio incondicionado del puro poder y es por eso sujeto, ser, pero ya entendido como devenir. Pero no devenir del pensamiento, que sería la forma condicionada de entender el sujeto –a lo Descartes, Spinoza y Leibniz–, sino puro devenir en el que la diferencia entre pensamiento y extensión, espíritu y materia, verdad y apariencia, en fin, suprasensible y sensible, ha caído. Con Nietzsche, para Heidegger, se escribiría la última estación de la filosofía moderna que comienza con Descartes, quien todavía pensó al hombre (a la *res cogitans)* como sujeto, pero como sujeto condicionado. Con Nietzsche emerge la figura del sujeto puro, no como *ego cogito*, sino como *ego volo,* cuyo único contenido es el propio querer. Pero la figura del transhombre no representa otra cosa que el puro poder, que se cumple por dos medios fundamentales y vinculados: la técnica moderna y la economía. Si economía solo significa la imposición de la ley, el orden y la medida (el *nómos)* a la casa *(oíkos),* la técnica es la responsable de extender esa ley de la casa a toda la tierra, no comprensible ya como naturaleza –es decir, como aquel ser cuyo movimiento depende de sí mismo– sino como objeto incondicionado y dominable por todas sus partes y resquicios. La tierra es la expresión del nuevo ser sensible bajo la realidad de la voluntad de poder como arte: es el campo de prueba definitivo y total para el experimento. En cierto modo, la figura del transhombre supone esa vinculación definitiva entre el sujeto y el objeto, pero comprendidos de modo incondicionado. El *sujeto*, ahora en Nietzsche, lejos de ser solo una caracterización para lo humano, lo es igualmente para aquel devenir sensible, para el arte, pero comprendido como realización económico-técnico-productiva. Este sujeto solo en este sentido es *histórico,* porque revela esencialmente el acontecimiento de la metafísica al cumplir la verdad implícita en la dualidad sensible-suprasensible. Pero no porque lo cumpla ahora en Nietzsche por el lado de lo sensible, sino porque cumple en su conjunto la oposición, reconociendo el valor de lo suprasensible, pero su valor relativo, dentro del devenir. En la metafísica del devenir no hay diferencia entre verdad y no-verdad, que son solo momentos relativos e intercambiables.

El *Nietzsche I* y el *Nietzsche II* pueden ser considerados, respectivamente, como el intento de Heidegger por definir esa nueva fundamentación del *ser sensible* y esa nueva fundamentación del *ser histórico*, pero de modo que ambas se entiendan como la misma realidad. Porque a la postre –y de eso se encarga también de explicar el *Nietzsche*– el sujeto, modernamente entendido, es el arte; modernamente entendido, es decir, como producción.

Heidegger reconstruye bajo el título «El nihilismo europeo», que constituye el texto más señalado del *Nietzsche II*, una interpretación de la metafísica; en cierto modo, aquella que se opone a la «metafísica del *Dasein*», pero para señalar que no se trata de dos, como si de dos caminos se tratara, sino de la misma situación –la metafísica, la diferencia– intepretable de dos maneras. Simplificando, se podría decir, casi utilizando títulos escolares: la metafísica del ente, que representaría en su grado culminante la «metafísica de Nietzsche», y la metafísica del ser, que representaría la ontología hermenéutica de *Ser y tiempo*. Esta diferencia se podría entender también como oposición entre el *sujeto* –entendiendo bajo este nombre a la filosofía moderna: el final del «primer comienzo»– y el *Dasein,* que no se caracteriza más que por su carácter «hermenéutico», es decir, no por representar una posición, ni la del sujeto ni la de su versión culminante de la voluntad, sino la ausencia de posición. Es indudable que en cuanto tal ausencia de posición, también esta hermenéutica surge en la estela de Nietzsche, es decir, en la estela del reconocimiento del nihilismo. El *Nietzsche* de Heidegger no deja de ser también un reconocimiento de su punto de partida, de su origen: Heidegger es seguramente el primero que piensa expresamente sabiendo que el horizonte es el nihilismo, y el *Dasein* es la primera respuesta *filosófica* (política, cultural, antropológica, psicológica y lingüísticamente ya ha habido otras; es más, el que haya todas esas perspectivas mentadas es ya la constatación, diría Heidegger, de ese nihilismo).

Por medio de Nietzsche, Heidegger lee su propia época y la pone en conceptos: es la época de la definitiva conjunción entre construcción y destrucción, que son dos movimientos complementarios, pero no opuestos. Es la época que, en consecuencia, necesita de la guerra como medio de subsistencia.

En la inquietante lectura de Heidegger se lee que Nietzsche, por encima de su denuncia y de lo que él se propusiera, se encuentra próximo a Platón, Aristóteles, Descartes, Leibniz, Kant, Schelling y Hegel, unidos por la misma interpretación. El antikantiano Nietzsche reiteraría así una historia, la de la metafísica, de la que él constituye su última expresión, aunque fuera bajo la forma de la inversión. Y Heidegger mismo se ve heredero de Nietzsche, pero precisamente porque Nietzsche ha llevado al límite su papel mejor que nadie: concibiendo la filosofía como un todo, o mejor, interpretando (y también enmascarando) como un todo el pasado, de modo que este ofrezca una sola imagen, aquella simplificada que identifica platonismo, cristianismo y metafísica. De este todo, es decir, de la interpretación de que hay un solo acontecimiento, por más que no sea adecuadamente identificado por el propio Nietzsche, es del que parte Heidegger para interpretar que «ser» e «historia» coinciden, que el inicio de la historia es el inicio de la filosofía como pregunta por el ser, pero que eso no tiene la mera forma de un recorrido, sino la de un acontecimiento que, además de ser el expresado en la metafísica de Nietzsche, se deja interpretar más originalmente, a saber, como el acontecimiento mismo, como el acontecimiento del «entre», de la *inter-cisión (die Unter-scheidung),* que sería lo verdaderamente subyacente (sujeto) e irrebasable, por más que la metafísica –y la metafísica de Nietzsche de modo culminante– se propusiera su relleno y disolución.

A partir de Nietzsche Heidegger escribe el *Nietzsche*, que es también la versión literal de la historia de la metafísica entendida como la historia del ser de lo ente, es decir, de la búsqueda de un principio reconocible para lo que hay, del que se pueda hacer depender todo. En cierto modo, es también un ajuste de cuentas del propio Heidegger consigo mismo: el reconocimiento de que el lenguaje de la metafísica, incluso su propio nombre de «metafísica», así como los de ontología, esencia-existencia, forma-materia y naturaleza-espíritu constituyen resistencias insuperables para pensar lo que se sugiere como «verdad del ser». Incluso la palabra «verdad» podrá caer, pero se entenderá siempre que la caída de las palabras no solo no significa el abandono de la cuestión, sino precisamente el expediente para recogerla desde la perspectiva en que esta se haga más clara, ya no tapada por un nombre.

9. La metafísica y la técnica[41]

En un momento postrero de su reflexión sobre la metafísica, coincidiendo con la larga interpretación de Nietzsche y el final de la guerra, que a su vez convocará la relectura de su propio camino en la *Carta sobre el humanismo*, Heidegger comprenderá el problema de la metafísica a una con la cuestión de la técnica. No se trata, así pues, de que con lo de «la técnica» se inaugure un nuevo frente temático, una nueva ocupación filosófica o siquiera se ilumine un nuevo perfil de la metafísica, porque «técnica» es solo un nombre para caracterizar la situación de la metafísica precisamente cuando se ha reconocido su propia estructura y también su historia. Pero por eso mismo, «la cuestión de la técnica» puede suponer también un título alternativo para caracterizar «la cuestión del ser», precisamente cuando de esta última en el trayecto de Heidegger se fueron desmontando las caracterizaciones que la convertían exclusivamente en la teoría y la doctrina que recibió el nombre de «metafísica». En estas páginas se ha dilucidado lo problemático del título, que se puede recuperar así: si bien «metafísica» puede valer como el nombre para una situación original –una ambigüedad no tematizable– que puede convenir a lo que en su interpretación Heidegger llamó *«Dasein»,* sin embargo, «metafísica» como teoría o doctrina sobre el ser vale también como la tematización de esa misma ambigüedad cuya consecuencia principal tiene como resultado la propia disolución de su diferencia interna, a la que sustituye por la mera diferencia entre dos polos (por ejemplo, sujeto y objeto). La historia de esa disolución conduce al predominio de una sola figura que integra toda diferencia en un solo movimiento o aspiración. A esta aspiración es a la que Heidegger, interpretando a Nietzsche, llamó «voluntad» o «poder», voluntad cuyo único querer consiste en quererse a sí misma, es decir, en imponerse a sí misma. La «metafísica de Nietzsche», leída por Heidegger como la metafísica de la voluntad de poder, según lo explicado, es un título ciertamente equívoco, porque de alguna manera en lo que dice ya no se puede reconocer la inherente dualidad interna entre ser y ente, pues entretanto, como resultado de su propia historia, todo es ente. Si de todos modos puede seguir recibiendo ese título es porque dicho resultado procede del propio planteamiento de la metafísica que se propone hacer tema explícito de la dualidad, haciendo igualmente relevantes los dos lados. Si estos dos lados se reconocen como las dos caras inherentes de la verdad –lo oculto y lo desoculto–, que son constituyentes de lo que aquí en estas páginas se ha llamado el mismo tránsito o des-encubrimiento, eso significará que lo oculto se convierte en tema que desentrañar, lo que de alguna manera también supone su liquidación en cuanto tal. Pues bien, a este proceso, que es el de la misma historia de la metafísica, que consiste en descubrir lo oculto al punto de desocultarlo del todo y convertirlo en tema, es a lo que también conviene el título de «la técnica». Y mostrar una cosa «por todos sus lados», que supone tanto como desencubrirla, solo se hace posible si ya se proyecta inicialmente desencubierta, es decir, si se *produce* de principio a fin. Esta producción así entendida es la técnica. Pero «técnica», en consecuencia, no solo no se reduce al momento de la fabricación física de un objeto, ya decididamente reconocible solo como producto, ni por lo tanto a una cuestión material, sino a la decisión que ha entendido previamente que la cosa es solo una *representación* cuya realidad hay que imponer. «Técnica», en consecuencia, es también el nombre para ese proceso de autoimposición de sí misma que equivale a la imposición de la representación. Cuando esa imposición constituye a un mismo tiempo el único criterio teórico y el único procedimiento práctico, entonces se puede hablar indistintamente de la «metafísica consumada» o de «la técnica». Pero precisamente, esa producción o procedimiento –¿por qué no reconocer ambos términos bajo el significado de «método»?– presupone la transformación de las cosas en productos, es decir, en objetos resultados de la representación. La meditación de la técnica es también así la meditación sobre la cosa y su verdad, pero solidariamente es también la meditación sobre la desaparición de las cosas. No es casualidad que una de las primeras veces en que la técnica aparece mencionada por su nombre en Heidegger sea en el escrito «¿Y para qué poetas...?»[42], cuando Rilke evoca las cosas a partir de su desaparición en el horizonte de la producción industrial. No hay en Heidegger, de todos modos, un rescate nostálgico de las cosas, sino una descripción de cómo estas se han evaporado en la contabilidad del cálculo que las acaba convirtiendo en piezas y recambios de una representación. A la vez, el horizonte de la técnica o de la metafísica consumada, del que han desaparecido las cosas, vueltas todas ellas objetos desde el momento en que no se concibe siquiera una sombra o cara oculta que no se pueda enseñar, es el único posible a partir del cual tiene sentido preguntarse por la cosa, o, lo que es lo mismo, por el ser.

Pero así entendida, la técnica viene a identificarse con la verdad, cuando de esta ha desaparecido ya su propia constitución dual y, por así decirlo, enseña todas las caras, o, lo que es lo mismo, con el proceso de traer algo ahí delante, pero cuando prevalece el propio incondicionado traer ahí delante todo, lo que significa que propiamente lo que se trae ahí delante sea el propio traer, el propio producir. Efectivamente, de la técnica automática es propio que se reproduzca a sí misma.

De esta aclaración de la técnica en relación con la verdad resulta una comprensión de la técnica como origen que no deriva de nada: la técnica es así originalmente también un salir a la luz (traer delante lo que antes no estaba)[43] y, por eso mismo, previa a cualquier conocimiento, incluido la ciencia. En efecto, la ciencia viene después, a delimitar y conceptualizar un ámbito ya abierto. Y la ciencia, así considerada, no es entonces original. En el ensayo titulado «La época de la imagen del mundo», del año 1935, sobre la esencia de la ciencia moderna bajo la figura de la física-matemática, Heidegger ya apuntaba el papel principal de la técnica, que de ningún modo podía considerarse una aplicación de la ciencia moderna. Pero es que ya en *Ser y tiempo,* en una inquietante descripción del funcionamiento de la ciencia[44], Heidegger atribuía a la manipulación instrumental y técnica de los aparatos y las cosas, que generalmente se entiende como algo secundario, un papel principal, como si de esa manipulación surgiera ya una transformación de la realidad sobre la que se asentara realmente la explicación científica, que vendría a confirmar un descubrimiento previo que dependiera de las manos. En este protagonismo de las manos frente al conocimiento, aunque en *Ser y tiempo* se entendiera solo en el marco trascendental y humano de la investigación, se encuentra ya comprendida la concepción no aplicada, sino original, de la manipulación técnica, que es una manipulación descubridora. En la obra de 1927 esto se encuentra relacionado con la relación inmediata y directa, a mano, que tenemos con las cosas del mundo, que nos resultan conocidas ya antes de tener un significado de las mismas y un concepto científico de ellas[45]. Heidegger, hacia el momento en que la técnica se entenderá como el significado más adecuado de metafísica, llegará a entender esa relación con las cosas en una clave distinta, ya lejos de la versión de 1927 todavía comprendida a partir del hombre, según la cual de todos modos son los humanos quienes manipulan técnicamente las cosas. El descubrimiento de que la técnica es esencialmente metafísica significará entender, al contrario, que es la técnica, en todo caso, la que manipula a los humanos, sirviéndose de ellos. Pero este papel central y original de la técnica, solidario de una concepción de la verdad que tampoco tiene que ver inmediatamente con lo humano y que no se reduce a su formulación en enunciados lingüísticos, procede en la obra de Heidegger del reconocimiento de un protagonismo de las manos frente al conocimiento, es decir, del carácter original de la relación a mano con las cosas antes que de su tratamiento teórico conceptual.

La emergencia del significado de la técnica a partir de los años treinta en «La época de la imagen del mundo», que se continuará en sus lecciones sobre Nietzsche y en el ensayo «¿Y para qué poetas...?», y que culminará con la publicación de «La cuestión de la técnica», ya en los años cincuenta, constituye un recorrido comenzado en *Ser y tiempo* que se va transformando en paralelo a la reinterpretación de esa obra: cuando *Dasein* revele su constitución no como ente, sino como ser, es decir, como lugar (no-lugar) y como claro *(Lichtung)* que es el claro del ser, se reinterpretará también la técnica, más que como la relación humana instrumental con las cosas, como el propio lugar de descubrimiento de la naturaleza y de lo humano. Porque entretanto, Heidegger habrá descubierto la esencia metafísica de la interpretación de la naturaleza y lo humano como verdaderamente original, capaz de transformar la propia esencia de la naturaleza y del hombre. En efecto, la metafísica habría preparado la transformación de la *phúsis* (naturaleza) en técnica desde el momento en que descubre su propio ser, que consiste en crecer a partir de sí misma, y lo hace relevante, expropiándolo y reinterpretándolo como rasgo que no es exclusivo de la naturaleza. Esencia metafísica de la técnica, en consecuencia, significa entender la técnica no tanto como un hacer, sino principalmente como un «saber», pero no un saber de esto o de lo otro como se dice de un sujeto que conoce o sabe de algo –eso sería conocimiento–, sino como un saber que consiste en revelar, esto es, en traer delante desde sí mismo, en «producir». Un producir que no es instrumento de nadie, sino origen a partir del cual se instrumentaliza todo lo demás. Es en este sentido en el que Heidegger podrá afirmar, ya en los años cincuenta, que la técnica no tiene que ver exclusivamente con las zonas de la producción y de las máquinas, sino en general con ámbitos aparentemente tan alejados entre sí como son la comprensión de la naturaleza, definitivamente interpretada como objeto, la cultura como cultura que se practica e incluso la política como la política que se hace y los ideales como algo que se han construido para la propia vida[46]. En este sentido, el conjunto de la realidad, más allá de su división en material, social y espiritual, solo resulta comprensible a partir de la técnica, porque esta se ha vuelto el modo exclusivo de la verdad, es decir, del desencubrimiento que afecta a todo lo ente. En definitiva, la técnica es un modo de entender lo ente que ha devenido esencial y, por eso mismo, constituye también la forma definitiva y última de comprender el ser. En cierto modo, también la única, lo que significa que «ser», cuando la metafísica se ha desarrollado hasta culminar su propia condición –que comienza con la determinación platónica del ser como idea y se cierra con la nietzscheana del ser como voluntad de poder–, solo puede ser reconocido a partir de la técnica.

En todo caso, cuando la pregunta por la técnica se plantea explícitamente en el trayecto de Heidegger se hace relevante como pregunta por la técnica moderna. Bien considerado, incluso se podría decir que la palabra «técnica» adquiere su significado a partir del sello de «moderna», pues antes de esa determinación su comprensión caía dentro del ámbito de las relaciones causales de medio (técnica) a fin (objeto, cosa). Pero esto quiere decir, entonces, que la técnica constituye otro modo de entender esa relación, cuando no supone ya su liquidación. ¿Y cómo se ha producido y a qué se debe esa transformación del significado de la técnica? Es decir, ¿por qué la técnica puede ser llamada –y tiene que serlo– «técnica moderna»? La respuesta de Heidegger es muy precisa: porque descansa en la ciencia exacta de la naturaleza, es decir, en la física-matemática. Pero, de nuevo hay que insistir: no porque la técnica moderna constituya una aplicación de la moderna ciencia de la naturaleza (física-matemática), sino más bien porque la técnica reclama a esta para su desarrollo. ¿De qué esencia, entonces, es la técnica moderna de modo que puede utilizar a la matemática? Esta pregunta remite por completo al propio desarrollo de la metafísica y a su esencia. ¿En qué consiste esta? Según una definición clásica, ya reiterada en estas páginas: saber acerca de lo ente en cuanto tal, por lo tanto en lo que tiene de común a todo ente. Metafísica es el conocimiento de la totalidad de lo ente en lo que tiene de común y general, que es justamente lo que podemos reconocer como «principios» o «ser». Efectivamente, según vimos más arriba, «ser de lo ente» se constituye así en la fórmula comprensiva y principal cuyo cumplimiento pasa por una determinación conceptual de eso que se llama «principio» o «ser». Pues bien, lo que la modernidad interpreta como común a todo ente, sea de la procedencia y cualidad que sea (esto es, proceda de la naturaleza o, finalmente, incluso del espíritu), es la posibilidad de ser remitido a un sujeto, al que Descartes llamó *cogito*. Pero lo decisivo procede de que ese principio o ser es principio porque en él se genera esa reunificación de todo lo ente, sea de la cualidad y característica que sea, al punto de que, en realidad, lo que pueda ser llamado «sujeto» no consiste más que en ese procedimiento y reunificación que también puede ser llamado «método». El sujeto es el propio procedimiento de asegurar que todo lo ente, todas las cosas, son en la medida en que se refieren a él mismo, es decir, al método. Solo desde la perspectiva del método puede ser reconocido bajo el nombre de «objeto» ese todo que se enfrenta al sujeto. Y el título «objeto» no vale, sin más, para referirse a las cosas, sino solo a las cosas cuando estas se definen para el sujeto y desde el sujeto (las que no resultan homologables según ese criterio simplemente serían *restos*). Pues bien, el sujeto solo es tal en la medida en que pueda *asegurar* objetos, lo que ocurre gracias a las matemáticas, que consisten en la imposición de una medida y un criterio para todo, incluido la percepción de lo real. Por medio de la comprensión matemática de la naturaleza, esta puede aparecer convertida metafísicamente en objeto. Pero lo que quiere decir esto es que las ciencias hacen que la naturaleza aparezca como objeto, transformando su esencia: la naturaleza deja de ser *phúsis,* aquel salir a la luz desde el ocultamiento, para convertirse en objeto que siempre tiene que mostrarse y presentarse completamente. Esta es la naturaleza de las ciencias de la naturaleza, que resulta de la técnica, es decir, de una forma de hacer que aparezca la naturaleza como lo más real de todo, es decir, como producción.

La esencia de la técnica moderna, que es como decir la esencia de la metafísica, en consecuencia, es producción *(Machenschaft)*[47], pero ya no en el sentido clásico de causar algo para algo, sino en el incondicionado tener que presentarse todo, aunque de hecho eso no tenga que ocurrir materialmente. La producción, de este modo, constituye, más que un hecho, una perspectiva de consideración general sobre lo real: y esto es lo que la convierte en metafísica. Más que ser algo que está ahí delante, es lo que puede generarse bajo esa perspectiva. Así, por ejemplo, la presa hidráulica que se pone en el río no se encuentra ahí como simple medio para aprovechar la fuerza del río, sino que al revés, concibiéndolo a partir de la representación, es el río el que se dispone en el proyecto para imponer la presa[48]. Según esto, el río se concibe para obtener la energía eléctrica del mismo modo que la tierra se concibe y representa como reserva de carbón o el aire para que pueda ser transitado por los aviones y se aceleren de ese modo las comunicaciones. La casa, a su vez, no surge de los materiales de la tierra y su articulación, sino que surge en el proyecto, en el plano, y solo *después* es replanteada en la tierra, cuya elección resulta arbitraria y desde luego algo secundario. Es a esta perspectiva, que procede de la moderna concepción del sujeto, según la cual lo real consiste en su representación (la representación de la tierra como reserva de minerales, por ejemplo, o como mera superficie), a la que podemos llamar «técnica». Y de esta representación procede solidariamente tanto el producir (la exigencia de sacar a la luz y traer ahí delante algo) como el transformar, el almacenar y el distribuir según una determinada orientación que tiene que ver, sobre todo, con el aseguramiento de los materiales y los procedimientos. Ahora, desde esa perspectiva, la corriente del río, como la tierra del campo o la casa, no se encuentra ahí para que eventualmente se obtenga energía con el molino, que funciona a expensas de un flujo, o cereales para la alimentación, o un lugar para habitar, sino que se dispone todo de modo que, con independencia de los flujos de la corriente, las incertidumbres del clima o los moradores, se produzca la energía, se mecanice el cultivo del campo y se construya. Esto corresponde a lo que Heidegger denominará en su escrito de 1949 «provocación»[49]: se provoca a la naturaleza para que produzca algo de determinada manera y cantidad, de modo que todo aparezca como una inmensa reserva de la que la industria (otro nombre para la técnica si se acepta su moderno sentido) puede disponer. En realidad, es esa constante disposición la que caracteriza a la técnica moderna, cuyos recursos, de ese modo, se hacen ilimitados y solo pueden ser reconocidos dentro de una contabilidad. No es ya la naturaleza la que concede los dones, sino la técnica la que provoca a la naturaleza para obtener todo lo que se quiere, bien directamente, bien por transformación o conmutación.

Lo que subyace a esta comprensión del ser como técnica es una doble transformación: por una parte, la naturaleza no se entiende ya como *fuente* de la que dependen el nacimiento, el surgir y desaparecer de las cosas, pero, por otra parte, la técnica no es ya tampoco la habilidad para producir un objeto según una idea y una intención. De la transformación de la naturaleza en reserva incondicionada es solidaria una técnica que ni siquiera cuenta ya con las cosas como objetos –según la clásica versión metafísica moderna–, sino que entiende a estas como materiales o «existencias de reserva».

Lo que esconde esta doble transformación tiene que ver, de todos modos, con eso que líneas más arriba se llamó «metafísica consumada». Esencialmente, eso significa que queda superada la figura moderna según la cual todo se resuelve en la relación sujeto-objeto. Si por un momento, todavía en los inicios de la modernidad, el sujeto pudo ser identificado con la conciencia, de la que depende causalmente el orden del espíritu (la cultura) y de la naturaleza, de la transformación que configura la técnica, impresa en la propia metafísica, se desprende que las cosas ya no son ni siquiera objetos, sino existencias disponibles, real o virtualmente, y que el sujeto identificado clásicamente con el hombre tiene que ser entendido también como una cosa más, una existencia en reserva, cuya característica peculiar (su tendencia, se podría decir) consiste en provocar a la naturaleza a aparecer como reserva, esto es, solo como una existencia más, totalmente conmutable por lo tanto con cualquier cosa, incluso con una máquina si materialmente ese fuera el caso, y uniformado bajo la incesante figura del trabajo y el consumo, que esencialmente aparece no como un efecto del trabajo, sino como su misma condición. El trabajo, por otra parte, solo consiste en provocar a la naturaleza para que aparezca técnicamente. Pues bien, a esta técnica, que consiste sobre todo en disponer del hombre como aquel que exige que todo salga a la luz (producción), es a la que Heidegger denomina *Ge-stell*. Como significado no es otra cosa que lo que se ha llamado en estas líneas «técnica», pero sirve para reconocerla como «moderna» fuera ya de su origen griego. El término mismo, que se deja traducir trivialmente por «tinglado», «dispositivo», «armazón», pero también «estructura», es lo de menos. Más matizadamente, incluso se podría traducir por «im-posición» o «com-posición»[50], entendiéndose así el conjunto de posiciones y perspectivas desde las cuales lo real tiene que aparecer exigido y unido. Lo más importante es, como se dijo, que se trata de un nombre para designar un modo de la verdad, aquel modo llamado postmetafísico (pero no posterior a la esencia de la metafísica) porque supone la superación de la comprensión de lo real según un sujeto que controla, dispone y asegura, y un objeto que hay que dominar. Ahora bien, considerado desde esta «com-posición», ese control no depende de ninguna figura humana, pues lo humano mismo, como se ha señalado, se ha vuelto en todo caso objeto de control, por mucho que se encuentre camuflado bajo la figura de controlador. Si hubiera que seguir denominando con una terminología metafísica esta nueva situación, entonces el vocablo «sujeto» correspondería en todo caso a esa «com-posición», pero eso entrañaría ya un cierto malentendido, pues *Ge-stell* alude propiamente al momento y la situación en los que lo real no se encuentra dividido entre sujeto y objeto, porque lo uno (el sujeto) coincide con lo otro (el objeto) y esa coincidencia, ese uno-todo, constituye a su vez el horizonte de partida, lo que hay, y, por eso mismo, también el ser.

De alguna manera, *Ge-stell*, que no es nada técnico ni que tenga que ver directamente con las máquinas, sino el término para designar la verdad cuando esta se reduce a la exigencia de hacer aparecer todo y desocultarlo, también se revela como un límite a partir del cual de todos modos tiene sentido el ser que la metafísica interpretó como mero «ser de lo ente». Cuando la misma expresión «ser de lo ente», que todavía presupone una diferencia entre ente y ser, pierde su sentido, pues de alguna manera todo es ente, pero sin embargo ese ente ya no tiene la figura del objeto determinable sino más bien de lo (i)-localizable en un sistema de computación y de información, entonces cabría también la posibilidad de que el ser ya no apareciera confundido con un ente ni pudiera identificarse con uno privilegiado en particular, ya fuera el alma (el sujeto), el mundo (la naturaleza) o Dios. Desde la línea irrebasable que define la técnica moderna se anuncia una ambigüedad, porque si lo que Heidegger denomina *Ge-stell* no es nada –no es por lo tanto un ente–, entonces puede reconocerse como «ser», aunque sea bajo la forma extrema del ser o la verdad que consiste en ocultar el propio desencubrimiento. Se podría decir así que *Ge-stell* es el término para nombrar cómo aparece el ser en el horizonte del desencubrimiento total más allá de la metafísica.

Ahora se puede entender más adecuadamente la relación entre la técnica y la metafísica: la técnica no es la metafísica, pero la esencia de la técnica es la esencia de la metafísica, lo que quiere decir que en ambas se produce la verdad como tránsito del ocultamiento al desocultamiento. En la metafísica, además, se encuentra inscrita la tendencia de que se cumpla totalmente ese tránsito, de modo que se gane el desocultamiento completo. Y es aquí donde reside el peligro, y donde Heidegger hace comparecer los versos de Hölderlin: «Pero donde hay peligro, crece / también lo salvador»[51]. Esta, la salvación, ni siquiera puede plantearse cuando por el ser se entiende algo, como es el caso de la metafísica. Cabe plantear la salvación cuando ya no queda nada y deja de tener sentido afirmar un ente que pase por el ser o engaños semejantes. La técnica, bajo esa figura de la com-posición, revela además una imagen inquietante: que el mundo técnico no es meramente comprensible como obra del hombre, sino que procede del mismo ser. Esta interpretación de la técnica más allá de la subjetividad liquida toda ilusión acerca de un control racional de lo ente y de la realidad bajo todas sus formas. Al contrario, muestra la dependencia de todo pensamiento y toda acción (de lo que la modernidad llamó «*res cogitans*») no ya de algo superior, ya se encuentre más allá o más acá, sino de algo extraño a lo ente y diferente de él. En la meditación de Heidegger sobre la técnica, la aspiración de la razón que se anunció como principio de explicación y génesis de todo se reconoce como una instancia subalterna. Esa razón, caso de que se quiera seguir llamando así, lejos de aspirar a dominar todo, tiene que reconocerse más bien como instrumento de un dominio ajeno al que no puede sustraerse pero con el que, de todos modos, guarda una inaplazable relación. En esa excentricidad de la técnica respecto a la metafísica moderna –se podría decir, en esa consumación de la metafísica moderna, que ha revelado el carácter incondicionado de la subjetividad, de modo que esta misma resulta ya extraña a la finitud humana– se encuentra una de las intuiciones más poderosas de la meditación de Heidegger, porque excluye que lo que pueda ser pensado como *Ge-stell* caiga en el ámbito de la representación: la técnica no es ya algo presente, de lo que haya un concepto o se pueda tener una representación, como la hay de un ente, pues rige antes de todo ente, definiéndolo, conservándolo, sustituyéndolo, conmutándolo, almacenándolo, liquidándolo y reconstruyéndolo. Sería un error entender que la técnica es comprensible metafísicamente, como definiendo un más allá desde el cual articula todas esas operaciones. Más bien, lo que define es la absoluta indiferencia e imposibilidad de remisión a un más allá, porque consiste exclusivamente en la articulación de todo lo que hay bajo un mismo orden. Como se señaló más arriba, desde la perspectiva de la técnica quedan igualados los procesos de producción de materiales con los procesos políticos o incluso con el propio arte, que se elabora como resultado de una exigencia planteada a determinados agentes, a los que se llama artistas, para que construyan la belleza. Esta no resulta, de este modo, del libre juego indefinible en el que comparecía cierto brillo como anuncio de una ausencia. Bajo la técnica, no hay ausencia, y el mismo lenguaje queda reducido igualmente a instrumento de comunicación: en cierto modo, el silencio, que aparecía para Heidegger como uno de los constituyentes fundamentales del habla[52], no puede tener lugar, porque todo tiene que ser medido en el proceso o canal de comunicación (el silencio es cuantificado como ruido, aunque sea de valor 0, y ya no es comprensible bajo la dualidad voz-silencio, porque entretanto todo es voz, o más bien, ruido). El silencio, simplemente, no existe y el lenguaje se vuelve información de mayor o menor cantidad. La «técnica» se vuelve no una forma, sino *la* forma de ser. Pero precisamente por eso ya se encuentra también más allá de cualquier espejismo; de ahí que pueda reconocerse la posibilidad de pensar de nuevo al hombre más allá del hombre, es decir, más allá del humanismo, que es simplemente la concepción metafísica de lo humano. Si la pregunta acerca de la posible relación del hombre con la técnica tiene todavía algún sentido –una pregunta que equivale a localizar la cuestión de si es posible pensar la relación del hombre con el ser–, será solo desde el reconocimiento de que el hombre no constituye ya ninguna posición central desde la que pudiera anunciarse una corrección o modificación de la técnica. La técnica constituye un *destino* desde el que no se puede retroceder.

En esta posición límite de la técnica, que se traduce en haber llegado al más allá, al «meta» presupuesto en el término «meta-física» y que también puede interpretarse como el dominio total de lo ente, también se esconde la posibilidad de nombrar al ser fuera de todo ente. Esto es lo que Heidegger anuncia en los años cincuenta, en uno de los escritos que componen el libro *Identidad y diferencia,* como el horizonte de la composición *(Ge-stell)* donde se preludia el ser mismo como acontecimiento o *Ereignis*. De nuevo hay que decir que constituiría un malentendido de primer orden interpretar esto en clave de anuncio de un horizonte nuevo, porque más bien se dibuja un horizonte culminado en el que se revelan todas las posibilidades. Y esto es lo que se llamó líneas más arriba «nihilismo», pero nihilismo no enmascarado ni desfigurado, por ejemplo, por una figura de la subjetividad como pudiera serlo políticamente el nacionalsocialismo. Y ciertamente es a partir de ese nihilismo desde el cual puede pensarse la propia metafísica por primera vez como algo que ha quedado atrás, pero que por eso mismo ya puede ser pensado. El peligro procedería de seguir pensando el *Ereignis* metafísicamente, como una figura más de la verdad, y no desde la esencia de la metafísica, desde la que *Ereignis* significa a secas la verdad, pero pensada como sentido, claro *(Lichtung)* o simplemente *Da*. Que la técnica represente un papel culminante procede de que en ella, como no fue posible nunca en la metafísica, se hace manifiesta la verdad total –el desocultamiento total– y aparece así la posibilidad de pensar el ser simplemente como la cosa. Qué sea la cosa (la tierra, el paisaje, la casa, el puente, el hombre, Dios) se convierte en la pregunta que da contenido a lo que en vinculación con la técnica Heidegger llama *Ereignis,* acontecimiento propio o de apropiación.

En la alternativa de pensar el acontecimiento desde la técnica o simplemente dejar que esta se perpetúe como su propia reproducción de la que no puede emerger la cosa, vuelve a aparecer ese constituyente ético de la filosofía, que siempre consistió en el reconocimiento de una doble mirada en cuyo conflicto se encuentra la misma verdad. Se está señalando que pensar originariamente el *Ereignis* o acontecimiento significa pensar la constelación del ser y el hombre, ese punto de encuentro y desencuentro, ese cruce que en realidad procede ya de Grecia y del verso de Parménides al que Heidegger volvió tantas veces: «pues lo mismo es pensar y ser», pero interpretando que ese «lo mismo», lejos de constituir una difusa identidad, se refiere en realidad a un cruce (encuentro y desencuentro) inexistente sin la misma diferencia manifiesta entre ser y hombre. En realidad, en la meditación sobre la esencia de la técnica vuelve a comparecer Parménides, y en general Grecia, para que pueda ser pensado más allá de la metafísica, como aquello que produjo la metafísica, pero también como aquella verdad que toda metafísica contiene, pero olvidada. Y esa constelación de ser y hombre que se reclama para ser pensada después de la metafísica se constituye también a partir de lo que vengo llamando «la cosa», que también es pensada como un cruce, después del ser, de su tachadura, pero imposible sin el ser, sin esa tachadura[53].

10. Platón y la *Carta sobre el humanismo*

En 1947, veinte años después de la publicación de *Ser y tiempo,* pasada la II Guerra Mundial, apareció una de las publicaciones más emblemáticas de Heidegger, cuya amplia recepción se debió tal vez a la circunstancia histórica de la fecha y a la posibilidad de ser leída como una suerte de manifiesto. Se trata de la *Carta sobre el humanismo*[54] (a la que a partir de ahora me referiré como *Carta*). Resultaría un error leerla desvinculada del conjunto del trayecto e igualmente del problema de la metafísica, que constituyó hasta ese momento el motivo expreso de una larga dedicación filosófica. Pero además de su ocasión histórica, la *Carta* vivió una circunstancia editorial no precisamente accidental: fue publicada en compañía de un texto revisado de 1930, inmediatamente posterior a *Ser y tiempo,* dedicado a la teoría platónica sobre la verdad. En realidad era la *Carta* la que acompañaba a este texto, decidiendo seguramente el camino a seguir frente a la metafísica implícita bajo el nombre «Platón», aun a sabiendas de la imposibilidad de una separación de ella. Leer los dos textos juntos, tal como aparecieron, se vuelve una prueba de lo que aquí en estas páginas se ha llamado «trayecto» en relación con Heidegger. Ambos textos constituyen una reinterpretación de *Ser y tiempo,* pero precisamente por hacer explícita la ambigüedad original del significado de metafísica, nombrable también, desde cierta perspectiva, como «humanismo».

El texto sobre Platón, que se desarrolla como un comentario al conocido símil (que no mito) de la caverna con el que da comienzo el Libro VII del diálogo *Politeía*[55], esconde algo más que una crítica a la filosofía de Platón por remitir el significado de la verdad al plano del *eîdos,* de la idea. En efecto, el símil prepara la interpretación según la cual la diferencia entre el «aquí» de lo inmediato (en el símil, las sombras) y el «allá» (en el símil, las cosas y el sol) se resuelve en la capacidad de dirigir rectamente la mirada a esto último, que míticamente representa a las ideas frente a las cosas, de modo que la verdad consiste precisamente no tanto en las ideas mismas, sino en la rectitud de la mirada. Pero también es cierto que el símil describe la situación original de la metafísica: la diferencia entre dos estancias y el proceso de tránsito entre ellas. De cómo se entienda ese tránsito dependerá qué sea la metafísica. Si por tal solo se entiende el proceso según el cual se pasa de lo oculto de las sombras, y se deja atrás, para acceder a lo desoculto de la luz, entonces las ideas constituyen a la vez el final del proceso, donde puede manifestarse la cosa en su totalidad, y su fundamento, sin el cual no es posible verdad alguna. Pero el símil también deja que se interprete de otro modo el asunto: que lo oculto simplemente se *refugie* en lo desoculto, pero no que desaparezca. Solo de este modo tiene sentido hablar de des-ocultamiento y por lo tanto de auténtico tránsito. Porque «tránsito» presupone un recorrido «de... a...», pero de modo que en ningún caso desaparece el origen (nombrado como el «de...») en el final (nombrado como el «a...»). Cuando tal tránsito queda liquidado porque se comprende que la verdad reside en la mirada recta –y por eso correcta– dirigida hacia el final del trayecto, que en el tránsito representa la idea, y en el símil, las cosas, entonces ocurre que la verdad se resuelve en una estancia, en una posición, y que, además, esa posición reside principalmente en la mirada humana, en el entendimiento, que pasa así a ser fundamento decisivo de la verdad y simultáneamente instrumento de la disolución de la dualidad inherente a la verdad, porque el entendimiento unifica en un solo procedimiento el «aquí» y el «allá». A esto último es a lo que se puede llamar «humanismo»: la figura humana como unificación y centro. La diferencia entre el «aquí» y el «allá», o entre el «adentro» y el «afuera» de la caverna, marcará a su vez dos formas de entender el conocimiento y el saber (la *sophía)*. El conocimiento de lo que se encuentra fuera de la caverna ilustrará lo que después de Platón se llamará «filosofía», que vendrá a coincidir entonces con la afinidad con el «más allá», el afuera, que representan las ideas. De este modo, la filosofía también se comprenderá como metafísica, que ahora definirá sobre todo una posición que hay que conquistar, que se pretenderá coincidente con la de la verdad. Y esa conquista definirá también el título «humanismo». En todo este juego se decide acerca de la esencia de la verdad. Pero el escrito acerca de la doctrina de la verdad en Platón también habría revelado que, al lado de esta versión, por verdad también cabe entender un tránsito. Un tránsito que no se resuelve nunca, porque es el tránsito *de* lo oculto *a* lo desoculto, en el que lo oculto se *refugia*, pero no desaparece, en lo desoculto. Y este tránsito define algo más que la esencia de la verdad: define la verdad de la esencia.

La *Carta sobre el humanismo* ofrece, a los ojos del lector actual, un doble destino: constituyó un documento público sobre la propia interpretación del filósofo ante su obra decisiva, *Ser y tiempo,* aunque ya mediada por su comprensión de la metafísica, aspecto que regula perfectamente su aparición conjunta con el escrito *La doctrina platónica sobre la verdad.* Al mismo tiempo, marca y anticipa *a partir de esa autointerpretación* el trayecto que va a venir. En sí misma, la *Carta* certifica, por consiguiente, una despedida –el *Dasein* no puede considerarse bajo ningún aspecto como ente alguno (por consiguiente, no resulta identificable con el hombre del humanismo)– y al mismo tiempo anuncia cómo tiene que comenzar a pensarse el ser postmetafísicamente.

Ahora, en 1947, apunta Heidegger, la propia palabra «ser», cargada de tradición, puede desaparecer como tal a fin de no despistar respecto a la dimensión efectiva donde realmente resulta operativa. Cuando ese término ya no puede realizar su trabajo, porque se ha quebrado la relación entre la cosa y el concepto (y se ha quebrado fundamentalmente a la vista de dos fenómenos supremos, como lo son el del propio ser y el del hombre, para los que no hay significado), lo que queda es una tarea para la que la filosofía misma se encuentra limitada, sobre todo porque la filosofía partía de la posición privilegiada de unos principios –la substancia, la causalidad, el sujeto– que han evidenciado su vacío. En realidad, con estos principios, cae también la concepción humana que los sustentaba –el humanismo– y que había hecho del hombre una substancia, pero por eso mismo lo había limitado a ser una cosa más –una *res cogitans*– por mucho que fuera privilegiada. ¿Y es realmente el hombre una substancia? Para Heidegger, decididamente no. Y solo de ahí viene su rechazo al término «humanismo». También su cuestionamiento del término filosofía, a cuyo servicio se encontraba. En lugar de la filosofía y sus seguros conceptos, simplemente *pensar*, que es el nombre que Heidegger atribuye a la tarea filosófica. ¿Y qué significa esto? El pensar consiste en ese momento o encuentro en el que el ser llega al lenguaje. Y de este modo el lenguaje se puede entender como ese cruce entre el ser y la esencia del hombre, donde propiamente puede habitar el hombre. Pero habitar no significa simplemente construirse un edificio con el fin de protegerse. Al contrario, el lenguaje entendido como cruce no puede ser edificio alguno que el ser humano construye para su uso, pues sería en todo caso la intemperie, sino que más bien dispone la propia relación entre el hombre y el ser, porque propiamente ambos habitan el lenguaje y son a partir de él. La evocadora pero equívoca fórmula, que tanto se repite desde el inicio de la *Carta*[56], que dice que «el lenguaje es la casa del ser», no dice tanto cómo es la casa cuanto que la casa –morada, refugio, protección– se debe al lenguaje, lo que significa que también comparte el carácter de este: in-seguridad, des-equilibrio, des-protección (en suma: intemperie), como nombres que remedan aquel tránsito de ocultamiento a des-ocultamiento en que consiste propiamente la verdad[57]. De la misma manera que la verdad no coincide con la segura fórmula del enunciado, que constituye algo así como su cripta, «casa» tampoco significa mero refugio, sino el cruce mismo en el que aparece el lenguaje: entre lo dicho y el decir, entre lo que se revela y lo que queda oculto, entre un adentro y un afuera. De esa naturaleza es la morada a la que se puede llamar lenguaje, que por eso mismo debe ser protegida (y aquí «protegida» significa precisamente: no reducida a mera habitación) en un doble cuidado por pensadores y poetas. De los primeros ya se señaló en qué consiste su tarea: no en construir, sino en dejar que aparezca «ser», y esto significa, de nuevo: dejar que el *cruce* aparezca en cuanto tal. De los segundos, su tarea queda señalada en el propio comienzo de la *Carta* como la de liberar al lenguaje de la gramática, que es tanto como decir, de nuevo, que el lenguaje no quede reducido al enunciado, a lo dicho, ni se entienda como sistema universal de signos y enunciados. Porque el lenguaje no puede ser entendido tampoco, al modo en que lo hace la lingüística, como signo y ni siquiera como significado, sino como advenimiento del ser mismo, es decir, como el acontecimiento que a un tiempo aclara y oculta. En definitiva, no algo extraño a lo que el propio Heidegger llamó «verdad del ser».

El problema reside en entender que el hombre sea algo y que tenga una esencia, cuando bien pensado el hombre solo ocurre por medio de una interpelación de las cosas, es decir, del propio ser. Se trata, más que de pensar el hombre, de pensar el *Dasein,* pero ahora definitivamente ya no como el ente humano, sino más bien como el *Da*, el claro. Y a estar en el claro del ser es a lo que explícitamente Heidegger llama en la *Carta* la «existencia» del hombre. De nuevo se repite aquí la fórmula de *Ser y tiempo*: «La esencia del *Dasein* reside en su existencia»[58], que es tanto como decir que el *Dasein* no tiene esencia. La Carta repite el argumento fundamental de *Ser y tiempo,* pero ahora visto desde su resultado, que se revisa así: si de la única substancia de la que cabe hablar respecto al hombre es del *Dasein,* y si este es determinable solo como existencia, y si esta, a su vez, solo se muestra como la *luz* y el *claro,* «ex-sistencia» no deja de ser otro nombre para el ser, pero bajo el paradójico significado de «estar fuera», pero dentro de la verdad del ser.

En todas estas fórmulas se esconde un doble esfuerzo: por una parte, uno que podría señalarse como negativo, que consiste en decir que la existencia, el pensar y el claro no son productos ni nombres de la subjetividad, sino interpretaciones para señalar eso anterior a la subjetividad, que siempre se presume como fundamento de la propia razón. («Exsistencia» se entiende siempre como lo anterior a la razón). En la *Carta,* el significado «hombre» solo remite a «ex-sistencia». Esta tarea negativa tiene que ver con ese trabajo por desvincular la determinación del hombre del significado de racionalidad, que se considera origen de la concepción técnica del conjunto de lo ente, tanto de la naturaleza como de la historia. Pero por otra parte, más allá y seguramente antes que esa tarea negativa, se esconde el intento por interpretar lo que se ve, y reconocer que la «ex-sistencia» tiene que ser interpretada como el claro, esto es, como la verdad del ser y, solo en ese sentido, como la casa. Pero aquí el lenguaje se vincula de nuevo con la ex-sistencia, porque el lenguaje es igualmente el encuentro, cruce o, en términos de Heidegger, *claro* en el que se tocan el ser y la esencia del hombre (la ex-sistencia). El intento por salir fuera de la comprensión del ser como substancia conduce a esa comprensión de la casa como la manifestación misma del lenguaje, que es tanto como decir: la manifestación de ese encuentro entre lo oculto y lo desoculto, o, entendido de otra manera, como el propio des-encubrimiento o tránsito en que consiste el *Da*, el aquí, el claro, es decir, la ex-sistencia.

Desde el punto de vista de la filosofía, esta reinterpretación de los resultados de *Ser y tiempo* que ocurre en la *Carta sobre el humanismo* no deja de ser igualmente un intento por liquidar la jerga metafísica de la representación a fin de interpretar a partir de una vinculación original lo que el análisis ha dividido: el mundo y el hombre, la naturaleza y el espíritu, las cosas y la existencia humana. De esa división se ha nutrido el humanismo, haciendo prevalecer el segundo polo como el principal, fundamento de todo lo demás, además de interpretar la naturaleza, las cosas y el mundo precisamente como resto asimilable.

Y en realidad, el mundo, originalmente entendido, ¿no es eso que se viene llamando en estas páginas «claro del ser», y que lo es precisamente porque el hombre se expone en él? Pero este hombre así expuesto, cuando el mundo no es lo extraño, es el hombre fuera del humanismo, lo que significa: próximo a la verdad del ser (el des-ocultamiento), que necesita de él. El hombre, en efecto, no crea el ser, sino que simplemente se encuentra próximo a él, y esa proximidad es la que se deja reconocer en el lenguaje, que se entiende como la casa en la que se deja que el hombre entre.

Pero entrar en la casa del ser puede ser entendido de dos maneras, propia e impropiamente, según ya articuló *Ser y tiempo,* y las dos alternativas se encuentran siempre abiertas. En términos mítico-literarios, Heidegger habla de «señor de lo ente» o de «pastor del ser», como fórmulas antagónicas. Cuando del mundo y de la naturaleza se ha hecho una representación, que equivale materialmente a haberlo convertido técnicamente en un objeto, entonces propiamente lo que se ha hecho ha sido destruir la casa. Esta destrucción se traduce en un desterramiento, que literalmente ha vuelto inservible la tierra, sustituyéndola por su articulación técnica. Aquí se ofrece no el mundo, sino el inframundo o el supermundo, e históricamente se queda imposibilitado de hacer patria en esa tierra. Pero así entendida, la apatridad no es de este modo una característica política, sino un destino metafísico. O en todo caso, si es un destino político, resulta de ese destino metafísico. Pero este desterramiento, que coincide con el dominio de la técnica –y por eso se traduce en la fórmula «señor de lo ente»– y que históricamente se escribe como cosmopolitismo, procede de haber desencubierto todo, de manera que no tenga siquiera sentido afirmar «otro lado», ni siquiera el de la muerte, que no pasa de ser un mero suceso más, tratable médica, psicológica y políticamente, pero no como fenómeno original.

Y frente al desterramiento, la segunda alternativa consiste en el reconocimiento de la propia tierra, también de su oscuridad, que guarda relación con un cuidado: de ahí la fórmula literaria «pastor del ser», que en cualquier caso solo quiere decir que la tarea del pensar reside exclusivamente en ese reconocer el ser, precisamente como claro y «cruce». Ciertamente, un cruce que es el lenguaje; es decir, la casa, porque fundamentalmente la casa, que es la que hay que cuidar, reside más bien en su límite y umbral. En efecto, «casa», más que el lugar del refugio frente al mundo, es el mismo mundo en lo que este tiene de finito y de límite. El mundo y la casa no son cosas, sino el umbral que marca siempre una insoslayable diferencia entre un adentro y un afuera, una diferencia que se encuentra siempre en precario y en peligro. Pero el peligro no viene de amenaza alguna por quedarse fuera, sino porque quede arrasado el mismo sentido de umbral, de modo que todo sea ya indistintamente o afuera o adentro, de modo también que entonces no tenga sentido hablar de «ex-sistencia», que siempre preserva esa relación entre estar afuera y estar adentro, sino del hombre que gracias al humanismo lo ha dominado todo y todo lo ocupa, pero a costa de su existencia.

Perder la existencia ocurre, de entrada, afirmando una esencia para el hombre. Después, y eso será secundario y derivado, afirmando que esa esencia consiste en ser un animal racional, o una persona, o el compuesto de alma y cuerpo, o el espíritu. Independientemente del valor de cada una de estas formas de rellenar el significado «hombre», lo radicalmente peligroso procede de rellenarlo. Así, a los efectos, da lo mismo decir que el ser del hombre es espíritu o materia, porque además cada una de estas determinaciones conducirá al mismo lugar, lo que anteriormente se llamó «desterramiento», que ocurre como dominio absoluto de la tierra por medio de la comprensión técnica del lenguaje y de la posición humana.

Si a la demoledora crítica al humanismo, que es simplemente una consecuencia de la crítica a la metafísica, se le exigiera que se acompañara positivamente de una ética nueva, se volvería a reiterar el humanismo y la metafísica. La única ética posible es, como consecuencia de lo dicho, pensar la verdad del ser y, por eso mismo, pensar el permanente desequilibrio y el fatal (trágico) desencuentro original que ocurre cada vez que el ser se cruza con la esencia del hombre, es decir, en esa exposición a la luz que se llama la exsistencia. Pero en qué medida ese trágico desencuentro es sin embargo el que preserva la cosa como tal, y a lo humano, más allá de su comprensión y determinación como objeto, es algo que puede ilustrar la poesía, que justamente se empeña en algunos casos (Hölderlin) en pensar lo inconmensurable de la naturaleza, es decir, del ser, cuando se entiende como fuente, esa que esencial y originalmente es desconocida e intratable y por eso mismo da la única medida verdadera, la de la finitud. La ética, en ese caso, es el pensar, que ahora puede garantizarse una medida: la finitud. Y esta es la del hombre, pero también la de la cosa, o mejor, la de ambos, como Heidegger ilustra recordándonos la historia de Heráclito, que a su vez cuenta Aristóteles: en cierta ocasión el filósofo fue visitado por unos curiosos que se lo encontraron calentándose al lado de un horno de pan y defraudados por la visión cotidiana del gran hombre ya se marchaban cuando este les dijo: «¡Pasad! También aquí habitan los dioses». En efecto, también *aquí*, donde se cuece el pan y se protege uno del frío, también aquí entre *estas* cosas y mi cuidado por ellas, están los dioses, se encuentra el ser. La ética no es posible como discurso separado, porque como discurso separado nos encontramos de nuevo en la metafísica, que en definitiva acabó con el *éthos*, es decir, con la casa humana, sustituyendo el umbral por un refugio infinito al que llamó universo y planeta. Pensar, en cambio, es trabajar en la construcción de la casa del ser, que fundamentalmente significa: hacer manifiesta la conjunción de la esencia del hombre (la ex-sistencia) y la verdad del ser, el tiempo del ser, que no es ningún transcurrir, sino más bien un ocurrir.

* * *

Heidegger no abandona la preocupación por la metafísica, pero con su revisión después del *Nietzsche* y la interpretación de su destino en la *Carta*, recuerda el olvidado guion que media en la palabra «meta-física», para quedarse en él. Pero reparar y retener ese guion significa por otra parte tener que eludir el término «ser», vinculado a los dos lados del guion: a lo físico de la cosa y a lo meta- de la idea, pero de alguna manera no a su diferencia. El término «ser» revela a partir del guion su propia nada, que si se interpreta como vacío es el nihilismo. Pero según se vio, meta-físicamente la «nada» también es del ser, también le pertenece. ¿Y por qué no evidenciar esa copertenencia, aunque de entrada solo sea gráficamente, mediante una tachadura? «Ser», así, es ~~ser~~[59], lo que permite pensar en la riqueza y dispersión del término, siempre velado por la nada. La nada, efectivamente, es un velo, pero justamente aquel que permite ver: a plena luz y en la plena transparencia (lo que Heidegger llamaría «el dominio de lo ente») ya no queda nada que ver, porque todo está descubierto. La nada, o sea, el ser, la ex-sistencia, o lo que es lo mismo: el movimiento y la vacilación entre encubrimiento y desencubrimiento, acontece. Y ese acontecimiento *(Ereignis)* es reconocible después de la tachadura. El *acontecimiento*, que es la manera bajo la que cabe interpretar el ser después de la metafísica de Nietzsche, reconstituye el guion inicial, el guion en que consistió la metafísica, la pura línea del límite. Aquella metafísica que hay que abandonar a fin de poder interpretarla.

III. La finitud

1. Reiteraciones de la finitud

Las publicaciones de Heidegger posteriores a *Ser y tiempo*[1], especialmente a partir de la *Carta sobre el humanismo*, pueden producir una impresión de diversidad, cuando no resultar directamente extrañas al carácter filosófico supuesto. De los títulos puede llegar a concluirse una disolución de la filosofía o su traspasamiento a otros ámbitos temáticos. Así, el arte, los poetas, la técnica, el lenguaje, los griegos, el habitar, el construir parecen definir una extraterritorialidad de la propia filosofía, hasta el punto de que las cuestiones clásicas –el ser, la ontología, la metafísica– aparecen confrontadas y cuestionadas permanentemente por esos *nuevos* temas. En general, esta diversidad de títulos que parecen referirse a cuestiones tradicionalmente ajenas a la filosofía ha construido la imagen de un «segundo Heidegger» o Heidegger *tardío*. Este carácter de «tardío», que califica externamente un enorme trabajo que se presiente inabordable y que se eleva positivamente al valor de incomprensible, ha justificado la posibilidad de tomarlo a trozos y excusar una lectura completa. De este modo se libra del esfuerzo de entender el sentido mismo de la depuración explícita de ciertos términos –«ser», «metafísica», «ontología»– a una con la emergencia paralela de esa diversidad. De esta, cuya enumeración se salda rescatando ciertos títulos como principales, se hace una simple diversidad *temática*. El esfuerzo, en cambio, podría residir más bien en pensar esas cuestiones ciertamente como diversas, pero también indisociables, bajo la consideración de que en ningún caso se trata de temas: ni de la técnica, ni del lenguaje, ni de los griegos se hace tema, lo que excluye hablar de una «filosofía de la técnica» o «del lenguaje», por ejemplo. De este modo, eliminar esa apariencia metodológica de diversidad *temática* puede constituirse ya en el primer paso para comenzar a entender esos escritos a otra luz, que habría de continuarse en un segundo paso preguntando por el singular carácter de la *diversidad* misma en lugar de atribuirla al interés del Heidegger tardío por temas de su tiempo –la técnica– o por una preocupación común a la filosofía contemporánea –el lenguaje– cuando no a su salida mística hacia el arte, la poesía y la divinidad. Se trata más bien de aceptar inicialmente la diversidad, eliminando su carácter temático, pero desde el reconocimiento de que esa diversidad de cuestiones aparece porque ya no resulta posible hablar de un significado de ser –ni por lo tanto de concepto alguno del mismo ni de algo con lo que pudiera identificarse–, sino que por tal hay que entender ya exclusivamente la indicación de lo que en *Ser y tiempo* se llamó *sentido*.

Metodológicamente, así pues, es exigible una renuncia a entender el Heidegger tardío como aquel que hace «otra cosa» y propugna un *nuevo* significado para el término «ser». Definitivamente, Heidegger no es el filósofo del ser, porque en esa aludida *diversidad* se esconde más bien la tarea de disolver el significado y hasta el término, aunque sea con el fin de reencontrar el sentido. Pero de nuevo hay que precaver contra el error de interpretar que lo del «sentido» sea una suplantación de la cuestión del ser, de modo que donde antes se decía «ser» ahora se dice «sentido». Al contrario –y ahí reside el esfuerzo ante esa lectura–, se trata de reconocer e interpretar el sentido *al margen de* algo, y en todo caso próximo a la «nada» de la que anteriormente ya se ha hablado. Más que en ningún otro lugar, tal vez aquí, en el *otro* lado de la obra *Ser y tiempo* que culminará en los escritos posteriores a la *Carta sobre el humanismo*, se encuentre el resultado del núcleo esencial de lo que se sostuvo en 1927. En cierto modo, eso significa que ahí se consuma también el significado de aquello a lo que se quiso aludir bajo el término *«Dasein»,* aunque eso se certifique definitivamente por medio de la desaparición del término en cuanto tal.

En el final de la obra de 1927, que ahora es preciso hacer comparecer aquí para entrar en la culminación del trayecto, se reveló el fracaso de lo que funcionó ontológicamente como sentido, a saber, del tiempo entendido como sucesión continua en la que todo ocurre. Pero del fracaso de dicho significado de tiempo, si se quiere, del fracaso de dicho sentido, no se sigue la propuesta de otro, sino más bien la interpretación del origen de dicho fracaso. Entiéndase bien: no hay *nuevo* sentido, sino intento por interpretar *de nuevo* el sentido. Pero si cabe esa posibilidad de interpretación, esta tendrá que comparecer en el horizonte del tiempo fracasado, es decir, del sentido del tiempo entendido como sucesión ilimitada. Eso *otro* a lo que se está aludiendo aquí, que puede ser llamado «otro» justamente porque tampoco es extraño a «este» en el que nos encontramos, sino su origen, es lo que Heidegger denomina de muchas maneras, cada una de ellas con su marco y envoltorio propio, pero que se deja nombrar como *la finitud*. Dos cuestiones deben ser precisadas al nombrar este término: a) la primera tiene que recordar otros términos que han indicado hasta ahora lo mismo, principalmente *Lichtung* (claro), *Ereignis* (acontecimiento) y también, sobre todo en el contexto de la *Carta*, *Ek-sistenz* (ex-sistencia). En todos ellos se pretende indicar un «entre», una «inter-cisión» o punto no localizable, del que no puede haber determinación ni, en consecuencia, conocimiento alguno; b) la segunda tiene que delimitar la cuestión misma de la finitud –y de esos términos que le han correspondido en uno u otro momento de la obra– señalando que con ella no se trata del otro lado de la infinitud, al modo en que en el idealismo alemán representó un papel la oposición finitud-infinitud. No se trata, pues, de una reivindicación de la finitud como un *lugar,* aquel en el que se encuentra lo humano, frente a la infinitud, representada por la indefinida extensión de la naturaleza y la asimismo indefinida línea de la historia. Pero fundamentalmente porque la finitud no es un lugar. «Finitud» alude a la *quiebra* del sentido vulgar de tiempo, lo que de todos modos excluye –porque la quiebra no es un lugar– que se pueda salir de tal sentido, porque ese es justamente en el que se está, ya sea en las representaciones o imágenes más triviales y cotidianas de la vida o en la presupuesta y no explícita comprensión física del espacio y el tiempo que presuponen la ciencia y la técnica. «Finitud» consistirá, en consecuencia, en instalarse en dicha quiebra, lo que significa que, más que una posición central, por finitud hay que entender sobre todo un reconocimiento y una interpretación. Lo que en la *Carta* apareció como tensión entre el humanismo –el lugar del tiempo infinito de cuyo centro, de todos modos, se presume señor el hombre– y la ex-sistencia ilustra esa oposición entre la infinitud, en cuya sucesión simplemente se está, y la finitud, que no consiste en ser otra cosa ni estar en otro lugar, sino en la transformación –que supone otra mirada y otra interpretación– que manifieste acaso que el tiempo, más que transcurrir, es ocurrir, lo que de alguna manera se manifiesta en el reconocimiento fenomenológico de que el pasado no precede al futuro, sino acaso al revés, y en el que, en todo caso, se trata de un «entre», una «intercisión», un «claro», un «acontecer», que es siempre original. Pero «original», aquí, tiene el sentido positivo de «desconocido». Interpretarlo así significa ya producir o reconocer la quiebra del sentido vulgar de tiempo, que justamente apareció –se generó– para excluir la posibilidad de algo desconocido, actual o potencialmente.

En cambio, lo propio de la finitud –de ahí que se dijera que es solo interpretación, sin que ese «solo» sea un defecto– es que no se cumpla, porque de hacerlo sería una posición más, y lo de menos sería que coincidiera con el «afuera» o con el «adentro» de la caverna. La finitud, si se entiende originalmente como metafísica (no derivadamente como el lugar opuesto a la infinitud), es el imposible punto de (des)-encuentro entre lo uno y lo otro, sea esto uno lo físico y lo otro lo metafísico o sea, simplemente, lo uno una cosa y lo otro, por ejemplo, su sentido. De ahí que Heidegger hable siempre del «entre» o la «inter-cisión» y que tenga que señalar eso como «desconocido»: siempre se está de un lado o del otro y la filosofía sería solo el reconocimiento de que, de todos modos, entre uno y otro «hay entre», por más que este no pueda convertirse nunca en el lugar para instalarse y encontrarse en la verdad.

Desde el punto de vista metodológico de este libro sobre la lectura de Heidegger sería erróneo entender exclusivamente lo de la «finitud» como un mero título unificador. No se oculta que la recreación de ese título representa un papel decisivo en el trayecto de Heidegger, pero el esfuerzo tiene que concretarse en no reificarlo y hacerlo aparecer como una alternativa. De este modo, para no hacer de la finitud y del sentido algo, es por lo que aparece esa aludida diversidad de títulos, que no de temas. El lector puede preguntarse qué tienen en común una meditación sobre la técnica con una reflexión sobre el lenguaje o un estudio sobre Parménides, Heráclito o Anaximandro. Asimismo, sobre qué papel guarda la interpretación de algunos poetas con cuestiones como el habitar o el construir. En general, cabe preguntarse a qué viene esa diversidad. Desde estas páginas, de las que muy expresamente se ha excluido que se trate de temas, se interpreta no tanto como diversidad miscelánea, sino como *reiteraciones* de la cuestión de la finitud. En efecto, aunque de lo dicho se infiere que en la finitud –como en el sentido– no se está, de modo que su ser (su constitución) no deja de tener un rasgo de no-ser (de nada), sin embargo no se excluye que la filosofía pueda consistir en reiterarla. Así, en cierto modo los títulos que Heidegger hace entrar en juego ya a comienzos de los años treinta en permanente controversia con la terminología ontológica y metafísica constituyen reiteraciones de la cuestión de la finitud o, si se quiere, modos y recursos de constituir a partir de *Ser y tiempo* la interpretación que es la finitud.

Si se pretendiese decir de otro modo, desde otro ángulo, la cuestión de la finitud, que a la postre es la cuestión misma de la interpretación, tal vez solo funcionaría entendida como la cuestión de «la cosa». Por «la cosa» aquí sí que hay que entender algo diametralmente distinto a cuando se habló de «las cosas» en la metafísica, como lo opuesto al ser. Porque esta aparición del término, que no de la cuestión, ocurre en Heidegger más allá del marco interpretativo de *Ser y tiempo,* según el cual cabía hablar de cosas *a mano* y cosas *presentes*. Ahora ya no se está en esa oposición, y de funcionar una, *cosa* se opondría exclusivamente a *objeto*. Por esto último solo hay que entender la cosa desde la perspectiva del significado vulgar de tiempo, lo que la presupone como objeto disponible y medible –cuantificable– por todos sus lados, de modo que siempre sea aprovechable. Esta versión de la cosa como objeto coincide con la comprensión técnica de la cosa. Por *cosa*, en cambio, simplemente hay que entender, con toda la dificultad inicial que eso conlleva, la finitud o el ser; es decir, el ser entendido como la bisagra o el entre. Con esta identificación de la finitud con la cosa gana más sentido la advertencia de la *Carta* que aludía a que no es el hombre el centro, sino el ser mismo. Si habitualmente se entiende la cuestión de la finitud en términos antropológicos –es el hombre el ser finito–, se trata ahora de entender el hombre a partir de la finitud, lo que también puede querer decir: a partir de la cosa. Pero ¿qué es la cosa? Estrictamente entendida, esta pregunta equivale a la pregunta «¿qué es la finitud?», pero exige transparentarse por medio de sucesivas reiteraciones. Algunas decisivas pasan por una indagación sobre el origen de la obra de arte; una aclaración a la poesía de Hölderlin; una lectura de algunos fragmentos de los griegos; una descripción sobre el construir y el habitar y un hablar sobre el lenguaje. Si desde el punto de vista de la exposición alguna de estas reiteraciones puede tratarse por separado, desde la cuestión misma de la *interpretación* –de la finitud– constituiría un error entenderlas como temas autónomos. Téngase en cuenta que la meditación, la descripción, la lectura y el discurso –nombres provisionales para referirse al trabajo de la interpretación– constituyen solo procedimientos de los que se excluye la explicación, entendiendo por esta la operación que presupone enfrente un objeto o tema que se acabará definiendo y explicando. Porque se entiende que cuando se habla de la cosa o de la finitud no se hace con un lenguaje extraño a la misma, sino precisamente con el habla, que surge de y a la vez expresa la propia finitud. Dicho de otra manera: el habla misma, como la cosa, es ya la finitud, de modo que entonces no tiene sentido, si se quiere acertar, situarse en una posición que se identifique como la del lenguaje para hablar, como de algo exterior, de esto o de lo otro... porque el «hablar» y el «de...» proceden de lo mismo. En otros términos: de los objetos se puede hablar como de algo separado porque ya se los ha comprendido previamente como extraños al propio lenguaje; de ahí que se puedan definir en este. Lo mismo puede decirse del tiempo cuando de él se ha hecho también un objeto –una magnitud– definible según coordenadas y representable como una línea continua. Se produce así la paradoja de que, hablando y definiendo el tiempo, de este modo el hombre aparece extraño a él. Esa extrañeza y distancia respecto al tiempo es lo que la metafísica moderna nombró como «sujeto», convirtiendo así cierta facultad humana –el habla, el pensamiento, identificados con la razón– en la definición misma del sujeto. Ciertamente, así entendido el sujeto es atemporal, aunque fenomenológicamente nunca pueda aparecer como tal. Considerado desde la cosa, y no desde el objeto, habría que decir más bien que las cosas no ocurren en el tiempo sino que ellas mismas constituyen la temporalidad. «Temporalidad», aquí, como se habrá supuesto, se utiliza como nombre técnico salido de la obra de Heidegger, para nombrar la finitud y, por eso mismo, para referirse a la cosa. Las cosas son temporales, pero no porque «temporal» sea una característica más a la que cabría añadir otras (por ejemplo, la de «espacial»), sino en la medida en que son el único ámbito donde cabe tiempo. Se podría entender mejor, y seguramente más radicalmente, si se invirtiera la frase y simplemente ahora se dijera: *el tiempo es la cosa*, de modo que apareciera bien claro que ahora no hablamos de características –¿cómo hacer de la «cosa» un predicado?– sino de dos formas de decir lo mismo, a saber: *el tiempo es*; *la cosa es*. De este tiempo, ciertamente, se podría decir que tiene poco de temporal si por esto se sigue entendiendo sucesión y transcurrir. Si, en cambio, por «temporal» no se entiende una característica sino el propio tránsito o movimiento interno de la cosa, que es siempre *límite* y por eso mismo se vislumbra como lo que va «de... a...», entonces la cosa es lo que ocurre pero de modo que en ese tránsito queda siempre oculto... el propio tránsito. Esto tiene que ver con lo que antes se dijo de que se estaba siempre a un lado o a otro, pero no en la bisagra o, utilizando otra imagen ya mencionada, en el umbral: la cosa (es decir, el ser –porque ya no cabe decir el ser de la cosa, como si fueran dos asuntos separados–) siempre tiene la tendencia a aparecer como manifiesta y desocultada, de modo que siempre se señala a sí misma como objeto, algo terminado que ocurre en... el tiempo. La filosofía, de ser algo, es la posibilidad fenomenológica de ver que la cosa no es objeto y, por eso mismo, de reconocer que su constitución es hermenéutica. No se trata de que la cosa resulte de «la interpretación de la cosa» (siguiendo al Nietzsche que apuntaba a que no hay hechos sino interpretaciones), sino, más radicalmente entendido, de que la cosa *es* ya esa interpretación, y lo es precisamente porque se presume enigmáticamente como tránsito, es decir, como un punto-límite en sí mismo desconocido. La interpretación, así, no se hace instrumentalmente para aportar un plus que la simple explicación no puede dar, sino para revelar propiamente lo desconocido en cuanto tal, o, lo que es lo mismo, para a su vez apuntar y señalar que «lo desconocido es». Se evitará una imagen mística de Heidegger si ahora se identifica eso desconocido no con algo que sobrepase nuestras facultades y nos trascienda, sino con la bisagra, el entre y la intercisión aludidos, lo que también se ha entendido bajo el significado provisional de tránsito: el umbral no se puede localizar, porque lo localizable cae siempre a un lado u otro. Y sin embargo, «hay ser...»; sin embargo, hay umbral sin el que ni siquiera podría apuntarse a eso que llamamos el espacio o el tiempo.

En esta delimitación de la finitud, que es solidaria de la constitución de la cosa, se perfila un protagonismo de «lo desconocido». De nuevo habría que exigir toda la cautela y prevención para no reificar esto y convertirlo en un principio que respondiera a la figura de «enigma inicial» o asuntos extravagantes de ese tipo. Eso desconocido ha venido representando desde el principio de Heidegger un papel fundamental, aunque fuera allí bajo el comprensible término de «sentido». Más tarde, como se ha visto, la misma expresión «sentido del ser» se liquida a sí misma articulándose una versión de ser que coincide con lo de «sentido», de modo que de ambas palabras desaparece decididamente el espejismo de que pudiera tratarse de algo. Así se concebirá el significado de «claro» *(Lichtung)* como lugar de cruce de ocultamiento y desocultamiento en la obra de arte. Pero la meditación sobre la obra de arte también revelará que el arte no constituye ningún sustituto de la filosofía ni un ir más allá de ella, sino el deslocalizado lugar a partir del cual puede comenzar a entenderse qué es una cosa más allá de su inscripción definida en la línea del tiempo. Y lo que acabará revelando la meditación sobre el arte es que la cosa *definida* –como casa, árbol, bota, templo– y por lo tanto conocida no es propiamente una cosa, sino un concepto. De ahí que en el horizonte de las cosas (objetos) convertidas en conceptos y conocimiento tenga que reclamarse lo desconocido. Desde el corazón mismo de *Ser y tiempo* se plantea una oposición que regirá la progresiva transformación de la cuestión del ser entre el significado vulgar del tiempo –el tiempo como sucesión y línea continua, a cuyo horizonte corresponde la posibilidad de conocimiento de las cosas, aunque como conceptos– y la quiebra de ese significado, a lo que corresponde la finitud, es decir, la constitución temporal no ya del *Dasein* sino de la cosa misma. Considerado desde lo que en los *Beiträge* se llamó diferencia entre el primer comienzo y el otro comienzo[2], al primer comienzo corresponde lo que aquí se llama significado vulgar de tiempo, que culmina en la indiferencia misma entre ser y ente y en el predominio de lo ente, idéntico con la posibilidad de intercambio recursivo de las cosas y la total traducibilidad de unas a otras. Al *otro* comienzo, en cambio, no corresponde, como ya se dijo, algo que va a venir y será nuevo respecto al primero, sino más bien lo que aquí se viene llamando lo desconocido o la finitud o la cosa. «Otro comienzo» se constituye así en la posibilidad misma de la hermenéutica, que no busca completar con interpretaciones la pobreza del significado de la cosa definida según el concepto, sino reencontrar la constitución fenomenológica de la cosa, que ahora significa tanto como decir: la constitución hermenéutica. Pero en ningún caso hay una salida del primer comienzo, sino un reconocimiento del mismo a partir del cual se pueda plantear siquiera que la cosa es origen irreducible y, por eso mismo, no intercambiable. Si se intercambia y traduce, nada cambia aparentemente en su apariencia, pero sus límites se han diluido hasta convertirse en una no-cosa, o en lo que la metafísica convirtió y llamó objeto. Tampoco se debe entender que hay cosas que pueden tratarse como objetos, por ejemplo porque son innumerables, y cosas especiales, como las obras de arte, de las que parece alejado todo carácter objetual y objetivo. Dicha distinción cae por su base cuando las propias obras de arte no es que sean tratadas ya como objetos, intercambiadas y transportadas, enajenadas y desplazadas de su lugar original –que es siempre un lugar histórico ya perdido[3]–, sino que son producidas como tales a fin de disponer un escenario, donde adornen, o rellenar un determinado ámbito de actividad humana. Otro asunto es que, de todos modos, la obra de arte revele más fácilmente en qué consiste una cosa, porque en ella cabe la posibilidad de vislumbrar pese a todo justamente aquello no objetivable que la constituye y que, de acuerdo con nuestro discurso, puede ser llamado lo desconocido. Pero eso desconocido que comparece en la obra de arte, ese enigma, no es algo que en cualquier momento pueda llegar a desocultarse y aparecer, sino justamente lo que no aparece y, por eso mismo, constituye a la propia obra. Como dice Heidegger recordando a Rilke en el decisivo ensayo «¿Y para qué poetas...?», las cosas seguramente ya no existen; desaparecieron precisamente bajo el plan que las sometió a una calculada productividad y así, por ejemplo, solo figurativamente podemos llamar casa a lo que habitamos[4]. Y si eso es así, no es porque las desconozcamos, sino precisamente por lo contrario, porque conocemos hasta el último detalle de su constitución, lo que las hace infinitamente replicables, rehusándose su constitución temporal. Es esa productividad infinita de la réplica la que sostiene el significado vulgar de tiempo, igual que la vuelta a las cosas solo ocurriría si se volviera a reconocer lo desconocido. Pero de ningún modo puede entenderse esto bajo la idea de un plan romántico y nostálgico de vuelta a las cosas perdidas –el antiguo bosque, la antigua casa, el antiguo banco donde sentarse o el árbol donde tomar la sombra–, pues eso convertiría a lo viejo en el contenido del *otro* comienzo y a su restauración en el proyecto del futuro nuevo plan. En cierto modo, eso haría de esa meditación filosófica una suerte de proyecto político, realmente reaccionario. No hay contenido para el *otro* comienzo porque, como se está diciendo, «otro» tiene un valor exclusivamente hermenéutico al que ciertamente le cabe la paradójica tarea filosófica de sostener y ser origen del significado vulgar de tiempo, o, lo que es lo mismo, de la sucesión ilimitada donde se inscriben las cosas comprendidas como objetos. Aquí se está sugiriendo que el significado vulgar de tiempo, que coincide con la comprensión objetiva de lo real servida por el conocimiento y la ciencia, ni siquiera sería lo que es sin que compareciera la finitud o lo desconocido; es decir, la cosa, el ser entendido como origen. Porque la determinación de la cosa como objeto surge ya de una interpretación, aunque esa interpretación consista paradójicamente en borrar lo que de interpretación tiene la propia constitución de la cosa, para retener exclusivamente sus rasgos objetivables y medibles. En definitiva, los objetos surgen y se pueden producir cuando de ellos se borra su naturaleza fenomenológica y su posibilidad hermenéutica.

Desde este punto de vista se definió líneas más arriba la filosofía de Heidegger como la constitución de la finitud. Y en la búsqueda de ese perfil es en la que Heidegger convoca a la poesía y el arte, a Hölderlin y a Rilke, a Van Gogh y a la ruina arquitectónica del templo griego, pero también a la Grecia de Heráclito y Parménides más allá del Platón y del Aristóteles que contribuyeron a la formación de la metafísica. Hölderlin primero y después Grecia fueron dos recursos imprescindibles para esa reiteración de la finitud o lo desconocido a la que se viene aludiendo. Por lo tanto, el recurso a Hölderlin no implica para nada una salida de la filosofía hacia la poesía, sino más bien una entrada más decidida en la filosofía desde aquello que se puede reconocer, no en la poesía como género, que seguramente entraría en la esfera de la producción objetiva de literatura, sino en algún poema de Hölderlin, de Rilke, de Trakl, de Stefan George o de Paul Celan. Pero se trata de comprender solidariamente la comparecencia de Hölderlin junto con la de Heráclito y

Parménides, aunque cada uno perfile respectivamente lo que se llama poetizar y pensar. Porque lo uno y lo otro delimitan, aunque de diferente modo, lo mismo: la finitud. No constituyen, así pues, la poesía o la filosofía presocrática un horizonte de escape, ni mucho menos el recurso para el abandono del pensamiento conceptual. Solo en algunos poemas concretos de los poetas recién mencionados, igual que solo en algunos fragmentos concretos de Heráclito o líneas de Parménides, se vislumbra ese origen que Heidegger reconoce como la finitud y constituye el *otro* comienzo a partir del cual no se supere y arrase el concepto, sino que se lo entienda. Esta operación de entender es lo que se viene llamando «hermenéutica» y en eso consiste la filosofía[5].

2. El origen de la obra de arte

En el medio mismo del problema de la metafísica, en el litigio mismo que contiene la palabra y que decide su alcance en relación con entenderla como mero nombre escolar de una doctrina o, por el contrario, como nombre para la *situación* misma en que consiste la cosa, cabe inscribir la preocupación explícita acerca del arte que Heidegger puso en marcha de forma sorprendente hacia la mitad de la década de los años treinta, cuando pronunció varias conferencias, recogidas más tarde, después de ser revisadas y ampliadas, bajo el título «El origen de la obra de arte»[6]. Con la detención en la poesía y el arte se persigue una delimitación del significado de verdad que, aquí en este contexto, es como decir: de la cosa y el lenguaje, pero de un modo ciertamente original, antes de su versión metafísico-doctrinal.

Y por «origen» no hay que entender nada misterioso ni escondido sepultado en tiempos pasados, sino lo que espera ahí delante[7], pero no para que lleguemos a él y lo rebasemos, sino como ese permanente indicador que marca el continuo fracaso que sobreviene, precisamente porque cuando vemos la cosa parece que la hemos visto ya toda, como si fuera un objeto, y cuando la decimos parece que la hemos agotado comprendiéndola en un enunciado. Y frente a esa forma de enunciar, lo que la poesía hace relevante es justamente eso que acabo de llamar fracaso, o permanente incompletitud del decir, que es justamente la única dimensión en la que puede aparecer el decir mismo antes que lo dicho. En efecto, lo dicho siempre tiene la apariencia de algo acabado y decidido frente a un decir cuya constitución es siempre vacilante. Pues bien, del mismo modo que la poesía no consiste en una producción de frases o enunciados, susceptibles de ser utilizables, revisables, reiterables y archivables, sino en la posibilidad de que aparezca el mismo decir (con lo que tiene eso de extraño y anómalo, pues siempre esperamos a lo dicho y nunca al decir), del mismo modo el arte no consiste en una especie de principio a partir del cual se producen obras de arte, sino en la posibilidad misma de que pueda aparecer la cosa, que es tanto como decir: que pueda hacer acto de presencia el mismo aparecer.

Hay que señalar dos cuestiones claves, si se quiere entender por qué la dedicación de Heidegger al arte y la poesía no solo no es una salida ni un abandono de la filosofía, sino más bien, y en todo caso, un intento por recuperar su sentido como origen. La primera de ellas rompe un tópico clásico: no se da en primer lugar el arte o la poesía de modo que solo después puede ser detectado lo que aparezca como obra de arte o como poema, pues más bien de lo que estos sean –la obra de arte y el poema– y de su mismo surgir depende que se pueda hablar, por lo tanto derivadamente, de arte y de poesía. Pero del mismo modo, y esta es la segunda cuestión clave, no cabe hablar de «realidad» o de «ser» –como no cabe hablar de «arte» o de «poesía»– para detectar a partir de ahí *qué es* real en cada caso. Así, por «origen» tiene que ser entendido aquí el surgir mismo de la obra de arte o del poema pero también como surgir *a una* de la cosa y del decir, o, lo que es lo mismo, como surgir del ser (más bien, cabría decir: surgir, que es en lo que consiste «ser»). En consecuencia, no puede entenderse que el arte y la poesía sean esferas privilegiadas del ser, que coexistan, por ejemplo, al lado de la ciencia. Para comenzar porque lo de «esferas privilegiadas», cuyo estatuto podrían arrogarse también, pongamos por caso, la religión o la política, resulta de una derivación y de la determinada y seguramente fatal usurpación de una cosa por su nominación y significado.

El arte y la poesía no aparecen así en el horizonte de la discusión de Heidegger como títulos ya constituidos –nombres de disciplinas del conocimiento o de la actividad humanos– ni tampoco, porque esto sería malentender todo el asunto, como títulos o disciplinas que esperaran su constitución, que por fin se resolvería, pongamos por caso, como resultado de la reflexión del propio Heidegger. Hablaríamos en ese caso de una filosofía del arte o incluso de una filosofía del lenguaje (en cuyo marco sería considerable y analizable también el lenguaje poético), pero no de la obra de arte o del poema como origen, o, lo que es lo mismo: *de la cosa*, que es de lo que trata Heidegger.

Por todo esto, el escrito sobre el origen de la obra de arte y posteriormente los dedicados a la aclaración de la poesía por medio de poemas de Hölderlin, Trakl, George y Rilke, entre otros, encuentran su lugar fuera de la Estética y, además, en resistencia contra ella[8]. No se trata, así pues, de la parte estética de la filosofía de Heidegger, sino en todo caso de la resistencia frente a la Estética, que es tanto como decir: frente a una comprensión que es moderna desde el momento en que reduce la obra de arte –o la lectura del poema– a la estructura de la subjetividad, o, lo que es lo mismo: que reduce la obra de arte y el poema a un asunto de vivencias subjetivas. La Estética, en el desarrollo de la metafísica moderna –la metafísica que ha interpretado la cuestión del principio como sujeto–, sería la responsable del tratamiento de todo aquel material sensible no reducible a términos físico-matemáticos, que es como decir no reducible a términos de verdad científica. La Estética constituye, desde esta perspectiva moderna, el horizonte de comprensión de los fenómenos de ese lado incierto del sujeto, ese lado no identificable con el conocimiento y la explicación de las cosas. Si las cosas, modernamente entendidas, quedan determinadas dentro de la esfera objetiva –en la medida en que son cuantificables y medibles–, de lo estético sería responsabilidad esa perspectiva no directamente medible pero, pese a todo, reducible a la esfera de la subjetividad, y precisamente a uno de sus ámbitos más extraños al conocimiento, el que recibe el nombre de «vida». Pero ese ámbito tiene que ser también determinable, de modo que, aunque no lo sea cuantitativamente, pueda serlo por lo menos cualitativamente, mostrando así de todos modos su inextricable relación con la esfera de la subjetividad: la obra de arte, modernamente entendida, es antes que nada obra del sujeto y, tan principal como lo anterior, obra para el sujeto. La reducción de este círculo que integra a la naturaleza y también a lo divino en la esfera de la subjetividad –la obra de arte ya no reposa más en sí misma ni surge de la naturaleza ni evoca la visión de Dios–, lejos de oponerse al lado fuerte de la misma subjetividad, representada por el conocimiento científico de la naturaleza, refuerza el papel de esta. Ahora, en el mundo moderno, nada queda fuera del sujeto y del conocimiento, pues la vivencia también constituye un modo de conocer, a saber, aquellos aspectos y dimensiones que no se ajustan a su determinación lógica y a su medida. Si bien la verdad, en el sentido fuerte de lo que puede ser medido y cuantificado, resulta directamente identificable con lo que puede ser reducido a mero objeto por medio de la ciencia, la belleza –tradicionalmente reservada como el nombre para referirse a la manifestación de la obra de arte– también resulta interpretable desde la perspectiva del objeto, pudiéndose hablar en consecuencia de objetos bellos que, en cuanto tales objetos –no en cuanto bellos–, resultan intercambiables. La esfera de la conservación del arte en museos y de su reproducción como empresa artística –en cuanto tal empresa, no diferente de otra con cualquier otro fin– queda abierta y, de ese modo, también un acabamiento del arte que, paradójicamente, no tiene por qué asociarse a una disminución de la creación artística, sino muy al contrario a su indeterminada multiplicación. La cuestión reside en discernir si lo que se reproduce resulta arte o mera producción objetiva de determinados productos. La cuestión sobre cómo discernir qué es arte de lo que no lo es queda definitivamente abierta, y esa indeterminación, al lado de la necesidad de plantear la propia discriminación, constituye también un rasgo más de lo que pueda ser entendido como estética moderna.

Así pues, la reflexión sobre el arte surge, en Heidegger, como indagación, no sobre el fenómeno artístico considerado desde las Bellas Artes y teorizado en la Estética, sino sobre la cuestión más original de si a partir de la obra de arte se alcanza a saber algo sobre la esencia de la cosa; si se alcanza a saber, en definitiva, qué es una cosa. Pero partiendo de dos supuestos: 1. Que lo que signifique cosa no diferirá en su esencia de aquello que se busca como ser –o como su sentido–; y 2. Que el arte nos puede decir algo del ser porque constituye el lugar mismo –la abertura– en el que este aparece. En efecto, en el arte *aparece* el ser. Por medio de estos dos supuestos se entenderá que «arte» no sea considerable ya más como una esfera específica en coexistencia y oposición con otras, sino como el acontecimiento mismo donde «ser» aparece, toda vez que, de todos modos, ser y aparecer no son dos cuestiones distintas y que «ser» no es algo –un ente determinado, una cosa– sino más bien un «llegar a ser» en el que, como en todo «llegar a», se encuentran implícitos un «de dónde» y un «a dónde», pero de manera indisociable, es decir, de manera que el origen (de dónde) persiste como tal en el supuesto final (a dónde) de la obra.

Así entendida, la cuestión del arte no difiere de la que clásicamente se denominó ontología, pero le da por completo la vuelta a esa cuestión desde el momento en que por medio del arte se alcanza a saber en qué consiste el propio ser y su aparecer, asunto que Heidegger entiende como «verdad». Si la ontología en el sentido clásico constituyó un discurso acerca del ser en general, con independencia de cómo pudiera entenderse específicamente ese ser –si, por ejemplo, como naturaleza o como historia–, a partir del cual pudieran fundarse ontologías regionales (la naturaleza, la historia, el arte), ahora a la «ontología», de mantenerse esa denominación, habrá que entenderla a secas como la cuestión del ser, cuya generalidad o especificidad sería en todo caso derivada pero no original. En efecto, el arte no constituye una ontología regional o particular, aquella que trate de determinados fenómenos, sino el ámbito mismo donde tiene sentido plantearse originalmente la cuestión del ser, cuestión que se deja entender exclusivamente como ser de la cosa o, simplemente, como la cuestión de la cosa. Así, el arte no se refiere a aquellas cosas que *además* tengan determinadas cualidades o características que las hagan bellas y, por eso, objetos de la Estética, como si en la consideración de las cosas se pudiera sumar y restar cualidades. Porque en todo caso el «más» que acompaña a la obra de arte es justamente esa *nada* no detectable que en nuestro discurso sobre Heidegger se consideró vinculada al ser. En definitiva, el *más* que presentaría (y también ocultaría) la obra es justamente el propio *aparecer*, que es justamente aquello en que consiste el ser. Pero el aparecer, visto precisamente desde el arte y no desde la perspectiva del objeto –que se caracteriza por presentar potencialmente todas las caras de la cosa–, contiene una dimensión de no-aparecer que es justamente la condición que permite hablar del arte. Así entendido, lo que definiría a la obra de arte frente al objeto vendría dado porque el no-aparecer inherente a la obra –la materia, que se retrae para que se revele la figura; el tiempo, que queda solo insinuado en la detención del momento– se hace de alguna manera relevante. En realidad, en el objeto no hay propiamente aparecer –entendido como ese surgir de la figura y el instante que a la vez supone la retirada de la materia y el tiempo– sino solo apariencia, considerable por todos sus lados y caras: un objeto no puede ser una obra de arte, pero no porque carezca de figura, sino más bien por lo contrario, porque contiene a todas sus posibles formas de manifestarse; de la misma manera, no porque carezca de materia, sino porque esta se ha vuelto irrelevante, o resulta solo considerable como material o medio para producir una superficie o una forma, pero nada más. La distinción que se acaba de establecer entre apariencia y aparecer guarda su equivalencia con la diferencia entre lo que es solo ente y el ser. Y el arte tiene que ver con el ser; de ahí que no se pueda reconocer lo que sea una obra de arte a partir de su carácter de mera cosa (reflexión que Heidegger desarrolla en el primer discurso de «El origen de la obra de arte»)[9], porque lo que se entiende por cosa es ya resultado de diferentes hábitos de entenderla que la presuponen como ente. Y un ente, tradicionalmente, ha sido entendido: a) bien como soporte –*hupokeímenon* (sujeto)– de propiedades; b) bien como la unidad que reúne a una multiplicidad de sensaciones, y c) bien como el compuesto pensado a partir de los significados de materia (traducción del griego *húle)* y forma (traducción del término griego *morphé).* En realidad, las tres comprensiones se han vaciado ya de la enigmática perspectiva desde la que fueron pensadas para ser entendidas como meros pares de conceptos opuestos de idéntico valor (sujeto-predicados/unidad-multiplicidad/materia-forma), lo que ha condicionado la determinación de la cosa –origen de la propia reflexión griega– definitivamente como objeto. En efecto, porque si atendemos al primer elemento de las tres oposiciones –*hupokeímenon,* unidad, *húle*– en ella se utiliza un término que justamente se introdujo para marcar lo inmediatamente desconocido y no visible de la cosa (ausencia). Atiéndase que se dice «no visible» y no «no sensible». Porque lo que se esconde en este matiz es una dimensión no aparente de lo sensible, una dimensión que resulta constituyente: la *húle,* como el *hupokeímenon,* que en definitiva presuponen ese carácter de unidad, no son términos que tengan como referencia algo, entendiendo por «algo» lo que de una u otra manera puede aparecer completo. Más bien aluden a ese no-aparecer que resulta permanentemente constituyente y que, por lo tanto, no puede volverse apariencia. De ahí que la traducción de *hupokeímenon* por sujeto y de *húle* por materia confunda completamente la situación, porque bajo esta comprensión de los términos se entiende ya algo, una correspondencia que resulta delimitable y medible. Para los griegos, sujeto era justamente aquello de lo que podía ser dicho todo, no pudiéndose decir ello de nada[10], igual que la *húle* (no la materia moderna) era solo el término con el que la filosofía –que perfectamente podía denominarse simplemente «física»– pretendía aludir al fondo mismo de cada cosa que, en cuanto tal fondo, nunca podía presentar una apariencia, pero porque era el origen del que procedía toda apariencia. En la modernidad, cuando definitivamente se consuma la traducción de *húle* por materia, se acostumbra a entender que la materia es algo que podemos tener en la mano o que incluso puede ser observado, cuando es demasiado pequeña, por el microscopio, y cuando se encuentra muy lejana, por el telescopio. Para la Grecia que piensa Heidegger, la materia, como *húle,* simplemente es algo que no se puede ver, lo que no significa que no tenga una suerte de presencia, que es paradójicamente la del no-aparecer, ese que se insinúa a cada paso en la cosa cuando todavía no se ha vuelto objeto, por ejemplo, en la obra de arte.

Quizás lo que más sorprenda ante la visión de una obra (trátese de una pictórica, arquitectónica o plástica en general) sea lo indetectable de eso que llamamos belleza, porque no tiene lugar específico. Por eso la obra de arte sigue suponiendo una resistencia ante la concepción positivista de que todo lo que es sensible –y el arte lo es en grado extremo– tiene que presentar una apariencia. ¿Y si la belleza justamente dependiera de eso, ciertamente sensible, pero que no aparece y que, de todos modos, se hace relevante? En eso consistiría lo que Heidegger, de todos modos, sigue llamando el enigma del arte, un enigma permanentemente amenazado por la traducción de la cosa a objeto. Y esa traducción puede ocurrir por muchas vías, una de las cuales puede ser la de la exigencia moderna de que todo tiene que aparecer, especialmente aquellos dos aspectos o dimensiones cuya naturaleza residía en su ocultarse. Me refiero a la materia (la *húle)* y el tiempo. Pero esa traducción a objeto, que se acaba de caracterizar por una vía, ocurre también por la más sutil, de corte psicológico, que obliga a la visión del observador (en el nuevo mundo, el que disfruta del arte, que no es precisamente el que lo usa cotidianamente en su vida, viene definido por la figura del mirón) a tener vivencias de todo lo que la obra le sugiere o tiene que sugerirle, de modo que se exige la percepción de aquello que antes constitutivamente no podía aparecer o de los momentos de silencio inherentes a muchas composiciones que, de ese modo, dejan de ser interpretables como silencio para en su lugar definir una señal. En definitiva, se apunta a la obra total, en la que todas las posibilidades materiales, temporales y visuales se presenten *de una vez*, aunque sea en un proceso.

Si la conversión de la cosa en objeto tiene su correspondencia en la transformación, ya definitiva, de la visión en vivencia psicológica, el arte es modernamente un mecanismo o técnica de reproducción de la realidad, que puede tener diferentes fines –hacer más llevaderas ciertas situaciones, mejorar o empeorar determinados momentos, compensar una determinada o indeterminada infelicidad– pero todos ellos al servicio no de la obra de arte y para ella, sino del indeterminado operador o sujeto que produce. La obra de arte, así entendida, no se diferencia esencialmente de cualquier otro objeto, excepción hecha de su excentricidad, único criterio para definir que es una obra de arte, por la posición que ocupa. La obra ya no reposa en sí misma y por eso tampoco nos pueden resultar familiares las obras de arte, porque, vueltas apariencia, y apariencia conocida, siguen eludiendo ese elemento cerrado (la *húle)* que las constituye. Su lugar es el museo, que puede ser un recinto cerrado, pero también un espacio abierto o incluso el propio hogar, definitivamente vuelto de esa manera no-hogar. Porque en efecto, que el arte se traslade al museo no depende tanto de la organización de esos lugares o fábricas de vivencias, sino de la propia visión: es la transformación de la mirada la que mira lo sensible de las obras, independientemente de donde se encuentren, como museo, pero porque definitivamente estas nos resultan ya extrañas. Más allá de confirmar el tópico de que nadie puede ver nada en un museo (por la colocación de las obras, dispuestas solo para ser visitadas, pero no vistas), la imposibilidad procede de la mirada que solo puede ver objetos pero no ya cosas. La obra pese a todo sigue siendo una cosa que reproduce... no una sola realidad singular, sino el propio carácter de ser cosa; es decir, el propio ser. Lo que se ve en el museo, se encuentre en el espacio público o privado, cerrado o abierto, o en el propio hogar, es siempre un objeto que incluso puede no ser la reproducción natural de nada, pero que de todos modos no muestra lo que es: el desplazamiento de una pintura de Rembrandt o de Velázquez de los lugares de donde surgieron, y donde estuvieron situadas, a los modernos museos ha transformado esas obras, pero no porque sus rasgos se hayan modificado y ni siquiera porque obviamente hayan envejecido. En cierto modo, siguen siendo las mismas pinturas –incluso mejoradas como resultado de la restauración– si se las considera como objetos, pero sin embargo constituyen dos cosas diferentes, porque fueron arrancadas de su mundo, donde quizás, paradójicamente, pasaban más desapercibidas. Esto nos introduce en la perspectiva de que una obra de arte no es solo el objeto material artístico que puede ser transportado de exposición en exposición y de galería en galería, sino más decisivamente *el mundo* del que surgió y al que volvía en su aparente normalidad. La obra de arte, en definitiva, mucho antes de su elaboración teórica y también de su constitución técnica como objeto del museo, era simplemente algo que ocurría, un acontecimiento. ¿Pero qué acontecía? No otra cosa que ella misma. Es decir, lo que acontecía era propiamente la cosa como tal. En su escrito sobre el origen de la obra de arte, Heidegger ensaya cómo un cuadro de Van Gogh, el tan conocido de las botas de campesina, nos muestra de verdad lo que es una cosa más allá de las determinaciones metafísicas que la entendieron como compuesta de materia y forma o como el sujeto de unas propiedades. Nos enseña que la imagen revela mejor la cosa como lo que es, el útil para andar por los campos, que si nos encontráramos con el objeto que sirve para tal fin. Porque la pintura de Van Gogh, como en general las obras de arte, es la apertura de ese mundo indescifrable que aparece reunido en la obra[11]. Y la obra de arte es siempre esa abertura, de la que de todos modos forma parte siempre una oscuridad.

En el trayecto de Heidegger, «El origen de la obra de arte» precede a lo escrito bajo el título *Beiträge. Vom Ereignis (Aportes a la filosofía. Del acontecimiento),* que no publicó. Pero en la meditación sobre el arte se anticipa por medio de esa vinculación entre el arte y la verdad un aspecto decisivo de aquel escrito: la comprensión del *sentido* del ser como verdad del ser o, lo que es lo mismo, como acontecimiento. Porque ya se indicó que la expresión «verdad del ser» indica cierta redundancia, pues propiamente la verdad no es la de esto ni aquello, ni por lo tanto «del» ser, sino que es el ser mismo. Al hilo de la meditación sobre el arte, Heidegger describe lo que se puede decir de la verdad así entendida a la vez que desmonta su significado tradicional, aquel que la identifica con algo, con una posición y un principio. En efecto, si esa posición y principio se identificó a su vez en la filosofía moderna con el sujeto –con el sujeto de conocimiento y de decisión– convirtiendo a este en el origen de todo, del saber tanto como del hacer, ya tuviera este hacer un sentido moral, productivo o creativo, lo que también queda desmontado en la indagación sobre la verdad al hilo de la obra de arte es la propia figura del sujeto como génesis de la verdad. Porque al hilo de la obra de arte, la verdad no remite a nada, y menos al sujeto. De este no depende la obra, porque el ámbito de la obra de arte es aquel que se abre gracias a ella misma[12]. Y ahí, en la obra así entendida, desvinculada de cualquier remisión, es donde precisamente está en obra el acontecimiento de la verdad. Si esta comprensión puede ser considerada desde la Estética moderna como ejemplo de la autonomía del arte o cosas semejantes, a lo que apunta semejante autonomía es a la posibilidad de detectar un ámbito más original, pero no ya de una obra singular en cuestión, sino en general de cómo ocurre la verdad. La dificultad intrínseca de semejante interpretación es enorme, pues entretanto, ¿quién puede pensar la obra de arte fuera de la esfera de la subjetividad? Heidegger elige la obra de arte porque en ella se revela de modo más originario que en la ciencia, cuyos resultados son siempre derivados, lo que se sugiere como verdad y ser. Y con el fin de que este significado de la obra como origen aparezca con mayor nitidez, se escoge un ejemplo de arte no figurativo –la obra arquitectónica–, para que no se interponga la idea de una copia. En efecto, un templo griego, visible ya en ruinas, no copia ninguna imagen[13]: «simplemente está ahí». El templo, que si se quiere puede ser considerado modernamente como ejemplo de arquitectura –en cuyo caso esta adquiere una significación muy especial, como se verá–, simplemente delimita el recinto para encerrar la figura del dios, de modo que así se establece también una frontera entre lo humano y lo divino[14]. Esta frontera, que ya constituye en sí misma una oposición, es anterior a la construcción del templo, que se construye precisamente porque el límite se presupone. Y este límite tiene que ver ya con el acontecimiento de la verdad, que así entendido, más que algo que se desarrolle progresivamente en el tiempo –ni siquiera, por ejemplo, el tiempo de la construcción del templo–, constituye la propia articulación del tiempo. Entiéndase bien: no es que haya dioses y hombres y después aparezca trazada una frontera; al contrario, es porque hay esa frontera, irrebasable, por lo que aparece el dios como dios y el humano como humano. Y esa frontera, límite, que distribuye y articula, y hace que algo aparezca como sagrado o profano, grande o pequeño, atrevido o cobarde, noble o huidizo, señor o esclavo[15], revela mejor que nada eso que llamamos más arriba el acontecimiento de la verdad, o la verdad como acontecimiento. También el tiempo, que, antes de entenderse como desarrollo y sucesión continua, aparece y se resalta como esa hendidura o separación original. A esa separación original fue a lo que en Grecia se llamó «tragedia». Hablar aquí de una concepción trágica de la verdad se queda corto, porque de nuevo entonces se podría interpretar que además de una concepción trágica hay otras. La tragedia no se puede tomar, en consecuencia, como una representación, porque «en ella se lucha la batalla de los nuevos contra los antiguos dioses»[16] y cada palabra de la obra –la tragedia es, como el templo, también una obra de arte, o mejor, el ámbito en el que se vislumbra que la obra es origen– libra por sí misma la batalla decidiendo qué queda a cada lado del límite o la frontera. En realidad, esa lucha entre los antiguos y los nuevos dioses es aquella en la que se está decidiendo si el conocimiento permanece como algo trágico, lo que conlleva que la naturaleza continúe siendo esa fuerza no dominable por la actuación humana, porque se niega a ser conocida, dominada y predicha, o si el propio ámbito de la lucha, que no desaparece, se traslada al seno del conocimiento humano, a lo que después de Grecia se llamará «la conciencia». Y ahí, en este seno, que de todos modos tampoco se puede librar de la escisión y la lucha, aunque ahora aparezca nombrada como la que, por ejemplo, se da entre el inconsciente y lo consciente, es donde se puede decidir si el dios se acepta o se rechaza, pero porque entretanto, en ese traslado de lo antiguo a lo nuevo, Dios se ha vuelto, como la naturaleza, una idea o representación de la conciencia, que puede ser regulada y articulada a medida.

Que Heidegger compare en las mismas líneas el erigirse del templo con el surgimiento de la tragedia –la tragedia, como obra de arte, surge en su propia escena, y no antes ni después– vuelve a ilustrarnos míticamente acerca de esa continuidad entre la cosa y la palabra antes de que, con el triunfo de lo moderno, se comprendieran respectivamente como objeto y lenguaje. La palabra, en la tragedia, como el templo, es una cosa, porque una cosa, como revela la obra de arte, esencialmente vista es solo un combate o una lucha a partir del límite. Ciertamente, cuando ese límite pasa a caracterizar a la conciencia y constituye su estructura (la diferencia entre lo exterior y lo interior, como entre lo inconsciente y lo consciente, es inherente a la conciencia misma), ese límite se vuelve ilimitado y el tiempo, infinito, continuo.

Cuando, en cambio, lo que delimita ese límite es la finitud, entonces es lo mismo que el ser o la verdad, que se comprenden como lucha. Lucha entre lo divino y lo humano, pero también a la vez entre el lugar de donde surge el templo –«el templo reposa sobre su base rocosa»– y el lugar hacia donde se dirige –«allí alzado, el edificio aguanta firmemente... su seguro alzarse es el que hace visible el invisible espacio del aire»[17]–, de modo que esos lugares, más bien no-lugares, se pueden nombrar como la *tierra* y el *cielo* (el mundo). No es detectable analíticamente dónde se encuentra la frontera entre la *tierra*, que es como se llama ese origen, de donde la obra –el templo– extrae la oscuridad que encierra, y el *cielo*, que es donde la obra abre la luz y brillo del día y a donde dirige su ser. A esa luz del día, que es hacia donde la obra se erige, es a lo que Heidegger llama en el escrito sobre el arte *mundo*. Y el límite o el combate entre la tierra y el mundo, entre lo oscuro de la tierra y la apertura del mundo, es lo que entiende por verdad. Resuena en esta oposición entre tierra y mundo la antigua oposición entre la *phúsis* y el *nómos*. En efecto, *phúsis* no es la masa material con la que habitualmente se asocia el significado de la tierra, sino el mismo surgir que, pese a todo, vuelve a recogerse en lo impenetrable de lo que surge, pero que por eso mismo continúa permanentemente dando un cobijo. Y *nómos,* como nombre origen de eso que Heidegger llama ahora *mundo,* no es solo ese conjunto de cosas que se pueden contar, sino «la abierta apertura de las amplias vías de las decisiones simples y esenciales en el destino de un pueblo histórico»[18]. El mundo es la historia, pero como aquello diferente y sin embargo indisociable de la tierra. En realidad, propiamente no puede haber mundo sin tierra. Y este combate queda recogido de forma unida en la obra de arte, cuya tendencia sigue siendo volver a la tierra, que aparece precisamente como consecuencia de la propia retirada de la obra. Entender bien esta oposición, interpretada en términos de combate, obliga a modificar el punto de vista moderno que previamente ha separado la naturaleza –en el escrito, la tierra– de la historia –en el escrito, el mundo–

para después encontrarlos unidos en la obra de arte. Es más bien al revés: es gracias a la obra, de la que forma parte tanto la tendencia a retirarse, que es propiamente a lo que podemos llamar tierra, cuanto levantar un mundo, por lo que podemos diferenciar entre lo uno y lo otro, la tierra y el mundo y, ya posteriormente, entre la naturaleza y la historia. Cuando estas aparecen definitivamente divididas, que es cuando han triunfado los nuevos dioses y la tragedia ha desaparecido para volverse únicamente representación artística de la conciencia, es cuando solo cabe entenderlas como objetos que pueden ser tematizados por parte de unas ciencias de la naturaleza y unas ciencias humanas. Pero en ese momento, en realidad todo se ha vuelto ya tema de la ciencia, que es como decir que todo ha caído ya del lado de lo humano, aunque lo humano, como consecuencia de ese predominio, también sucumba como tal bajo el humanismo para aparecer, tal vez como subjetividad, expuesta a las máximas posibilidades (como género y masa), pero también a las máximas manipulaciones (como materia prima de la producción, material fungible de guerra) o escisiones psicológicas más profundas. Porque la guerra entre la tierra y el mundo no es una disputa y riña destructiva, sino el medio en el que cada cosa puede afirmarse. Pero no basta con identificar a cada uno de esos elementos, por llamarlos de alguna manera (pues no son cosas, ni esferas de cosas, sino la esencia o constituyentes mismos de cada cosa), con lo cerrado (la tierra) y lo abierto (el mundo). En cada uno de ellos se encuentra a su vez la lucha entre lo cerrado y lo abierto: la tierra se abre –ese es su ser– precisamente cerrándose sobre sí misma, del mismo modo que el mundo que se abre como el conjunto de las orientaciones fundamentales de todo decidir (lo que llamamos historia) lo hace sobre «un elemento no dominado, oculto, desorientador», pues de lo contrario no se podría hablar propiamente de decisión[19]. En cada uno de los elementos se juega el combate entre un desencubrimiento y un encubrimiento decisivos, y ese combate es el que se puede reconocer con el título de «claro» *(Lichtung)* con el que Heidegger vuelve a nombrar, después de *Ser y tiempo,* el sentido, pero también el *Da*, el ámbito en el que se encuentran y a la vez chocan ente y ser. Ese claro o luz, tal como lo entendimos líneas más arriba, no es un escenario fijado «con el telón siempre levantado»[20] en el que ocurren las cosas, sino el propio acontecimiento del des-encubrimiento que resulta siempre inseparable del encubrimiento. El claro *(die Lichtung),* esa abertura, no está rodeado de entes o cosas, ni simplemente es el escenario para ellas, sino que como «centro el claro rodea a todo lo ente como esa nada que apenas conocemos»[21]. De nuevo aparece nombrada la nada para señalar la constitución del fenómeno, que sin ella se vuelve mero objeto, igual que la verdad se vuelve mero enunciado. Es esa nada que determina a la verdad vinculada a una abstención constitutiva la que hace posible decir que la esencia de la verdad es la no-verdad, porque por verdad hay que entender su propio surgimiento, al que siempre acompañará un encubrimiento que a su vez es la raíz de la contrariedad y la negación. Esta no es un mero asunto lingüístico, sino algo que procede del mismo ser, es decir, del acontecimiento de la verdad.

Pero si bien la verdad no es originalmente lo que tiene que ver con el enunciado –expresión moderna de la máxima claridad–, no es ajena en absoluto al *decir*, en el sentido ya indicado: la verdad como «claro», como combate entre encubrimiento y desencubrimiento, acontece desde el momento en que se poetiza, porque «*todo arte es en su esencia poema*»[22]. Con lo de poema no se alude a las composiciones literarias que definen un género, que sería algo derivado, sino al ámbito donde acontece la verdad de la cosa, que es en un decir, en un discurso, donde lo que propiamente aparezca es el propio decir, o, lo que es lo mismo, la propia cosa. Porque el poema, entendido al igual que en la tragedia como la palabra donde se decide el combate, donde se decide el origen y el final, la unión y la separación, es el ámbito donde tiene lugar –se puede decir– ser. Y «decir ser», como cuando se dice «esto es lo otro», además de «esto» y «otro», entraña decir «es», el «es» que atribuye, tal vez aclarando, tal vez ocultando, algo a algo, y jugando así el combate de la verdad, porque la cosa surgirá según se diga en ese combate. «El poema es el relato del desocultamiento de lo ente»[23], el decir que proyecta, el relato del mundo y la tierra, el relato del espacio de juego de su combate y, por tanto, del lugar de toda proximidad y lejanía de los dioses. El poema, así entendido, no es algo distinto de la cosa, cuando cabe hablar de cosas. Y de cosas sabe el arte, porque el arte es «el poner a la obra de la verdad»[24], porque «el arte hace surgir la verdad».

Heidegger no excluye el carácter de obra de arte que corresponda al arte moderno. Al contrario, es por medio de algún ejemplo del mismo como atiende a revelar en qué consiste propiamente ser moderno: más que en el ser de la obra, en la visión de la misma. En realidad es esta visión la que incapacita ver lo que quizás está ahí delante, igual que incapacita ver la naturaleza de modo que no sea, por ejemplo, como paisaje o ya a través de cómo la pintura, la fotografía o el cine nos la han revelado, que es como nos gusta. ¿Y si la belleza no tuviera que ver con esas imágenes? ¿Y si en realidad la belleza no estuviera vinculada a la representación o estuviera escondida en ella? En ese caso, no se asistiría a la belleza, sino a otra cosa. Del mismo modo que hoy las tragedias se representan en teatros, pero eso no implica que la palabra, entendida como el ámbito donde se libraba el combate, pueda comparecer, en la obra de arte tal vez se esconda *el origen* de la obra de arte, eso que resulta inaccesible, pero que pese a todo constituye la marca misma de lo que Heidegger quiso nombrar con la palabra *Lichtung,* o sea, con la palabra *Da-sein:* la radical finitud que, desocultada completamente, tiene como resultado desfigurado a la infinitud. La meditación sobre el arte no se orientó por el camino de encontrar algo nuevo, sino por el de reencontrar la finitud escondida.

3. Hölderlin

En el camino de aproximación a esa finitud, Hölderlin comparece en el trayecto de Heidegger después de *Ser y tiempo,* es decir, después de que se revelara que lo que inicialmente se reconoció como *Dasein* no es ente alguno –el hombre– sino que sugiere el propio ser. Igualmente, desde que se comenzó a vislumbrar que el sentido del ser no debe ser buscado en lugar distinto que el del mismo ser desde el momento en que este se revela constitutivamente como nada («¿Qué es metafísica?»). Y cuando Hölderlin aparece en los años treinta –en el contexto de la elaboración de los *Beiträge* y del trabajo por determinar la cosa a partir de la obra de arte y la obra de arte a partir del poema[25]–, lo hace como aquel que ha pensado inicialmente, pero en el medio mismo del discurso moderno –en el momento culminante del idealismo–, la posibilidad de *decir la cosa*. La cosa, en Hölderlin, se llama «la naturaleza», a la que no le corresponde un concepto. Si de la naturaleza hubiera concepto –esto es, determinación y definición–, no haría falta decirla, porque ya se encontraría dicha y solo habría que repetirla, que es lo que hace la ciencia. Ciertamente Hölderlin tiene su horizonte de partida en la definición de la naturaleza realizada desde la física-matemática, es decir, desde una posición científica que la propone como un tema y hace de ella un objeto que se puede conocer. Y contra ese punto de partida Hölderlin, siguiendo una lectura de Kant, revela su ser como «desconocida». En cierto modo, es como si la oposición detectable en *Ser y tiempo* entre la finitud del *Dasein* y la infinitud propia del significado vulgar de tiempo fuera precedida por el Hölderlin que frente a la concepción absoluta de la naturaleza (del ser), a la que corresponde un concepto igualmente absoluto, opusiera simplemente la «naturaleza desconocida», es decir, no absoluta, que rehúsa ser definida. Pero si, como Heidegger sugiere, esto fue pensado por un Hölderlin que conocía argumentadamente la posición moderna idealista, su originalidad habría residido en mostrar esa elusión de la naturaleza de la única manera posible: poéticamente. La poesía de Hölderlin muestra a la «desconocida naturaleza» en un decir que revela así su propia imposibilidad, pues, ¿cómo decir lo desconocido? Ese decir es el «poema». Si el decir fuera posible, sería simplemente literatura sobre esto o aquello, sobre la naturaleza, la historia o incluso el arte. Pero si el decir se reconoce constitutivamente como imposible, pero de modo que esa imposibilidad tiene que comparecer, entonces se trata del poema. No obstante, hacer comparecer la imposibilidad en un decir es tanto como apuntar a aquello que se llamó líneas más arriba la finitud o la bisagra o el entre. Por eso para Heidegger es Hölderlin el poeta, y por eso ser poeta significa decir la finitud. Si por otra parte esta es propiamente finitud, de ella no hay universal, de modo que incluso nociones como las de «entre» o «bisagra» –que proceden del intento por interpretar la cosa– corren el peligro de deslizarse hacia un valor universal que posteriormente autorice a hablar, por ejemplo, del concepto de «inter-cisión». Y no se trata de que no pueda ni deba haber conceptos, sino al contrario de reconocer que estos surgen de y frente a lo que no es ni puede ser concepto. Así, la naturaleza aparece como lo que no es ni puede llegar a ser concepto, por lo que no puede tomarse como un significado universal. Y, por eso mismo, Hölderlin, más allá de que en sus fragmentos teóricos, en una versión previa de *Hiperión,* nombre sustantivamente a la naturaleza –como el ser, Dios, la belleza o lo Uno[26]–, lo hace ya en sus poemas refiriéndose al rayo y a la montaña –que puede ser la de los Alpes, por donde el caminante vuelve a casa[27]–, al río Neckar[28] o al Garona y el Dordoña cuando se cruzan, al mar donde desemboca ese río[29]; en fin, al árbol concreto con el que se encuentra o bajo el que se toma sombra. Porque la naturaleza, esa desconocida, consiste en... las cosas que surgen de ella –la fuente–, cuyo surgir aparece envuelto en el enigma que solo un decir que no apunte a la definición puede mostrar. De nuevo: ese decir es el poema, que más que conocimiento es memoria. De ahí que para Hölderlin conocimiento sea «rememoración» que descubre que el tiempo no es el horizonte infinito donde las cosas se inscriben apareciendo o se anulan desapareciendo, sino el tiempo de la cosa que puede durar lo que dura un rayo iluminando el oscuro cielo o lo que dura ese constante fluir de los ríos Dordoña y Garona vertiendo su agua al mar y confundiéndose con él: entre el durar del rayo y el de la desembocadura del río, por más que sea cuantitativamente tan diferente, no hay diferencia en cuanto al tiempo, porque en ambos acontece la finitud. En ambos, el tiempo es la finitud y se da la misma duración.

Por muchos caminos Heidegger aclara en la tarea poética de Hölderlin ese esfuerzo por delimitar (decir) ese espacio ilocalizado, ese ámbito, al que filosóficamente nosotros podemos llamar «la finitud». La filosofía habría incurrido en un defecto fundamental, que la invalida para seguir pensando su propio tema –el ser– al traspasar esa finitud transformándola en infinitud: el camino que asciende de la caverna hacia la luz[30] resulta comprendido de forma idealista como un absoluto que ha recogido todas sus etapas, superando una a una, y las contiene todas reunidas en una visión o pensamiento supremo (el concepto). Pero en ese camino resultarían indiferenciadas las posiciones de partida y de llegada, involucradas todas en un trayecto en el que no hay diferencias y que, por eso, se ha vuelto absoluto. Esto constituye también una forma defectuosa de instalarse en el tránsito, pues más bien resulta de haber diluido las posiciones en el trayecto convirtiendo exclusivamente a este en absoluto y principio. Para Hölderlin, este camino, que es el del idealismo, resulta el obstáculo definitivo para decir la finitud, a la que por otra parte nadie parece aspirar, como si fuera simplemente algo pasado. Es como si por un momento la infinitud, entendida como el proceso mismo de lo absoluto, se volviera una meta más fácil de alcanzar que la finitud, aquello que nos resulta más próximo pero que, por eso mismo, resulta lo más extraño. En esta situación ocurre la poesía de Hölderlin, cuya meta es decir la finitud, que es lo próximo y por eso mismo lo más extraño. «Poéticamente habita el hombre»[31], ciertamente, pero no lo sabe, porque ese «poéticamente» solo significa «finitamente». Por otra parte, esa vida finita, en la medida en que lo finito resulta lo más próximo pero no es algo ni resulta tematizable, nos acompaña permanentemente solo como una señal[32]; precisamente porque no es algo de lo que nos podamos desprender o alejar, sino que nos constituye, por eso mismo es también lo más peligroso, porque en su ámbito, que no es un lugar, todo puede ocurrir[33]. La poesía no es simplemente un arma peligrosa si se entiende como un discurso, porque Hölderlin atisba que el poema no tiene que ver directa ni principalmente con el discurso. Es peligrosa porque en ella comparece el «entre» en cuyo medio –que no es un lugar determinable– se lucha un combate que no se puede llevar simplemente a palabras. Este «llevar a palabras» sería la tragedia, pero si se entiende bien que esta consiste propiamente en el combate –entre los dioses y los hombres, entre la naturaleza y los humanos– y no meramente en las palabras que la cuentan. Cuando la tragedia cuenta un escenario en el que se predetermina el combate y se disponen argumentalmente los oponentes, entonces es cuando se ha vuelto ya un género y un discurso; es cuando se ha vuelto moderna y no debe siquiera recibir el nombre de tragedia, porque es ya solo literatura. Hölderlin mismo renuncia a terminar su tragedia «Empédocles» porque a la postre no escribiría una tragedia, sino un drama: la tragedia ya no se puede escribir. Pero tampoco se puede vivir, porque la vida de la tragedia es la presencia misma –no la representación– de la finitud, de ese instante o cruce en el que realmente la decisión humana y el conocimiento fracasan. «Moderno», al contrario, es pensar que la decisión es absoluta y genera al mismo tiempo el mundo y el conocimiento del mismo, igual que si se tratara de crear o producir: el artista moderno, así, produce ciertamente algo nuevo y genera la certeza –¿el espejismo?– de que es posible transformar el mundo con el arte, igual que el político legislando y ejecutando la ley vive en la certeza de que construye y regula la esfera humana. Y este moderno carácter de la construcción, sea artística, científica o política, presupone la posibilidad de un pensamiento, un lenguaje y una actuación autónomos a los que acríticamente se reconoce como «la razón». Para Hölderlin, y para Heidegger reiterándolo, «la razón» así entendida se opone a lo que se viene llamando «la finitud». Y de esta oposición vive la poesía de Hölderlin. Si Hölderlin se hubiera dedicado exclusivamente a cantar la finitud y anunciarla en sus poesías como el nuevo evangelio, seguramente eso no correspondería a la finitud sino que sería una repetida *figura* de la razón (la «razón racional»), como pueda serlo también el irracionalismo (la «razón irracional»), que simplemente constituye la contrafigura surgida de la misma concepción de una razón autónoma que se puede permitir, además, transgredir sus propias reglas y supuestos, oponiéndose a ellos. Para el Hölderlin que ve Heidegger la finitud no es una *figura* más (figura de la conciencia, que sería lo único absoluto), como lo sería para el idealismo de Schelling y Hegel, sino lo que no puede adquirir siquiera esa tranquilizadora forma. La finitud es... «lo desconocido»... por próximo. Lo próximo no se puede explicar ni definir, porque eso lo convertiría en una esfera segura y supondría que ya no es próximo; simplemente nos acompaña de forma permanente, avisando del abismo. Pero lo próximo se puede decir traspasando toda la seguridad que ofrece la razón. Lo que se diga seguramente no valdrá para nada, si por valer se entiende la seguridad que garantiza un enunciado.

Si Hölderlin hubiera pensado la naturaleza como lo absoluto, de cuya fuente todo sale y se genera, simplemente habría puesto a «la naturaleza» en lugar de «la razón», pero cumpliendo el mismo papel. Incluso aunque hubiera atribuido a esa naturaleza la determinación de «desconocida», porque igualmente se hubiera presupuesto un absoluto, aunque desconocido. Y Heidegger ve en el poema de Hölderlin que «lo desconocido» no es un mero atributo sino el nombre para la naturaleza: no es, como incluso se ha escrito aquí líneas más arriba, «la naturaleza desconocida» sino más bien «la naturaleza» o «lo desconocido». Pero en ningún caso esto es lo absoluto de lo que se genera ese todo con el que acaba confundiéndose. La naturaleza es la misma finitud; de ahí que por esta haya que entender solo «la montaña» y «el río», «el mar» y «el rayo», «el Neckar» y «el Garona», «Burdeos» y «Stuttgart», pero también «Hiperión» y «Diotima», porque en cada una de esas cosas –y el humano es también una cosa, que se desenvuelve en el marco enigmático de la finitud– se juega el combate. El poeta, Hölderlin, sería simplemente el que habría cantado ese combate, para revelarlo. Más arriba se decía: un decir sin tema es el poema. Ahora se podría precisar señalando: un decir que dice el combate y la lucha que permanentemente se juega. Eludir esa lucha consiste, como también se ha dicho, en refugiarse en la razón, o mejor: en imponer la razón como principio absoluto para eludir la lucha y encontrar la seguridad y la certeza (la de la subjetividad moderna, por ejemplo), porque en el ámbito de la finitud la certeza no resulta posible. La razón es resultado así de un viaje de despedida de la finitud, a la que se reconoce posteriormente como una etapa todavía imperfecta. Y se trata de pensar si ese viaje ha conducido a un reino más seguro o, por el contrario, si eludiendo el peligro de la finitud –el peligro de la tragedia, que es el de la incompletitud y la indeterminación del conocimiento y la acción– se ha caído directamente en la aniquilación. De todos modos, el poeta Hölderlin, para Heidegger, habría pensado y, sobre todo, habría dicho que la finitud continúa siendo el único punto de partida y llegada, donde se cruza el peligro con la salvación[34]. Porque fuera de la finitud, en el horizonte absoluto de la razón, que coincide con el imperio del significado vulgar del tiempo, no hay salvación. Desde luego, todo intento por pensar a partir de Hölderlin-Heidegger la salvación en clave religiosa constituiría una completa distorsión: «salvación» no alude a una situación que se encuentra por llegar, sino más bien a una irredimible situación original en la que no hay soluciones o bajo la que la única solución es la muerte. Porque en efecto, de la finitud es solidaria la muerte. Paradójicamente, habría que entender que lo que hay que salvar es propiamente la muerte, la posibilidad de morir, ocultada bajo el espejismo y la anestesia del tiempo como sucesión ilimitada: en dicha sucesión no se muere, simplemente se desaparece, pero como cualquier otra cosa[35]. Ocultarse la muerte es así sinónimo de vivir en la seguridad de la razón, que todo lo explica. Y el poema revela, frente a esa seguridad, la intemperie en la que se está, que es también el clima propio de la finitud.

4. Grecia de nuevo

En algunos versos de Hölderlin, Heidegger estaría releyendo una implícita propuesta de *Ser y tiempo,* que se deja expresar así: antes que «la razón» se encuentra «la finitud». Desde luego, en busca de ese antes, que no debe ser entendido en sentido cronológico, sino estructural, Heidegger lee fragmentos de los griegos. Grecia comparece, así, al lado de Hölderlin, no como resultado de una evocación romántica y fantástica de lo que se ha perdido y se pudiera recuperar. Heidegger *lee* a Grecia, no recupera Grecia. Pero lo hace, al igual que Hölderlin, a partir del reconocimiento de que Grecia se ha perdido. En efecto, nosotros nos encontramos del otro lado, en la modernidad. Solo desde ahí se puede leer y solo desde ahí se puede diferenciar entre lo que realmente fue Heráclito –¿qué Filología, por otra parte, nos lo puede decir científicamente?– y lo que dice determinado fragmento independientemente de la posibilidad o imposibilidad de acertar con el campo de representación de Heráclito[36]. Heráclito y Parménides, por otra parte, no constituyen meros recursos para verificar cierta tesis de Heidegger. Más difícil resulta pensar que esa tesis se propone a partir de una lectura que, ciertamente, choca frontalmente con una versión preestablecida de la filosofía anterior a Platón, justamente aquella que la entiende *anterior* a Platón, como si en este se constituyera por primera vez lo que tiene que ser pensado. En esta Grecia que se lee en Heidegger y que aparece en su obra en los años cincuenta, después de una versión más tópica sostenida hasta ese momento, se disloca ese trazado previo; de ahí que quizás por vez primera sea a partir de Heidegger cuando se puede leer de otra manera a Heráclito y Parménides (y Anaximandro), pero también a Platón. En cierto modo, Heidegger ha mantenido hasta la *Carta sobre el humanismo* una versión lúcida pero bastante tópica de Grecia. En algunos momentos, incluso ha mantenido una versión deudora de su propia concepción de la historia de la metafísica. Así Grecia vuelve a comparecer más originalmente a partir de la *Carta* en incidentales pero decisivos trabajos, de breve extensión, circunscritos al comentario de unas cuantas líneas: se excluye una interpretación general y libre de supuestos que nos diera como resultado algo así como un significado sistemático para Grecia o monográfico de alguno de sus autores. «Grecia» es una búsqueda hermenéutica, pero solo si por «hermenéutica» no se entiende el arte de la interpretación textual, sino más radicalmente la lectura que todavía es hoy posible, que en todo caso excluye la grandilocuente versión final y mucho menos la sistematización filológico-científica. Que Heidegger sigue hablando y haciendo filosofía se manifiesta además en que eso hermenéutico atañe a la finitud porque esta es solo *visible* fenomenológica y no científica y objetivamente. Y acerca de la visibilidad tiene que ver también la lectura de los griegos, porque en esos fragmentos elegidos –independientemente, como se dijo, de que lo que se diga caiga o no en el campo de representación de Parménides o de Heráclito– se lee que el *lógos* según el cual todo llega a ser[37] se oculta, perdiendo su visibilidad; del mismo modo que esa verdad *(alétheia),* cuyo significado parece apuntar modernamente a la pura coincidencia entre lo que se dice y lo que hay, se oculta; más aún, le resulta radicalmente inherente el ocultamiento. La lectura de los griegos, limitada a un puñado de líneas, se propone como tarea ahondar en el sentido de la finitud bajo el presupuesto de que ahí, en esas líneas, se está hablando solo acerca de su constitución. Semejante suposición, empero, obliga a una revisión del significado habitual de *lógos,* que coincide habitualmente con el de «la razón» y «el lenguaje», para preguntarse por su origen. ¿Significa *lógos* realmente *razón*? La interpretación de Heidegger apunta a que sus significados son extraños, cuando no opuestos: *lógos* es justamente aquello que queda oculto en el decir, mientras que por razón, por el contrario, hay que entender la operación misma de desocultar todo con el fin de que se vuelva visible. ¿De qué razón se hablaría en otro caso si ella misma no apareciera? La lectura que Heidegger hace de los griegos, de Anaximandro, Heráclito y Parménides principalmente, intenta descubrir un sentido original de *lógos,* no derivado, que transformaría no solo nuestra representación de los griegos –ya se ha explicado que «los griegos» no alude ni a una región ni a una época histórica sino a un conjunto relativo de fragmentos *que se pueden leer*– sino el sentido mismo del decir y el lenguaje. *Lógos, légein,* en efecto, significarían originalmente no tanto decir en el sentido moderno sino «dejar estar delante» «reuniendo» «a lo que aparece» «yuxtapuestamente»[38]. Se propone gráficamente aquí esta forma de expresión con el uso de las comillas para dejar claro de antemano que no se trata de una definición, sino de perfiles o caracteres del término *lógos,* procedente de la lengua corriente, con el que se podía expresar y hacer referencia a lo que se manifestaba y al modo de hacerlo. Pero en ningún perfil del término aparece señalado que lo que se manifestaba fuera el resultado de lo que se decía, sino más bien que el propio decir consistía en un *reconocer* lo que se encontraba delante, ahí presente, de forma yuxtapuesta, como si precisamente lo reconociera solo así. Porque lo que se encuentra delante aparece ya siempre de una forma reunida y seleccionada, sin que ciertamente esa reunión obedezca a una regla fija, como es el caso del concepto moderno. Más bien, de haber regla, lo que hay es justamente regla sin procedimiento preestablecido: por así decirlo, reino exclusivo de la regla en cuanto tal, que lo que regla es el reconocimiento de un reunir. En esa reunión, desde luego, puede producirse violencia o incluso se produce siempre, aunque no adquiera ese rasgo visible. En efecto, el *lógos,* como «dejar estar extendido delante», que es otra fórmula con la que podemos acercarnos a su sentido, se entiende en Heráclito –y esto se sigue de la lectura de Heidegger– como *pólemos,* guerra, en cuyo ámbito se dispone lo que aparece como dios y como hombre, como esclavo y como libre[39]. En definitiva, lo que aparece en el «dejar estar delante» es la yuxtapuesta diversidad y no la uniformidad: aparece el «y»... «y»... «y»... de las cosas, y no la cópula final entendida como identidad bajo la que modernamente todo queda unificado. El *lógos* es la posibilidad de que se pueda decir esto y lo otro y lo otro... pero de modo que *lógos* mismo no es ni esto ni lo otro, ni lo de más allá, sino propiamente el «y», la *reunión* que no aparece. ¿Y si el decir –al contrario del sentido en que nosotros lo entendemos modernamente, como opuesto a lo real– fuera justamente el modo en que el *lógos* se esconde y oculta, pero porque esa es su propia constitución? Efectivamente, lo que acaba apareciendo como manifiesto y presente no es la «y» que une, sino las cosas que aparecen vinculadas, léase, «esto» y «lo otro», cuyo peso y presencia ocultan la propia «y» que los mantiene vinculados. Cuando lo manifiesto, esto y lo otro, se opone de forma más señalada, como es el caso de la noche y el día, la muerte y la vida, lo femenino y lo masculino, este es el momento en que *lógos* es justamente la «y» de la oposición y constituye por eso el combate, porque no solo une o separa (si une completamente y fusiona, no hay combate, igual que si radicalmente separa todo), sino que une y separa a un tiempo. Cuando *lógos* se vuelve insoportable porque resulta imposible vivir en la «y», que es el «entre» del que venimos hablando (recuérdese: se vive siempre a un lado o al otro), entonces el *lógos* desaparece y en su lugar aparecen el lenguaje y la razón, que ordena a los opuestos según una sucesión y una ley que procede de ella, pero no del *lógos*. El acuerdo que procede del *lógos*[40] no se puede reducir a palabras ni a enunciado: es el acuerdo de la finitud, del (no)-lugar donde las cosas aparecen y, por eso mismo, pueden ser vistas, pensadas, percibidas *(noeîn)* sin que resulten de la imposición de regla alguna de construcción. Ahí hay arte, porque hay encuentro no calculado.

Ciertamente si el *lógos* se oculta en el decir, el *lógos* debe ser algo bien distinto que el enunciado, que ocurre según una *voz* y un *significado*. A la postre, el lenguaje también. El lenguaje no dice, no enuncia, por ejemplo, *Hén-pánta,* lo uno es todo. Esta es una forma moderna de entender el enunciado en el que fenómenos particulares y en general el conjunto de la realidad *(pánta)* quedan unificados *(hén).* Efectivamente, cuando se dice que «esto es un árbol», se unifica un conjunto de múltiples aspectos, supuestamente procedentes del «esto» bajo la unidad o concepto «árbol». Según ese procedimiento, no ya esto en concreto, sino cada esto en general puede a su vez quedar unificado, por ejemplo, bajo el concepto «mundo», que traduciría ese *pánta* griego, ese todo. La imagen del mundo, o mejor, como diría Heidegger, el mundo reducido a imagen[41], queda consumada en esa operación. Pero falta por interpretar si esa operación no se realiza exclusivamente en uno de los lados, eludiendo el otro. En concreto, si no se realiza solo y exclusivamente en el plano del todo *(pánta)* que queda dicho –esto es, unificado– por algo, alguien, que también procede de ese todo. A esto se reduce la operación del lenguaje o la razón, que ocurre entonces por medio de un olvido: del olvido del *Hén,* lo uno, que nunca puede ser solo coincidencia de esto con lo otro, sino, como se dijo más arriba, combate, unión y separación. Eso uno se oculta a sí mismo ante la aparición de todo. Pero el *lógos* no es el que enuncia «uno es todo», como si fuera un mandato o una regla que hubiera que cumplir, sino que «uno-todo» dice cómo ocurre el *lógos*. Ocurre así, uniendo y separando cada cosa, de modo que «uno» no es nunca una cosa, sino propiamente la «y», esa que se oculta. Igual que el rayo se oculta[42] precisamente en la medida en que ilumina las cosas por un instante y las deja aparecer, impresionándonos: no se ve el rayo, que desaparece, sino las cosas, que se iluminan gracias a este.

En este comentario a Heráclito, que retrocede de la actual comprensión del *lógos* como razón y lenguaje –el *lógos* que piensa y dice– a la comprensión griega de un *lógos* que consiste en «dejar aparecer», se puede vislumbrar también al Heidegger fenomenólogo (y también peculiarmente kantiano) para quien la razón es constitutivamente *finita*, lo que quiere decir: receptiva. Pero fenomenología que ahora no se piensa en términos de facultades de conocimiento, sino ontológicamente, como constitución misma del ser, o sea, del aparecer. Ser es aparecer, igual que lo es el hablar y el decir. La palabra, así, no es meramente un signo, ni siquiera un significado, sino algo no distinto esencialmente de la cosa. Más que de las palabras y las cosas, sabiendo no obstante que otro horizonte ya no es posible, sin embargo se podría hablar simplemente de «las cosas», entre las cuales se encuentran esas cosas especiales que se llaman palabras. De ahí que la tragedia griega no fuera simplemente una representación por medio de las palabras, sino la presencia misma de lo que se estaba jugando. En la representación, ya fijada y mecánicamente reproducible, no hay error (aunque sí, tal vez, equivocación), pero porque el decir y el escuchar no son tampoco absolutamente relevantes, reducidos como están a posiciones de emisor y receptor que resultan relativamente intercambiables. En la presentación de la tragedia, el escuchar se encuentra sujeto a un error no calculable, que puede precipitar todo. Efectivamente, el *lógos* desoculta, pero también oculta. Y el supremo grado de ocultamiento ocurre cuando se oculta a sí mismo, como lenguaje (convirtiendo el malentendido en un carácter estructural). Se alcanza así, en el medio de la lectura de Heráclito, una aclaración de la fenomenología, cuya menor virtud es nombrar a una corriente de la filosofía contemporánea. «Fenomenología» significa propiamente fenomeno-logía, si se quiere, vinculación extrema de *aparecer* y *decir*, pero no en el sentido de que el decir diga lo que aparece, sino del surgimiento a una de ambos. ¿A partir de qué?

Según la derivada comprensión moderna, de un lado quedan los fenómenos, las cosas, y de otro, la posibilidad de pensarlos y decirlos. Ya resulta casi trivial si todavía se distingue entre pensar y decir desde el momento en que ambas operaciones, tomadas como facultades, convienen en esa misma operación superior que se reconoce sin más como racional. Lo grave no procede de reconocer por un lado al ser y por el otro al pensar –diferencia que casi supone el acta oficial del nacimiento de la filosofía–, sino en cómo se entienden lo uno y lo otro. A saber, al modo moderno, como dos bloques (*res*, substancia pensante y substancia extensa, sujeto y objeto, espíritu y naturaleza) que se enfrentan: faltaría solo idear un procedimiento por el que esos dos bloques entran en contacto para explicar el conocimiento. Y ese *contacto* puede servirse de muchas maneras, aunque todas coincidan en que opera una suerte de identidad entre ambos, de modo que al final, por más matices que se pudiera introducir, se presupone siempre una identidad entre ser y pensar. Vale decir entonces que ser = pensar. Esta trivial forma de entender la cuestión, si aceptamos que el ser es al fenómeno como el pensar a lo que arriba, comentando a Heráclito, se llamó *lógos*, ya respondería a nuestra pregunta: el fenómeno y el *lógos* no es que sean iguales a partir de algo, sino que son simplemente iguales porque de una u otra manera coinciden. Parte de la filosofía posterior a Parménides, hasta Hegel, se empeña en discernir, de todos modos, en qué consiste propiamente esa identidad, generando la mayoría de las veces una suerte de tercer género, que vendría propiamente a unir. Pero de nuevo no se repara en que, para empezar, lo que está a un lado y otro (el ser y el pensar, o el aparecer y el decir) no son dos bloques. No se repara en que por «ser», tomado como cosa, no se puede entender nada, porque el ser no es una cosa. Ni, correspondientemente, que pensar y percibir *(noeîn),* más allá de su trivial comprensión como una operación intelectual –definición que a cierto nivel cualquiera puede compartir–, no consiste meramente en percibir y captar las cosas sino en pensar el ser, pero el ser que no es un bloque, sino la propia diferencia o doblez de ser y ente, presencia y presente. No se trata, en consecuencia, de que el ser lo contenga todo y entre ese todo figure un ente que consiste en una operación a la que se puede llamar «pensar» que a su vez tiene la facultad de percibir los demás entes, los ajenos a él. Si fuera así, tampoco habría inconveniente en tomar dicho ser –el bloque– como infinito, a lo que correspondería la infinita capacidad para percibir lo que se va presentando. Todo esto es meditación moderna, en el mejor de los casos. Pero en Parménides, hace ver Heidegger, comparece de nuevo la finitud desde el momento en que se afirma, en el conocido fragmento III del *Poema*[43], no que ser y pensar sean lo mismo, como si «lo mismo» fuera un predicado que conviene a lo uno y lo otro o el supremo punto final en el que vinieran a coincidir, sino que «a partir de lo mismo son ser y pensar». En consecuencia se debe tomar «lo mismo» como el sujeto de la oración, no reducible a predicado alguno, lo que significa que su esencia queda retenida en la pura singularidad. «Lo mismo» es un término enigma, y corresponde a eso desconocido en cuanto tal a lo que se aludió más arriba; a ese punto de cruce o entre en el que el ser, precisamente porque no es un bloque sino doblez –diferencia de ser a ente–, reclama ser pensado y dicho. Si por ser hubiera que entender la indiferente masa igual a sí misma o la sucesión continua en que un punto no es distinto del otro, tal vez ni siquiera fuera preciso el pensar o este sería simplemente un registro.

Porque el *noeîn,* el *pensar,* que no tiene que ver con registrar y calcular –operaciones, por lo demás, inherentes a esa masa indiferente o a esa sucesión continua–, piensa el ser, igual que lo hace el *lógos,* el *decir*, cuya constitución es doble y puede errar, puede no percibir. Pensar y ser proceden de lo mismo, pero lo mismo no es a su vez algo que tenga unas características, sino el claro *(Lichtung),* la *alétheia,* el des-ocultamiento, la finitud.

Esta vuelve a ser caracterizada por Heidegger desde Heráclito –y con ella la relación entre pensar y ser– siguiendo la lectura del fragmento 16, que nos habla de «alguien» que no puede «permanecer oculto» ante el «jamás hundirse»[44]. Del fragmento es señalable, para su comprensión en este contexto, la caracterización de ese «jamás hundirse». Esta condición no la podría cumplir un ente, pues ente consiste precisamente en nacer y perecer (hundirse); en términos de Heidegger, en desocultarse y ocultarse. El «jamás hundirse» tampoco lo podría cumplir el ser si este se entendiera como la extensión indiferente que siempre es igual o la sucesión ilimitada que en su puro sucederse no cambia. Tal ser no estaría ni dejaría de estar afectado por el hundirse. En cambio, lo que jamás se hunde es precisamente el «emerger constante», el ser en cuanto des-encubrimiento permanente, lo que los griegos reconocieron como *phúsis* y Heráclito denomina también de ese modo, aunque también de otros, como *púr, pólemos* y *kósmos*[45]. Todos esos nombres designarían el ser, pero en su doblez, a diferencia de lo ente. En efecto, de la misma manera que más arriba se habló del «uno-todo», ese «uno» es ahora caracterizable como *phúsis, púr* (fuego), *pólemos* (guerra) y *kósmos* (cosmos), es decir, como el ámbito donde ocurren las cosas, «y la noche es noche por lo mismo que el día es día». «Lo mismo» es la pura finitud. Pero el fragmento de Heráclito no se acaba en la caracterización de este «jamás hundirse», que a veces se nombra como *phúsis* y a veces como fuego o rayo, sino que alude a un «alguien» *(tís)* –que no algo– que guarda una relación con el «emerger constante», es decir, con el ser. «Alguien» solo pueden serlo los dioses y los hombres, de los que cabe decir que o bien constituyen una esfera especial dentro de lo ente o, más bien, constituyen algo así como la región de todas las regiones, desde el momento en que lo que son –dioses y hombres– tiene que ver inmediatamente con todo lo demás, con la planta y el animal, con la montaña, el mar y las estrellas. ¿Y qué son, entonces? Esta es la cuestión que puede volver a iluminar la relación de ser y pensar en Parménides. Porque lo específico de dioses y hombres no consiste en ocupar una posición privilegiada frente a otros entes, sean las plantas o los animales, el mar o las estrellas, sino en no ocupar en general posición alguna. Y si no ocupan posición es porque ellos mismos guardan una relación con el «desocultamiento». Su relación con el desocultamiento reside en que ellos son capaces de llevar a cabo el desocultar, la verdad. A esto es a lo que se puede llamar «pensar», que así no sería solo meramente un capturar algo ya dado: el pensar de los hombres no aparece como una cosa más en el desocultamiento, porque a su modo, diferente al del dios, también lleva a cabo ese desocultar. De ahí que en el fragmento se presuponga que ese «alguien» no puede permanecer oculto ante el constante emerger, porque ese alguien también consiste en ese emerger, en ese desencubrir.

Difícilmente se puede decir que la lectura de Heidegger sea nostálgica o evocadora de una Grecia pasada. Por descontado, Grecia es pasado; de ahí que pueda ser leída. Y de ninguna manera se convoca a Heráclito como pensador actual o, peor todavía, como portavoz del restablecimiento de la *phúsis*. Heidegger lee desde la época moderna, o, lo que es lo mismo, desde la comprensión del tiempo como sucesión ilimitada, que excluye cualquier instalación de un nuevo pensamiento del ser o cosas semejantes. De ahí su caracterización del *Dasein* en *Ser y tiempo,* precisamente como aquel ente que consistía en «estar abierto al ser», y por eso, además de ser él mismo, era al mismo tiempo los entes que no tenían su constitución. A ese carácter se le llamó allí «comprender», y por medio de él se quiso apartar cualquier perfil de ente de lo que propiamente puede ser llamado humano. En realidad, la comparecencia de Grecia en ese Heidegger tardío tiene que ver con un desenvolvimiento de *Ser y tiempo,* aquel que decididamente ha entendido ya que *Dasein* es principalmente *Da*, es decir, el *entre* en el que se cruzan las cosas y el ser, los mortales y los inmortales, el cielo y la tierra. Pensar y ser proceden de lo mismo, pero a lo mismo, a eso desconocido en cuanto tal, solo se puede aludir como ese entre en el que quizás ya no quepa hablar más de entes frente al ser, sino solo del ser, ese ser que es cruce de inmortal y mortal, tierra y cielo. Pero ese cruce recibirá, en otra reiteración que Heidegger hace de la finitud, un nombre ya aludido aquí: la cosa.

5. La cosa

Una forma de entender ese momento tardío del trayecto de Heidegger pasa por releer la pregunta inicial por el ser como pregunta por la cosa. «¿Qué es la cosa?» se vuelve fórmula de referencia para comprender un resultado del trayecto que procede de la pregunta original por el ser. En realidad ese trayecto es comprensible como tránsito: el ser pasa a comprenderse como la cosa. Y a partir de este tránsito sí puede encontrarse una vía para entender de qué va la filosofía en Heidegger cuando se elude el recurso a las fórmulas de la ontología y la metafísica, como si solo se pudiera hacer filosofía una vez que dichas fórmulas han sido entendidas –no desechadas, porque en ese caso seguramente se estarían repitiendo–. Este entender las fórmulas, que es a lo que se puede llamar «hermenéutica», es el único camino para entender esa progresión, ese tránsito del ser a la cosa que no implica tanto abandonar algo –el ser– para llegar a lo otro –la cosa– cuanto descubrir (desvelar) que lo único a lo que propiamente cabe llamar y reconocer como ser es la cosa. Pero ¿qué cosa?

Tres escritos claves –«Construir, habitar, pensar», «Poéticamente habita el hombre...» y, expresamente, «La cosa»[46]– intentan responder a su significado No son los únicos. En realidad, de la *Carta sobre el humanismo* y de alguno de los escritos directa o indirectamente referidos a la técnica se podría haber dicho lo mismo, pero en el mapa de las publicaciones los mencionados aparecen de un modo muy relevante. Si prestamos atención a los títulos –y por eso se los cita expresamente–, se puede fijar el sentido de lo que Heidegger apunta como cosa desde varios significados, en concreto desde los de *construir, habitar, pensar* y *poetizar*.

Cuando la *Carta sobre el humanismo* dejó guiar su desarrollo siguiendo una frase inicial –«el lenguaje es la casa del ser»–, ya se estaba delimitando el sentido del ser desde el significado de «la cosa». La casa es la expresión utilizada con el fin de indicar que el lenguaje es finito; que el lenguaje consiste en la misma finitud, lo que presupone diferencia y dualidad. Pero esa diferencia y dualidad –esa oposición– debe ser manifiesta. La filosofía, en el punto de unión entre lo fenomenológico y lo hermenéutico, debe exponer cómo en la casa, y en su correspondiente habitar, consiste la cosa. Se anticipó algo aludiendo a la casa como umbral entre un afuera y un adentro[47], remedando aquel paso platónico de la caverna y las sombras al exterior y la luz, pero entendiendo el tránsito como el umbral en el que es imposible permanecer, quizás excepto para el poeta, que es capaz de decir (cuando un caminante se aproxima a la casa y se presiente, frente al frío y la oscuridad exteriores, el pan y el vino que se encuentran en el interior, sobre la mesa): «dolor petrificó el umbral»[48]. Entre el exterior y el interior no se puede habitar: no se dice que al caminante que entra, que llega al portal por caminos oscuros, le duela algo y se detenga. Alude solo a ese momento en el que la expresión más radical e inconcebible pero también más habitual de lo humano –el dolor, la muerte– interrumpe el ingenuo tránsito entre el oscuro exterior y el luminoso interior. Propiamente la casa, que no existiría sin lo uno ni lo otro, no tiene definición porque consiste en un límite: en el umbral. Y a ese umbral es al que ciertamente corresponde la finitud, el lenguaje: «Caminante entra callado; / dolor petrificó el umbral. / Allí brilla en pura claridad / sobre la mesa pan y vino».

No se deben leer las inhabituales expresiones filosóficas del Heidegger tardío como meras metáforas o imágenes que se habrían introducido como ilustración, ni la inclusión de poemas o el extenso comentario a los mismos como meros recursos para completar aquello que la filosofía no puede decir. En su lugar, se trata de retroceder respecto a la lengua filosófica terminologizada para descubrir un sentido de pensar y poetizar previo a su atribución y clasificación escolar. Solo en este ambiguo marco puede entenderse la descripción de «la cosa» a partir del habitar, construir y poetizar como filosofía. Esta descripción, en el fondo, no difiere para nada de la lectura que se ha hecho de Grecia (un puñado de versos de un poema inacabado o unos fragmentos), que apunta a lo mismo. En efecto, qué decir de «lo mismo» que se encuentra en el origen de ser y pensar en Parménides o de la *moíra* que ata ser y ente en un doblez o del *lógos* que se oculta apareciendo. ¿Responden a algo distinto de lo que Heidegger interpreta como «umbral» a partir de los versos de Trakl?

La casa, según su significado habitual, es una habitación y un albergue. Pero hay que distinguir la casa de las meras construcciones en las que el hombre puede encontrarse pero propiamente no habitar. Esto último ocurre por lo general en su centro de trabajo, o en una estación de tren o hasta en su propio domicilio, porque de todos modos habitar no se reduce a construir edificios y ocuparlos. Habitar pasa por construir el *lugar* donde se habita, que a su vez se mide por la posibilidad efectiva y no abstracta de decir: «yo soy»[49], «yo estoy»: en muchos edificios no se es y ni siquiera se está, si no es de paso. Incluso puede ocurrir que ese paso en el que se está se prolongue mucho más, calculado según el tiempo, de lo que se refiere al tiempo en el que se «es». Al final, por «ser» se acepta simplemente el cálculo del tiempo en el lugar en el que se ha estado, o en la suma de ellos. Si en alemán *bauen*, que actualmente se puede traducir por «construir», no deja de rememorar el significado de *bin* («soy»), resultará claro que entretanto construir ha pasado a ser solamente una actividad industrial y técnica que no tiene que ver con la vida humana. Y sin embargo, habitar es imposible sin construir, lo que no implica obligatoriamente construir edificaciones que seguramente, además, nos alejan del sentido humano y finito de la residencia. Porque esta, originalmente, tiene lugar en la tierra y por eso de entrada habitar significa cuidar de la tierra. Así entendido, ¿significa eso que los humanos construyen la tierra? Esa es ciertamente la imagen de la técnica, para la que el mundo no existe sin la construcción y el trabajo, pero en orden a habitar, que es lo mismo que decir «en orden a ser» y «a la medida del ser», construir significa propiamente «poetizar». Este significado cae lejos de la esfera literaria de los poetas, cuando estos en realidad lo son porque hacen relevante ese momento inaugural de la construcción que simplemente se restringe a tomar medida al habitar. Y medida no significa, a su vez, cuantificar la extensión habitable de una casa o la altura de la misma, ni su volumen. Ni mucho menos, cuántos humanos caben dentro. Tomar medida y reconocer su dimensión, en suma, poetizar, supone reconocer que la casa, que se encuentra asentada en la tierra, también se encuentra bajo el cielo, pero también cobija a los humanos, propios y extraños. Igualmente, la medida afecta a lo que no se presenta, pero envía señales, incluso de su ausencia. A esas señales y esa ausencia es a lo que corresponde el nombre de «lo divino». Si el templo griego constituía en realidad un recinto vacío para poder así albergar una ausencia, y no era ya tanto la casa del dios como la de su ausencia, lo divino, que hoy ya ni siquiera habita en los templos como ausencia, constituye, hágasele caso o no, la señal de un límite: lo que no somos. Habitar, de este modo, no significa introducirse y cobijarse en una construcción edificada para encerrarse y de ese modo protegerse, sino más bien exponerse en una oposición y diferencia: se habita porque se construye –porque se poetiza– a partir de ese entramado de la *tierra,* que sostiene y de cuya oscuridad surgen frutos, y el *cielo,* que es el camino arqueado del sol y la luna, el trayecto del día y de la noche; pero también porque se reconoce la oposición entre los hombres, que fundamentalmente, a diferencia de los demás seres, se caracterizan por ser mortales (esperar a la muerte), y los dioses, los inmortales, que son precisamente mientras envían señales de su ausencia. A este entramado, que surge de oposiciones, al que Heidegger llama *Geviert* («cuadratura» o «aspa»)[50] es a lo que propiamente podemos llamar «la cosa». Esta no se identifica, en consecuencia, con un objeto desligado de los demás, pero tampoco quiere decir que esa «aspa» sea una suerte de «supercosa» que valdría como concepto general para explicar el ser de la cosa y asuntos semejantes. Esa articulación (en aspa) solo revela lo que podría decirse de cualquier cosa en el sentido habitual del término. Es decir, no hay las cosas y además el aspa, que sería algo así como la interpretación de la cosa, porque ya se ha dicho que propiamente la cosa es su interpretación. Eso significa que es *cada* cosa, cuando acontece, la que sostiene el aspa, y es de *cada* cosa a partir de la cual puede entenderse qué significa cosa y, por ende, ser. No es, así pues, el aspa, a modo de universo, la que sostiene las cosas, sino que son las cosas las que albergan esa aspa. De ellas surge. Pensemos, por ejemplo, en una jarra[51], cuya representación habitual nos la hace pensar simplemente como el recipiente para albergar el agua o el vino, pero desligada de todo lo demás. Esta representación es la que nos invita a reconocerla como objeto producido y mercancía, pero nada más. Un examen más atento, suponiendo que sea posible y entretanto los objetos no hayan ocultado de tal forma la cosa que esta simplemente haya desaparecido, revela que justamente lo más propio de la jarra, aquello que la hace ser tal, no es tanto el que haya sido fabricada; ni siquiera que de la tierra, suponiendo que sea de barro, se haya modelado una forma –fondo y paredes– para que retenga el agua. Lo más propio, que consiste justamente en ser recipiente, viene sostenido por el vacío, que es lo que nadie ha producido. Sin vacío, en efecto, no hay jarra. Pero desde luego que ese vacío necesita, de todos modos, donde asentarse; necesita de la tierra para sostenerse, si no queremos que se disipe. Si es jarra, también ha de ser llenada, del agua o del vino o de cualquier otro líquido que de cualquier manera siempre procede, por uno u otro camino, de la lluvia del cielo. Y lo que contiene, el agua o el vino, se vierte por necesidad para saciar la sed de los hombres, mortales, o como regalo para los dioses inmortales, a quienes eventualmente se les puede ofrecer. En la jarra, y no en un espacio abstracto, habita esa *aspa* y hace posible la cosa. La jarra se sostiene entre la tierra y el cielo, al lado de los mortales y los inmortales. En la jarra se revela el aspa.

Es verdad que lo que caracteriza habitualmente a las cosas, que es el uso y el consumo, parece apartado de ese sentido del aspa, y en ellas difícilmente vislumbramos dioses y ni siquiera hombres. Lo que la filosofía desde Hegel hasta Marx llamó alienación, enajenación y extrañamiento tiene que ver directamente con ese camino seguido por las cosas, resultado del inmediato trabajo que las producía, que consiste en separarlas radicalmente del tránsito y el camino en el que surgen para considerarlas desvinculadas entre sí y poder ofrecerlas por separado al mercado. En el mercado, desde luego, no se vende un trozo del sentido de aspa ni el recuerdo de la relación entre los dioses y los hombres o entre la tierra y el cielo, sino un objeto, una mercancía, de la que parecen haberse escapado incluso las condiciones que la condujeron a su actual presencia (su propia verdad objetiva). Este extrañamiento de la cosa procede directamente de una determinación científica que las comprende como si no fueran cosas, sino partículas de materia en el espacio.

Pero se malinterpretaría la nada ingenua descripción de Heidegger de una jarra por medio de la advertencia de que ahí se esconde una evocación romántica que además sirve a oscuros impulsos reaccionarios. Porque no se trata de una restauración que pasara por transformar los objetos en cosas según el sentido del aspa, ni de apropiarse de cosas antiguas. Las cosas, nuevas o antiguas, han dejado en su conjunto de ser cosas, porque la mirada que las puede ver y las manos que las pueden tocar solo son capaces de tratar con objetos. La transformación no puede proceder reclamando la vuelta del pasado, ni del hombre antiguo, ni de los dioses que se han ido, ni de una tierra que ahora solo se utiliza como campo industrial de producción o de un cielo que sirve para que los aviones y satélites lo surquen. La descripción fenomenológica apunta a revelar un límite y no a pedir una imposible transformación político-material. La transformación, de todos modos, sí tiene que ver con un cambio en la mirada. La filosofía nunca pretendió sustituir unas cosas por otras, porque las cosas son las que hay y ella, a diferencia de la ciencia y la técnica, solo atiende a ver lo que hay, no a producirlo. El saber propio de la filosofía nunca supuso una transformación física o incluso práctica de lo real. Descartes, que pasa escolarmente por ser principio de la modernidad, no produjo para nada el sujeto o asuntos parecidos. Simplemente reconoció de otra manera, bajo otra mirada, lo que ya había sin modificar su aspecto. Ese reconocimiento, desde luego, es una interpretación por cuyo medio se produjo una transformación muy superior a la que haya conseguido ninguna maquinaria, ni siquiera una revolución política, que en todo caso surgió de esa interpretación cartesiana.

Pero la cuestión, tratándose de la mirada y la interpretación, se concreta en la pregunta: ¿hacia dónde ver? La jarra puede ser el intrascendente objeto que manejamos o, sin cambiar para nada de tamaño ni figura, la cosa según la interpretación como aspa. Pero eso no depende de un acto de conciencia que decida lo uno o lo otro. Porque según la conciencia, que es el modo de mirar moderno, la jarra solo puede ser objeto, y que dejara de serlo –¿y qué llegaría a ser entonces?– no puede resultar de ningún plan. Por consiguiente, en la reiteración de la finitud que se concreta en el examen de la cosa no se encuentra implícito un proyecto ético o político para conseguir la transformación del mundo histórico o cosas semejantes. Eso no quita para que ese examen sea más rentable de cara a un pensamiento de lo político –para empezar porque nos puede revelar qué entendemos por un mundo– que muchas declaraciones programáticas. En su descripción de los fenómenos físicos –de las cosas– Aristóteles no perseguía que como consecuencia de su doctrina hubiera que entender definitivamente las cosas de esa manera –a partir de la relación entre *húle* (materia) y *morphé* (forma)–. Que a partir de la reflexión de Aristóteles, ciertamente, esa relación dual se interpretara dogmáticamente como encuentro e identidad y se pasara entonces a decir llanamente que la cosa es la composición de materia y forma, sin mirada previa a lo que Aristóteles quiso problemáticamente indicar, puede ilustrar también acerca de cómo un malentendido se convierte en error definitivo que conduce incluso a una transformación de la filosofía.

La filosofía exige en todo caso un ver la cosa misma, aunque ahora sepamos que esa visión puede conducir a ocultar la cosa. Pero si esa posibilidad se da, es precisamente porque a la cosa era inherente ser interpretada y, por eso mismo, malinterpretada. Por medio de la comprensión de la cosa bajo el sentido de aspa, Heidegger tampoco dice que ahora con él viene la buena interpretación, que es la que hay que seguir. Es tan importante rechazar cualquier conversión de la descripción de la jarra o de la casa en tesis que se puede decir que aun entendiendo correctamente el contenido de lo que se dice en Heidegger todo se malentiende si se toma como doctrina. No hay una teoría de la cosa igual que no hay una teoría sobre los griegos, sino un modo de leer la filosofía, que pasa también por la lectura de algunos poemas, que tal vez descubren de nuevo lo no-pensado por la tradición (por ejemplo lo que Aristóteles pensó como encuentro imposible entre *húle* y *morphé*). Desde luego no para que ahora, con Heidegger, se diga que por fin se ha descubierto lo no-pensado, que residía en esto, aquello y lo de más allá. Descubrir, con Heidegger, lo no-pensado vuelve a significar lo que ya hicieron Platón y Aristóteles, es decir, reconocer un abismo, una dualidad cuyo origen es desconocido, pero porque ese es su estatuto.

No-pensado en cuanto tal es también el estatuto de la cosa (el aspa), porque si bien es cierto que para todos tiene un significado comprensible lo de los dioses y los hombres, la tierra y el cielo, por más que sea bajo su significado moderno, lo que se piensa como espacio intermedio –intercisión, dimensión, diferencia, umbral, oposición de lo uno a lo otro– no es que no se piense, sino que solo cabe pensarlo como no-pensado. La filosofía es la que hace que comparezca algo así, y no lo hace abstractamente, ni con lo de la jarra ni con lo del aspa ni con el comentario a Heráclito y Parménides. Porque lo que se dice de la jarra, en efecto, no es algo distinto de lo que se dice del *lógos*, que consiste en reunir una diversidad, igual que queda reunida en la figura del aspa; de ahí que por «decir» no haya que entender solo la función del lenguaje.

Pensemos en una cosa construida, por ejemplo un puente[52], esa construcción que de entrada solo daría cobijo a los desamparados. Aun así, el puente es una figura constructiva que muestra más decisivamente la esencia del habitar que un cómodo domicilio privado. Igual que la jarra no viene a inscribirse en un horizonte ya definido por el espacio intermedio entre la tierra y el cielo, sino que su propio acontecimiento –su vacío de recipiente, diríamos– es el que genera esa inter-cisión, el puente no viene a unir dos orillas ya existentes. Más bien ocurre que las orillas comienzan a ser orillas gracias al puente, que las aproxima y delimita como tales. A partir del puente se puede hablar de dos orillas y de atravesar de una a otra. El puente reúne, además, la corriente del río con la tierra próxima en una vecindad inexistente antes. En cierto modo, se podría decir que las orillas se desconocían antes del puente y que solo a partir de él, enfrentadas, pueden reconocerse como tales. El puente deja que la corriente natural siga su curso, como si así se cumpliera la naturaleza, sin estorbar, pero al mismo tiempo abre el camino de la historia dejando pasar de una orilla a otra, antes infranqueables, a los caminantes; también, seguramente, a los guerreros. El puente une los campos de cultivo con el pueblo y los pueblos con los pueblos. Los magníficos puentes de las autopistas, por medio de una impresionante construcción apenas visible para quien se encuentra transitándolos, unen por su medio países y hasta continentes a una red general, salvando siglos de incomunicación, aunque también produciendo una nueva al dejar surgir una trama que ya nada tiene que ver con los horizontes que simplemente sobrepasa atravesándolos. Un puente, en fin, como tránsito, es el que finalmente permite pasar definitivamente de una orilla –la vida– a otra –la muerte– uniendo dos territorios de suyo aparentemente infranqueables entre sí. El puente así no es una metáfora, sino propiamente la construcción que permite habitar la tierra: se sostiene sobre ella, cara al cielo; por su vía circulan los mortales que a veces hasta ponen, en algún lugar central de la construcción, la figura del dios, o del santo o un mero recuerdo; o que en todo caso, como en el paso de la muerte, anticipándola cada vez que se atraviesa el puente y se aspira al otro lado, comunica lo humano con lo divino. ¿Y qué es sobre todo el puente, además de una figura constructiva?[53]. Simplemente una cosa. Una cosa a partir de la cual se reitera el aspa y vuelven a aparecer coligados tierra y cielo, mortales e inmortales, en un cruce difícilmente visible. En efecto, se percibe la tierra y el río que transcurre atravesándola; también el cielo, si se separa la mirada de las aguas y se mira hacia arriba; a uno mismo o a otros, atravesando; incluso se piensa en la ausencia de Dios, bien porque solo se encuentra representado en la figura que una vieja tradición ha puesto allí, bien por la imposibilidad de pensar siquiera esa ausencia cuando el grandioso puente de la autopista nos oculta hasta el paisaje. Pero en todos esos casos, algo parece escaparse si no es pensado: se trata del propio cruce, de esa inter-cisión que parece no ocurrir nunca, sin la cual, sin embargo, desaparecería la posibilidad de capturar por separado cada uno de los lados. El puente opera aquí, pero no en el ejemplo, sino en cada uno de los puentes que se construyen, y que se construyen para habitar la tierra, como el *lógos* que coliga lo que hay a su alrededor, dejándolo ser y desapareciendo a su vez. Pero el puente, porque es *lógos* en un sentido muy anterior a la lógica –que siempre presupone la abstracción de cualquiera de los cuatro lados y resulta independiente de Dios y hasta del que piensa–, es principalmente una cosa que tiene que ser pensada más adecuadamente como lugar. Solo a partir de esa cosa entendida como lugar –ámbito en el que se conjugan esas mentadas dimensiones del aspa– se puede decir que hay espacio: no viene primero el espacio en el que después se construye el lugar del puente. Al contrario, porque hay puente, hay lugar y, desde él, se puede hablar del espacio, que queda así delimitado mucho antes de que la abstracción geométrica venga a hablarnos de un espacio infinito o indefinido en el que nadie se ha encontrado jamás. El puente es el origen del lugar y el lugar es el origen del espacio, de ese que nunca se ve del todo pero que se presume detrás de cada horizonte. Sin cosa no hay espacio. Si la lógica conceptual ha invertido la forma de ver (y de pensar) presumiendo un espacio anterior –igual que un tiempo anterior–, la gramática ha venido a concebir el verbo cópula como la unión de dos lados que ya estaban antes –el sujeto y el predicado– sin entender que tanto el uno como el otro aparecen a partir de ese verbo «ser». Efectivamente, el «es», esa palabreja apenas insignificante, une como el puente dos orillas, haciéndolas aparecer por primera vez. El destino de ese ser, como el del puente, es desaparecer de la presencia para hacer predominante, como dos bloques, las dos orillas que se ignoraban antes de él. Del mismo modo se puede decir que los hombres no vienen a inscribirse en un espacio ya existente. Este se genera más bien a partir de los humanos, que a su vez solo pueden ser humanos en relación con su límite, los inmortales, sobre la tierra y el cielo. Y ese lugar, que no espacio vacío, es propiamente el mundo, articulado como aspa y a partir de la cosa. Estos lugares no se pueden intercambiar, aunque una planificación abstracta que ha arrasado previamente su contemplación pueda disponerse a hacerlo y lo haga. A ese espacio abstraído según relaciones analítico-algebraicas corresponde ese tiempo ilimitado que paradójicamente constituye el significado vulgar de tiempo, de un tiempo descualificado en el que cada instante es igual al otro igual que en el espacio cada punto es igual al otro, indistinguiendo el más próximo del más lejano, porque ambos son extraños entre sí. Y a ese espacio ilimitado también corresponde el espacio político que se concibe solo como una abstracción, en pugna de todos modos con la realidad en la que inmediatamente se combate. Al final, la guerra moderna es el resultado de imponer dichos espacios políticos hasta hacer de todos uno solo. Un lugar, en cambio, genera una proximidad en la que lo que se articula está próximo, aunque pase desapercibido. En realidad, el destino de lo próximo es pasar desapercibido, y se acaba entendiendo mejor lo lejano, porque para ello hay significado; lo que se tiene delante, lo más singular, no lo tiene, y sucumbe. El mortal mismo no sería tal sin el puente, porque no sería nada sin el tránsito. No es así, en consecuencia, un punto que se encuentra *aquí,* encerrado en sí mismo, sino que se encuentra también *allá,* y por eso puede atravesar algo. En esa travesía de un aquí a un allá consiste el propio hombre, que genera el ámbito, que ya no se puede llamar ni espacial ni temporal, en el que se mueve: ese movimiento es su propio acontecimiento *(Ereignis)* y su casa. El puente, como la jarra, porque son al modo del aspa, porque la albergan, son ya una *casa*. ¿Qué significa entonces construir? En la imagen de Heidegger, producir las cosas como lugares: habitar el aspa. En esa misma imagen, además, una tarea que no pasa por un programa de construcción de viviendas, sino por asumir que, mucho antes de la destrucción bélica de los pueblos y las ciudades, el lugar mismo –el habitar– se encontraba ya destruido, como consecuencia de la tendencia metafísica a entender el *aquí* del lugar, la finitud, desde el *más allá* del espacio infinito. Y la infinitud del espacio y el tiempo resulta de un pensar según representaciones –pues la infinitud nunca se presenta como tal– que solo se encuentra capacitado para producir más representaciones. Desde luego, a ese pensar le resulta indiferente cómo se habite, porque solo se encuentra preocupado por la planificación de espacios meticulosamente delimitados y calculados económicamente para que sean ocupados por los humanos, pero por unos humanos que pasan a entenderse solo como piezas de la gran representación técnica; que en realidad se han convertido en la excusa para que puedan ser construidas más viviendas, en barrios extensos, en megalópolis. Ese pensar según representaciones coincide con el totalitarismo, que supone que puede construir una vivienda para cada individuo, aunque para ello tenga que liquidar individuos, ajustando su número al de viviendas posibles de construir.

Sin embargo, a pesar de los tiempos de penuria, «poéticamente habita el hombre la tierra», dice Hölderlin, recoge Heidegger. De nuevo hay que decir que sería ridículo contemplar la meditación de Heidegger sobre el habitar como un remedio político ante la desastrosa situación de la Alemania tras la guerra mundial o de la Europa de la postguerra. Bien entendido lo que dice, se interpretaría mejor como causa de la guerra antes que como consecuencia: la guerra sería ya consecuencia de la pérdida del sentido del habitar y de la contemplación del lugar. Porque el lugar, ese del que Hölderlin dijo que difícilmente se abandona, porque de él se procede y permanece cerca del origen[54], ha explotado convirtiéndose en el espacio infinito: el hombre está incapacitado para vivir en su casa, aunque disponga de vivienda. El proyecto político, que es también un proyecto económico, podría seguramente paliar ese defecto de vivienda, pero no podría transformar la situación. Como se señaló antes, esa transformación no se puede ni calcular. Se puede calcular la destrucción y la construcción y trasladar ciudades enteras, arrasando lugares que nunca más volverán, pero no la medida del irrelevante puente que se atraviesa todos los días en ese cruce de unión y separación. Tal vez, en algún momento, la imagen del transeúnte que se detiene sin apenas saber por qué y sin atender al tiempo, en el medio del puente, mirando ese horizonte de las aguas río arriba o río abajo que no podrá transitar, pero ensimismado las ve fluir, tenga más de transformación que muchas reflexiones filosóficas. Seguramente, porque, pese a todo, «poéticamente habita el hombre». ¿Qué significa esto? El transeúnte detenido en el puente ha generado un cruce en su detención: ha detenido su camino y al ponerse cara al río y no a favor de su vía habitual ha construido un umbral, petrificándolo con su detención. No podrá seguir el curso del río sino que tendrá que seguir su camino humano, pero entretanto ha revelado una interrupción y un límite: el río y su curso –lo que no es él– frente a él. Y ese frente propone un límite que le permite medirse: no puede seguir todos los caminos y cursos, sino solo el de la vía del puente. Del mismo modo, mirando hacia arriba, al cielo que puede ver y a la tierra y el río bajo sus pies, se encuentra suspendido. Esa línea transversal, más decisiva que cualquier sucesión continua, marca un entre. Se puede señalar, arriba, al claro del cielo y los dioses y, abajo, a lo oscuro de la tierra y las aguas, pero ¿cómo señalar el entre? Ese «entre» equivale a lo que Heidegger leyó en Parménides como «lo mismo» a partir de lo cual eran ser y pensar. Ahora, aquí, el entre continúa siendo tan insondable como aquella enigmática mismidad. Pero se puede ensayar una medida. Y ese ensayo solo puede ser poético: poetizar es *medir,* medir la dimensión que hay *entre* el arriba del cielo y el abajo de la tierra. Pero ¿de dónde tomar esa medida tan distinta a todas las demás si propiamente no hay nada que medir? La medida del hombre es su propia muerte, no en el sentido de que pueda calcularla y predecirla, sino en el sentido de que su vida consiste en estar muriendo siempre («antes llegan los mortales al abismo»)[55]. Pero en algún sentido es insuficiente: la muerte tiene que medirse con una vara distinta, que solo puede ser lo inmortal, la divinidad. Obviar la divinidad o su ausencia no implica en primer lugar un acto de impiedad o una falta de fe; más decisivo resulta de ello perder la referencia y la medida de la propia muerte, que puede olvidarse. Así deja de ser mortal el hombre y se convierte en otra cosa. Dios es así aquello con lo que el mortal toma medida, pero Dios es, en versos de Hölderlin, «lo desconocido». Y sin embargo, Dios como tal desconocido es la medida para el poeta. ¿Cómo puede servir de medida algo desconocido? No en el sentido trivial de que desconozcamos algo, sino en el sentido de que lo desconocido se revele como tal y aparezca. El cielo es esa revelación, que hace aparecer lo desconocido. La poesía es la toma de medida del «entre», y su carácter difiere del medir habitual, porque no mide una cantidad. Se puede medir matemáticamente hasta lo infinito, porque se mide una representación, pero resulta imposible medir la finitud, porque no consiste en algo. Pero así ocurre que el *poetizar* es el construir inaugural porque reside en *medir* la finitud, la dimensión del habitar. Así habitaría poéticamente el hombre, mediante Dios, que se cuela como medida del límite y presupone lo desconocido en cuanto tal. Porque cuando todo es conocido, que es cuando definitivamente Dios se ha separado de las cosas, solo queda la sobremedida que calcula todo, incluidos los propios procedimientos de medir, que a su vez tienen que ser medidos. Esta sobremedida describe la condición impoética del hombre, que ha convertido a Dios en algo infinito al que se le puede llamar tiempo o espacio absoluto, que se trata de medir y del que hasta su existencia se pretende demostrar. En la descripción de Heidegger, siguiendo a Hölderlin, Dios no es infinito, porque habita el lugar de la finitud, aquella proximidad desconocida que desde el principio se resiste al conocimiento y la medida matemática. De ahí el poetizar. De la casa al puente, para quedarnos tal vez a la intemperie, que vuelve a convertirse de nuevo en la casa y en la posibilidad de habitar, porque se reencuentra en ella la finitud. La casa es la cosa; es la dimensión cruzada de la tierra y el cielo, los mortales y los divinos, que solo se puede construir poéticamente. Es lo que acontece. El acontecimiento propio.

No se esconde en la meditación de Heidegger sobre la cosa ninguna religión. Seguramente ni siquiera habla ya el teólogo joven, porque la descripción se encuentra dictada desde la ausencia de Dios. La introducción de Dios se encuentra exclusivamente al servicio de la constitución de la finitud, sin la cual ni siquiera es posible esa infinitud que se ha convertido en la paradójica habitación humana. Es muy posible que no haya texto más nihilista que el del Heidegger tardío, porque sabe que solo la comprensión de la cosa como aspa –en definitiva, como interpretación– ha asumido que de ningún más allá, ahora confiado al avance científico, por muy avanzado que sea, puede venir salvación alguna. Cuando se dice que «solo un dios puede salvarnos»[56] no se está diciendo otra cosa que esto: solo lo desconocido, que entra para articular la finitud, puede ser medida. No hay más que finitud, porque lo otro es solo una representación, aunque sea una representación que se ha realizado técnicamente y haya transformado la finita faz de la tierra en infinito universo físico e histórico. Pero por medio de esta sobremedida, acierta Heidegger a intuir, seguramente desaparece también la propia diferencia entre lo físico –la naturaleza– y lo histórico –el hombre– para convertirse en referencias homogéneas intercambiables. Ya la definición del hombre como animal racional, desde el humanismo, escondía esa peligrosa intercambiabilidad entre lo natural y lo histórico hasta el punto de confundirlo. Desde Heidegger, a sabiendas de que el horizonte es el del nihilismo de la infinitud, se reclama pensar la finitud, que pasa por reconocer que esta se construye poéticamente y simplemente acontece. De ahí que se manifieste como cosa.

Epílogo
Heidegger y la política

Dos pasajes casi sucesivos del equívoco texto titulado «La autoafirmación de la universidad alemana»[1], que difícilmente resulta caracterizable como filosofía, revelan sin embargo de forma expresa un motivo y a la vez una ambigüedad que recorren peligrosamente el pensamiento de Heidegger. El primero recupera un fragmento del *Prometeo* de Esquilo, que se refiere a la naturaleza del «saber» (palabra que traduce el término griego *techné),* y dice: «El saber puede menos que la necesidad»[2]. El segundo se refiere al significado del término «inicio»: «El inicio *es* aún. No está *tras nosotros* como algo hace tiempo ya sido, sino que se encuentra *ante* nosotros»[3]. Uno y otro pasaje se encuentran esencialmente vinculados.

Para Heidegger, el pasaje del *Prometeo* (de quien se nos recuerda que pasaba por ser el primer filósofo para los griegos) revelaría una diferencia original entre el conocimiento y la necesidad: ante el predominio del destino fracasa el saber acerca de las cosas. Lo propio de los griegos no habría residido en aceptar de antemano el fracaso convirtiéndolo en la excusa para no desplegar el saber, ni tampoco en eludirlo generando el espejismo de un saber independiente asentado en sí mismo, que funcionara al margen de lo inevitable, como esquivándolo. Lo sobrecogedor residiría más bien en aceptar la tragedia ligada al saber y tomarla como punto de partida de la ciencia. Esta condición resultaría de que para los griegos el conocimiento no se consideró nunca un instrumento sino la pasión surgida en la proximidad de las cosas al presentir su naturaleza oculta e inaccesible, esa que siempre se resiste a aparecer pero que sin embargo, y por eso mismo, constituye su ser. Y por mor de esa dificultad inicial esa pasión se caracterizó como «pasión por la verdad» y recibió el nombre de «teoría», que, de este modo, lejos de significar la mera contemplación de lo que hay, presupone siempre un permanente ir más allá, del que se hace depender todo. La suprema forma de teoría, así, surge ya de una *praxis* que consiste en ir más allá de la mera contemplación, aunque eso suponga adentrarse en el ser de las cosas y fracasar ante él, porque siempre se oculta.

Para la ciencia moderna –cuya meta consiste en saber lo que todavía no se sabe–, empeñada en alcanzar en esos momentos de principios del siglo XX el corazón mismo de la materia, resultaría extraña esta concepción trágica del saber que Heidegger recuerda como original. En efecto, la ciencia moderna puede reconocer que hay una esfera ignorada del ser, y que incluso esta es con mucho más extensa que la conocida, pero de ningún modo aceptaría que dicha esfera es intrínsecamente inalcanzable. De hecho, el conocimiento ya alcanzado se presenta como punto de partida cierto y seguro del que todavía no se ha alcanzado y como prueba de su posibilidad. Heidegger, en cambio, apunta a lo incierto y no sabido como constitutivo mismo de lo que se sabe, de modo que esencialmente nunca se alcanzaría la certeza, aunque paradójicamente el extraño camino de la incertidumbre, aparentemente desviado, fuera el que más nos aproximara a la verdad. Porque de la verdad es propio el ocultarse y hasta lo incierto. Entre la verdad así entendida y la ciencia moderna (cuyo significado es ya una forma de entender la verdad), hay un abismo que por descontado ni siquiera sería reconocible contemporáneamente como trágico. La ciencia –el conocimiento establecido y asegurado de lo que hay– se asienta sobre el supuesto de un camino acumulativo de progreso que posiblemente nunca se completará, pero a cuyos logros asegurados tampoco se renunciará, porque se consideran verdaderos de suyo. Seguramente la ciencia habla de lo verdadero –hechos demostrados, proposiciones válidas– y no de la verdad; de ahí que para Heidegger la ciencia se mueva exclusivamente en un horizonte óntico mientras que la filosofía, cuya exclusiva preocupación es la verdad –y por eso busca aproximarse a las cosas mismas, aunque sea para fracasar ante ellas–, responda solo a su naturaleza ontológica. Pero óntico y ontológico resultan etiquetas tan estratégicas que incluso el científico puede arrogarse un papel ontológico frente a, por ejemplo, el técnico que simplemente manipula preparados, aunque este último, moviéndose en la inseguridad propia inherente a la relación inmediata con las cosas, y aun sin saberlo, se encuentre muchas veces más próximo a esa verdad que se oculta que aquel, aposentado en la seguridad de sus fórmulas y operaciones.

Pues bien, cuando Heidegger, sirviéndose de una retórica pseudoheroica y en el contexto de un politizado discurso de rectorado, reclama que aparezca la naturaleza trágica del saber y la ciencia, lo hace desde la posibilidad de lo ontológico, presintiendo su efectividad. Decisivo resulta entender que en realidad no se está reclamando que ocurra algo, por ejemplo la verdad, sino al contrario que se reconozca que lo que efectivamente está ocurriendo es la verdad, aunque no como una novedad, sino como lo que continuamente rehúsa aparecer y se sustrae. Solidariamente, la exigencia de la plena certeza, propia de la ciencia moderna, que presupone una transparencia total de la naturaleza cuando queda registrada al nivel del conocimiento constituye asimismo para Heidegger la señal culminante y más reveladora de ese ocultamiento, aquella que ni siquiera reconoce la posibilidad de una ausencia y que, en consecuencia, no reconoce el carácter trágico del conocimiento sino que, como mucho, lo considera un defecto.

En el «Discurso del rectorado» se reclama como *inicial* el carácter trágico del saber, lo que también significa reclamar aquel más allá que ha posibilitado que se planteara algo así como el conocimiento de las cosas en su totalidad. En realidad, la reclamación de ese carácter inicial es la señal del reconocimiento de lo ontológico, lo que esencialmente significa que el inicio no es un hecho que quede detrás, justo en un comienzo cronológico, sino algo que se encuentra ante nosotros, pues el carácter oculto es estructural de la verdad. Como se dice en el pasaje mencionado, el inicio, de alguna manera, está por llegar. Pero este «por llegar» de ningún modo significa que el principio tiene todavía que cumplirse en algún momento venidero, ni tampoco, al modo idealista, que lo absoluto que ya se encuentra al comienzo, pero sin saberlo, se cumplirá en el momento final de su despliegue completo. Más que a una espera temporal y a algo cronológico, se apunta a un retroceso, de modo que las respuestas conocidas, esas que configuran el cuerpo general del conocimiento, vuelvan a aparecer a la luz de sus preguntas para reencontrarse, de ese modo, con lo oculto y desconocido que les resulta inherente. Que este retroceso, dentro del texto del «Discurso», se formule líneas después de recordar la frase explícita de Nietzsche «Dios ha muerto», que llegó a ser motivo de un tratamiento posterior de Heidegger en contextos bien distintos[4]; que por lo tanto se plantee el retroceso en el horizonte explícito del nihilismo donde, por decirlo de alguna manera, no queda asidero alguno, significa también que la ciencia, de pretender continuar como la figura señalada del saber, no puede convertirse en otro asidero que funcionara teológicamente como la verdad. Porque su horizonte surge más bien de la propia existencia humana, lo que significa: del desamparo, la desprotección, la inseguridad y la incertidumbre de lo que resulta oculto y desconocido, pero no como algo que por medio de la empresa científica se pudiera tornar definitivamente conocido, sino más bien como aquella cara oculta que persiste ante la formulación de cada pregunta.

En realidad Heidegger no hace sino reformular por medio de una grandilocuencia seguramente fallida su punto de partida: la facticidad de la propia existencia no puede asegurar ontológicamente ningún resultado, porque lo ontológico queda reservado al ámbito exclusivo de la propia existencia, que se plantea, también políticamente, como una resistencia frente a lo que hay, lo óntico, que se resume de forma culminante en una comprensión de la ciencia como cómoda ocupación sin riesgo que mira por el progreso asegurado del conocimiento. Sorprende que en el texto de Heidegger, que pasa por ser el documento público más explícito de la militancia oficial nacionalsocialista del filósofo, no aparezca afirmada la infinita potencialidad de certeza de la ciencia, sobre todo la alemana, para alcanzar el logro definitivo del conocimiento, sino que se reclame más bien una suerte de detención y retroceso a la finitud, aquí caracterizada como tragedia desde el registro literario de la cita del *Prometeo*.

Más allá de la falsa retórica del *Discurso*, expresivamente ampulosa y cargada de efectos, late el reconocimiento de una vecindad terrible entre la política y el conocimiento, figuras cuya situación original Heidegger presiente antes de ser comprendidas como meras y diversas actividades humanas. Al contrario, sin que se formule así, se vendría a reconocer que la existencia humana, esa que Heidegger caracterizó ontológicamente desde el *Dasein,* es intrínsecamente política desde el momento en que es científica, es decir, desde el momento en que ocurre gracias al saber, aunque ese acontecimiento sea el que le revele su propia imposibilidad y fracaso. La incoherencia del *Discurso* no reside en el reconocimiento, por otra parte lúcido, de esa vecindad, sino sobre todo en no reconocer que al Estado, como expresión de lo político, también le debería corresponder ese carácter trágico griego que lo vuelve fracaso. El error, en definitiva, residiría en no reconocer que el Estado es algo solo moderno y no griego. En su lugar, se dio por supuesto como algo natural la constitución *positiva* del pueblo y del Estado político: al retroceso, que tendría que remitir de la respuesta a la pregunta que caracterizara al conocimiento, no corresponde en el *Discurso* esa suspensión que preguntara al menos en qué consiste algo así como el Estado, en lugar de darlo por supuesto. En realidad, ¿qué se daba por supuesto en ese escrito y en esos años? Seguramente que el Estado político era posible, al menos en el caso del nacionalsocialismo, como continuación de la *pólis* griega, de modo que su constitución no fuera exactamente moderna sino que conectara directamente con Grecia. Pero más allá de la aparatosa equivocación de la persona Heidegger como ciudadano, quien se equivoca estrepitosamente, y precisamente cuando de todos modos alcanza a vislumbrar en un horizonte completamente hostil a semejante descubrimiento la naturaleza finita del saber, es el filósofo. Porque el *Dasein* que de modo tan cuidadoso se llega a describir en *Ser y tiempo* como extraño a cualquier figura de la subjetividad, pero precisamente porque es lo inicial, es decir, lo no-pensado en dicha subjetividad, no puede acabar coincidiendo con la figura del Estado moderno, que, en definitiva, aun bajo la desfiguración más extraña a la ley –como ocurre en el caso del nacionalsocialismo–, procede directamente de la concepción misma de esa subjetividad moderna. En efecto, si el *Dasein,* a la postre, no se puede concebir como substancia y solo puede caracterizarse como «entre», el Estado moderno, nacionalsocialista o no, viene a rellenar ese intermedio de modo que no haya lados que se enfrenten y todo sea políticamente *uno*. Así, si por «inicio» cabe entender la implantación del nuevo Estado alemán surgido de una decisión, entonces lo del inicio es una caricatura y a la vez una catástrofe. Pero si por «inicio» se puede entender lo aludido más arriba, en definitiva, aquello ontológico griego que de todos modos no puede anunciarse como algo que ocurrirá en tiempos venideros, sino como el carácter de no-pensado y por naturaleza trágico que acompaña todo conocimiento y toda decisión, entonces se puede reencontrar la filosofía, a la que Heidegger llevó más adelante en tiempos ya extraños a ella. Que las dos posibilidades de lectura coexistan en el marco de un texto equívoco y falso en muchos pasajes y hasta en su intención arroja una sombra enorme y difícil de disipar sobre uno de los intentos más refinados y también arrojados de la filosofía en el siglo XX. Pero también es posible que esa sombra sea inherente al mismo intento de formular, en un tiempo extraño, no una descripción más o menos calculada sobre un tema concreto, sino una que de todos modos, contra la versión metafísica moderna del ser como totalidad absoluta, haga reaparecer el intento aristotélico del «ser en cuanto ser» o el intento kantiano de la finitud del conocimiento, como reconocimiento de un ámbito no temático. Ese ámbito, que Heidegger reconoció en su lectura de los pensadores arcaicos griegos, especialmente en Heráclito, como *lógos*, fue al que denominó *Dasein*. Bajo ese término se recogió, como hemos visto, lo que la tradición filosófica había pensado, pero también, sobre todo, aquello no-pensado en cuanto tal, pero que resulta inherente a lo pensado. Si esto último cae a su vez bajo el significado de metafísica, lo no-pensado también se refiere a la metafísica, pero desde otra perspectiva. Tal vez no una nueva perspectiva, pero sí otra, a la que le corresponde el sentido de «inicio». Así se puede entender que el inicio se encuentre ante nosotros, como afirma el texto, porque lo no-pensado acompaña invariablemente a todo lo que se piensa, como su sombra oscura, imposible de ser delimitada en cuanto tal. Ahí se inscribe el fracaso contemporáneo al que un proyecto como el de Heidegger se veía abocado al reiterar un modo griego de hacer filosofía: pensar conjuntamente *lógos* y *Dasein*. Por qué, sin embargo, ese fracaso, que de todas las maneras es radicalmente filosófico, se ensombreció a su vez porque en un momento determinado ese ámbito, ese inicio, eso no-pensado, en fin, el *Dasein,* no apareció ontológicamente como el ser, sino reconociéndose como ente –esa esfera particular de lo político que se deja recoger bajo el término «Estado»–, constituye seguramente una de las señales más inquietantes y más inhóspitas de la emergencia contemporánea de la filosofía, como si a esta ya no le cupiera ser formulada al original modo griego ni al correspondiente moderno.

De cualquier manera, el pensamiento contemporáneo heredero de la tradición filosófica ilustrada tenía que rechazar radicalmente esa enigmática y ambigua aparición de la filosofía en Heidegger como algo desmesurado y peligroso. Un pensador como J. Habermas, en los años cincuenta, reconocía que *Ser y tiempo* era sin duda la obra filosófica más importante después de la *Fenomenología del espíritu* de Hegel, pero se sorprendía de que un pensador capaz de hacer surgir una obra así se entregara compulsivamente a un primitivismo político[5]. La explicación que apela a una diferencia crucial entre el pensador y el ciudadano, sumergido como los demás humanos en el miedo y temor de este mundo, en el presentimiento de la catástrofe, del que surge la voluntad de preservar una cultura que se agota irreversiblemente, sin darse cuenta de que esas actitudes precipitan definitivamente a la cultura en ese final no deseado, no resulta satisfactoria. Seguramente el primitivismo procede también de una sospecha radical del papel de lo que esa agotada cultura reconoció y ensalzó bajo el significado de razón.

Porque lo que en definitiva hace que Heidegger, admirado seguramente por interpretaciones y motivaciones muy ajenas al núcleo más duro de su planteamiento, reivindicado por aquellos que todavía *esperan* de la filosofía un camino más allá de la rígida necesidad científica, sea ignorado por la marcha de esa misma ciencia y su progreso o rechazado expresamente por lo que pudiera reconocerse como «pensamiento crítico-ilustrado» procede de su incómoda detección de un *saber* extraño al mero entendimiento, lejos del cual el pensamiento solo puede perder. Porque tal saber, frente a ese entendimiento humano, instrumental y operativo, que en cierto modo no falla nunca gracias a fijar de antemano lo que hay que saber y a sus mecanismos públicos de corrección, es susceptible de fracaso. Más lejos todavía, como apuntaba la recordada cita del *Prometeo* de Esquilo: se encuentra destinado a fracasar. Y esta imagen, servida literariamente, desestabiliza por completo la segura conciencia de sí mismo que en el curso de la propia *Fenomenología del espíritu* había ganado la razón. Si en esta *Fenomenología*, recreando la comparación de J. Habermas, se resumía el seguro camino de la conciencia en pos de su verdad, que a la postre se volvía ya verdad universal convirtiendo al propio entendimiento en razón última, en *Ser y tiempo* se suspende el papel de esa razón mucho más allá de la pretensión formulada por Kant en su *Crítica de la razón pura*. Si la obra kantiana ponía en cuestión los límites de la razón en su ejercicio conceptual, pero presuponía de todos modos una síntesis invariable no amenazada por fuerza alguna, ni por la sensibilidad ni por el entendimiento, y sobre todo incuestionable a resguardo de sí misma, esa protección queda en entredicho por medio de la radical *reducción* que supone el *Dasein,* remitido al *desconocido* ámbito de la propia síntesis[6]. En efecto, si en Kant esta síntesis solo resulta reconocible por medio de sus dos lados, la intuición y el concepto –es decir, la sensibilidad y el entendimiento–, pero se retrocede ante su propio ser o cruce de los dos lados, es como si justamente la cuestión planteada por Heidegger en *Ser y tiempo* a partir del *Dasein* consistiera en hacer comparecer esa síntesis, aunque sea, como tal, desconocida, y nada más. Este «nada más» es lo que sitúa a Heidegger en el horizonte de la gran filosofía, cuya arrogancia seguramente procedía de ese no aspirar a nada más que autodelimitarse a la cuestión del ser a secas sin constituir ninguna esfera de conocimiento particular (como la Física o la Historia). Cuando justamente después de Hegel, y en cierto modo por la supresión de la propia filosofía que ocurre como resultado de la *Fenomenología* que ha recorrido todos los grados hasta identificarse con el saber absoluto, abandonando la profesión filosófica de permanente aspiración al saber, la filosofía renuncia a tratar más sobre la cuestión de qué significa «principio», Heidegger vuelve a reinsertar de un modo radicalmente original esa cuestión, aunque fuera bajo la forma de la propia destrucción del principio. Pero esta reaparición de la filosofía se le reprocha a Heidegger por parte de una tradición contemporánea que vive de un concepto normalizado de saber ya identificado completamente con el significado de ciencia. Y para Heidegger la ciencia, que de todos modos describe el horizonte de lo que hay desde el cual todo intento de transformación (superación o retorno) resulta impracticable, es un fenómeno derivado. Como resultado de esto, la propia práctica de la filosofía en la actualidad contemporánea que reclama el punto de partida de la razón, pero ya identificado con la ciencia, se siente insegura y devaluada. De ahí que Heidegger resulte incómodo y haya que desplazarlo a la esfera de la irracionalidad. Su caída en el primitivismo político del nacionalsocialismo vendría a certificar más fácilmente semejante desplazamiento. Lo que de todos modos no debería escapar a esa crítica total a Heidegger sería que ese primitivismo procede también de la tradición racionalista occidental, aunque esta se encuentre incapacitada para explicar desde sí misma, como no sea apelando a un accidente, esa aparición.

Lo más relevante de la ambigua realidad y la extrema confusión de Heidegger y la época completa procede del hecho de que Heidegger mismo sirva la interpretación más radical de la figura del totalitarismo, identificable con el mencionado primitivismo. Y es aquí donde Heidegger vuelve a ser rentable para revelar, incluso a partir de su desmesurado error, la emergencia del totalitarismo, ya sea bajo la figura del nacionalsocialismo, del comunismo o, incluso, de la propia democracia vencedora. En realidad esto no necesita de aclaraciones complementarias en relación con el núcleo de lo que se ha manifestado en las páginas de este libro, aunque tal vez convenga señalar algunos aspectos. Es de suponer que ningún análisis politológico aceptaría sin escándalo la formalidad de equiparación entre las figuras del totalitarismo, de las cuales se excluiría inmediatamente por inadecuada la de la democracia. Pero desde la estela de la filosofía puede proceder una ganancia para la propia democracia –esa república democrática que nunca se ha cumplido– superior a la que procedería del constante autohalago y la permanente instalación en la autosatisfacción de algo cumplido.

Lo que queda radicalmente cuestionado a partir del conjunto de la obra escrita de Heidegger y no de un momento concreto de la misma es la representación de una historia progresiva de la razón articulada por la certeza de la que solidariamente hubiera desaparecido la incertidumbre y sinrazón. En realidad, en ningún momento de su propia obra, como se ha tratado de indicar en estas páginas, se plantea algo así como una historia progresiva de la razón, y mucho menos bajo esa fórmula, ciertamente equívoca por su título, de la «historia del ser». Esta no constituye la contraimagen histórica de la versión ilustrada-idealista y no tiene nada que ver con ella, porque ni se presupone historia cronológica alguna ni se reconoce lógica a semejante sucesión. Así, hablar de periodos en dicha historia del ser, como hace el propio Habermas en la contribución citada, según la cual en Heidegger se presuponen tres pasos[7] –el paso del pensamiento presocrático al platónico-aristotélico, el del pensamiento griego al romano-cristiano y, por último, de este al pensamiento moderno–, olvida por completo que en todo caso estos «pasos» no tendrían la pretensión de reconstruir una sucesiva historia cronológica sino más bien de enfatizar el carácter *interrumpido* de toda historia. En efecto, frente al carácter de *sucesión* que procede ya de una comprensión moderna de la razón, según la cual el tiempo se presupone justamente como sucesión ininterrumpida, «historia» en Heidegger significa justamente «interrupción», «suspensión», es decir, *época,* a la que solo cabe un nombre, que es el ya conocido de «metafísica». Esta cuestión se ha vislumbrado suficientemente en este libro, pero no bajo el aspecto que ahora se quiere iluminar. Bajo el significado de historia ininterrumpida que arranca de Grecia y culmina en la actualidad, la propia filosofía moderna reconocería a la *pólis* griega como el antecedente del Estado moderno y a la democracia como una figura política más cuya idea ha traspasado invariablemente los siglos hasta realizarse modernamente de forma plena. La diferencia entre lo que Grecia pudo pensar bajo la palabra «democracia», suponiendo que nos podamos introducir en el mundo de esa representación, que desde luego solo será posible hermenéuticamente –y no desde ninguna reconstrucción arqueológica, ya sea material o espiritual–, y lo que políticamente se cumple en la modernidad bajo ese significado solo puede ser evidenciada a partir y a través del significado de metafísica. Si esta significa en Grecia, simplificando mucho, el ámbito de la *diferencia*, su realización moderna ocurre como *indiferenciación*. Correspondientemente, si *pólis* se entiende desde Grecia justamente como la diferencia, es decir, como el espacio vacío, el entre en el que se puede concurrir, precisamente porque no está ocupado, el Estado moderno significa la ocupación administrativa de ese «entre», de ese ámbito ya indiferenciado, que pasa a regular en consecuencia, y a partir de ese momento, hasta los últimos detalles de la concurrencia. En este horizonte se puede caracterizar al diálogo como libre, pero solo a partir de la ley administrativa cuya aspiración consiste en alcanzar positivamente todos los resquicios, lo que indefectiblemente acabará transformando al propio diálogo en algo mecánico y, en última instancia, haciéndolo desaparecer. En definitiva, si en la *pólis* griega se puede reconocer una dimensión ontológica (que significa: ser a diferencia de todo), que aquí quiere decir «no ocupable ni determinable y por lo tanto inaccesible a cualquier positivización», en el Estado moderno las inevitables diferencias aparecen, pero como figuras, hechos y características positivos o rasgos igual de relevantes y de reducibles. En el Estado moderno, por decirlo de alguna manera, todo está obligado a aparecer, de manera que el conflicto es siempre conflicto óntico cuya solución solo puede proceder de una imposición superior, ya sea una ley positiva o un *Führer*, que a su vez siempre podrá sucumbir en nombre de una nueva imposición ulterior. Pues bien, en esta figura política del Estado, es muy posible reconocer a partir de Heidegger la moderna democracia, que funciona como figura última de legitimidad siempre renovada en la que todo se resuelve sin cuestionar para nada su principio, la propia indiferenciación. La democracia, entendida desde la metafísica moderna, que exige que toda dualidad y conflicto se resuelvan efectivamente, aunque a partir de esa solución se replantee de nuevo el conflicto (y así recursivamente), constituye el totalitarismo, aunque sea como contraimagen plural en su versión liberal, pero una pluralidad igualada formal y positivamente de modo que uno sea igual a otro y no, al modo griego, que uno sea a diferencia de otro (y de todo). Para Heidegger la democracia constituye esa igualación y en consecuencia la confirmación de la pura sucesión que representa la imagen totalitaria del tiempo. Ciertamente, para Heidegger –suponiendo que pudiera pensar en estos términos– la democracia no es meramente un asunto de votos y ciudadanos, sino la figura política de la metafísica moderna cuya constitución procede de la desfiguración misma de «la metafísica griega» –que como tal metafísica nunca se sistematizó–, expresión que viene a significar «la diferencia y la finitud». Desde luego, la denunciada caída en el primitivismo tuvo que ver con el olvido de esa finitud o con la confusión de que la finitud se restablecía como *pólis* bajo un principio indiferenciado que a la postre resultó ser el del *Führer*. Para ser moderno, a Heidegger le hubiera bastado con ser kantiano, es decir, reconocer que de todos modos en el horizonte moderno cabe la posibilidad *–en el fondo*, eso definiría el ser moderno– de la finitud, para empezar diferenciando claramente entre la ley, que en cuanto tal no puede positivizarse nunca, y su cumplimiento, ante el cual la ley retrocede, es decir, desaparece. En su lugar, y contra su propia visión del ser, reiteró el primitivismo al sancionar la aparición positiva misma de la ley y el principio, o, lo que es lo mismo: sucumbió al primitivismo haciendo que la ley se identificara con algo o, lo que es peor, con alguien (el *Führer* o el pueblo). Sorprendentemente Heidegger ahí no fue kantiano y hasta pudo confundir la figura misma de la finitud (del *Dasein,* del ser), nunca identificable con un ente, con un hecho cualquiera –el nacionalsocialismo en su conjunto–, como si ese hecho contingente y finito pudiera confundirse siquiera en algún momento con aquella finitud (aquel «entre») que se resiste a aparecer como tal.

No obstante, y a pesar de todo lo dicho, no cabe duda de que Heidegger alcanza a ver algo decisivo en relación con la modernidad: que la democracia moderna no es meramente una forma de gobierno más entre otras, sino la figura bajo la cual acontece la metafísica, específicamente la metafísica interpretada a partir del *Nietzsche* como línea, sucesión o proceso caracterizable desde el arte (transfiguración) y la verdad (posición). Así, metafísica y democracia son significados no solo complementarios, sino coincidentes. En consecuencia, la democracia no es una forma de gobierno, sino una forma de ser, aquella que corresponde a la consumación de la metafísica de la voluntad de poder, o, lo que es lo mismo, a la metafísica del arte. Desde esta perspectiva, la democracia solo puede entenderse como la figura moderna de la política, de modo que democracia y política se vuelven sinónimos. Evidentemente, de esta forma moderna dependen también todos aquellos elementos griegos que constituyen y configuran los conceptos modernos, pero solo como materiales disponibles, extraños ya a su origen. En efecto, estos –la substancia, el sujeto, la potencia, el acto, la materia, la forma– pueden ser entendidos como reiteraciones diferidas de lo griego, pero ya no son griegos. En el desarrollo del *Nietzsche*, Heidegger da entrada a un Platón tópico; por así decirlo, al Platón del platonismo, que es plenamente moderno, para enfatizar cómo una asumida interpretación de la metafísica, la que justamente merece el título de «olvido del ser», conduce directamente de Platón a Nietzsche y resulta decisiva para interpretar la eclosión moderna de la democracia.

¿Qué es esta, así entendida? Se podría contestar: la realización sensible –transfiguradora– de la metafísica. Pero esto exige una aclaración ulterior, porque, como se ha dicho, la nueva realidad moderna no resulta de una mera inversión mecánica, sino de una asimilación de la dualidad a un sistema comprensible solo como proceso o devenir en el que los dos polos, sensible y suprasensible, arte y verdad, quedan vinculados.

Al respecto, Heidegger vuelve a recordar el pasaje del diálogo *Politeia,* de Platón, en el que este apunta que «a los filósofos corresponde el gobierno»[8]. No ciertamente a los profesores de filosofía, pero es que ni siquiera a los ciudadanos, sepan o no de filosofía. El dicho esconde una referencia más original: a la filosofía corresponde el mando, desde el momento en que esta representa el saber y no la creencia. Y el saber tiene, en primer lugar, que fundamentarse a sí mismo de modo que su verdad no proceda de algo exterior. En este sentido, la relación de la filosofía con el gobierno sustenta la posibilidad de que la comunidad se organice a sí misma no a partir de fuerzas arbitrarias extrañas o verdades particulares sino a partir de la contemplación de las ideas, es decir, del orden del saber. Es preciso recordar aquí que para Platón lo decisivo no reside en el contenido de las ideas, pues bien mirado las ideas no tienen contenido. Es decir, lo verdaderamente decisivo de las ideas consiste en ser propiamente ideas, de modo que ninguna representación particular, ni menos una realización sensible, pueda colmarlas. Propiamente nada particular puede coincidir con la idea, cuya naturaleza es extraña a todo. Pero hasta tal punto es esto así que lo que modernamente se llama idea concreta o empírica, por ejemplo, la idea de «casa» o de «barco», desde el momento en que tiene un contenido no es ya propiamente idea, sino cosa, aunque sea una «cosa mental». La idea es propia de otra naturaleza que ningún contenido positivo puede llenar. Esto significa que dichas ideas, que podríamos denominar «ontológicas» –a diferencia de las meramente empíricas–, como la de belleza, bien o justicia (igual que las de «unidad», «diferencia», «negación»), no se refieren directamente a cosas y pueden, por eso mismo, ser rectoras. En el diálogo *Politeia* se piensa la idea de justicia, pero de lo que trata propiamente el diálogo es del interno fracaso que se produce cada vez que la idea de justicia encuentra un modelo real, pues nunca una realidad *positiva* puede cumplir la negativa realidad de la idea de justicia, porque nunca un hecho o una cosa puede suplantar una idea. Que de la filosofía dependa el gobierno significa, así pues, que el gobierno se constituya a partir de la mirada hacia las ideas, por más que esta mirada nunca pueda traer la idea –en este caso la justicia– a la realidad efectiva de las cosas, aunque sin embargo gracias a esa imposibilidad tampoco consienta cualquier usurpación de la justicia por un modelo concreto. Y es aquí, en este punto, dentro del diálogo cuyo propósito se centra en la disquisición en torno a la justicia, cuando Platón plantea una pregunta por el arte que Heidegger considera decisiva para la comprensión moderna de la política y, en consecuencia, para el significado de la democracia.

¿Qué aporta el arte a la política? Si esta se entiende como el gobierno de la comunidad desde la idea, el arte aporta una presentación de lo ente, de las ideas, desde el momento en que estas no se pueden hacer presentes por sí mismas, porque son ajenas a su realización. El arte, en cambio, las reproduce según una *mímesis*. Ciertamente por medio de la *mímesis* no se presenta la verdad de la idea, sino su copia, porque el arte es producción de la cosa a partir de la idea, pero constituye la única vía para traer delante esa verdad, aunque sea desfiguradamente. Y es de este modo como filosofía, política y arte se vinculan porque sin arte (que es la palabra con la que traducimos el término griego *techné,* técnica) en realidad no hay política, desde el momento en que el orden de esta procede también de la mirada a la idea y, en consecuencia, también de la copia. Pero el arte es un saber hacer que de entrada no se encuentra al alcance de todos, sino solo del que sabe producir a partir de la idea. Este, en el diálogo platónico, recibe el nombre de *demiurgo,* que es la figura mediadora entre las ideas y las cosas. Pero demiurgo, propiamente, significa aquel que hace *(érgon)* algo, una cosa, para la comunidad *(démos),* a partir de las ideas. Si estas en su conjunto, como se dijo más arriba, no son caracterizables a partir de su contenido, sino desde su propio ser-idea, al que Platón caracteriza como «bien» (idea de ser), la tarea del *demiurgo* consiste en *reproducir* el ser: del ser hacer enseres y del bien hacer bienes. Pero la fabricación de enseres y bienes no es arbitraria ni se hace sin más, sino con el fin de distribuirlos para su uso por la comunidad y para ella. Esto es de tal manera así que sin esa relación entre la idea (la verdad) y la cosa (el arte), entre el ser y los enseres, la comunidad no existiría, porque sin cosas no podría sobrevivir como tal. Para su constitución y organización es necesario el *demiurgo,* que es la figura metafísica por excelencia, desde el momento en que vincula las ideas y las cosas, pero que por eso mismo se constituye también como figura política verdadera y real. Pero más que hablar de *demiurgo,* habría que hacerlo de *demiurgoí,* en plural, pues cada ciudadano trabajador produce para la comunidad aproximando y extendiendo el bien. Lejos de ser un mero concepto moral, «bien» se refiere al ser, a aquello útil gracias a lo cual es posible la organización política, independiente y hasta contraria a la natural.

Esta decisiva forma de vincular la idea y la cosa, la verdad y el arte, que tiene lugar por medio de la producción (de la figura del arte entendido como pura transfiguración) es la que se puede reconocer modernamente como metafísica y, por eso, como democracia. Pero de este modo, la democracia no es comprensible de ningún modo como el poder del pueblo, sino más bien como el poder del ser (de la metafísica relación entre la verdad y el arte) para el pueblo. Es el predominio de la forma de ser que consiste en hacer disponible para el uso al ser mismo, o, lo que es lo mismo, el predominio de la fabricación y la industria como proceso en el que se unifican todos los polos: la idea o el saber del que se dispone, la propia cosa fabricada, comprensible como un bien, y el *demiurgo* que, entretanto, es el ciudadano productivo. Los ciudadanos se vuelven decisivamente democráticos cuando producen, lo que constituye la verdadera forma de que sean políticos. Pero esta producción se vuelve, modernamente, un fin en sí mismo y también una condición de su propia supervivencia. No otra cosa es la voluntad de poder que no busca la detención, sino el aumento permanente como condición de sí misma. Se entiende que Nietzsche, como nos recuerda Heidegger, señalara que «la democracia es una modalidad del nihilismo», porque propiamente la voluntad de poder es la expresión del nihilismo: ella misma, como principio ontológico supremo, es al mismo tiempo vacía, porque no consiste en nada, o, lo que es lo mismo, consiste en el incondicionado proceso de producirse a sí misma bajo la forma del arte. Según esto, lo político no es una figura más, ni una esfera particular de actuación, sino un origen, del que depende la ciencia y hasta la propia sociedad. El Estado moderno se sustenta democráticamente a partir del arte y de la producción. En lógica estricta, a la verdadera política democrática solo le cabe un camino, que consiste en aumentar incondicionalmente la fabricación del ser y extender así el «bien» a un *démos* que, como consecuencia de esa fabricación y distribución de bienes, se vuelve cada vez más incalculable. El fin sería que todo (y no solamente todos) se volviera democrático, hasta la propia naturaleza, que desde esta perspectiva tiene que igualarse como materia prima para la organización política de la sociedad. La naturaleza pasa a ser comprendida así como fuente ilimitada de recursos para la democracia y su ser queda suplantado por la política. Pero el *démos*, así comprendido, es solo un asunto estadístico, comprensible demográficamente y organizable industrialmente.

La democracia se vuelve el cumplimiento político de la metafísica; de ahí que su comprensión sea exclusivamente ontológica. Ciertamente se puede reconocer una figura consciente para este incondicional modo de hacer *(Machenschaft)* que es la producción, por ejemplo la de las instituciones, pero ontológicamente sería derivada. En realidad, ¿qué control consciente cabe de un movimiento y de un tinglado que Heidegger caracterizó igualmente en sus escritos sobre la técnica como *Ge-stell?* ¿No pasa a ser la conciencia un instrumento y una pieza epigonal de ese tinglado? Específicamente, la pregunta puede ser planteada en estos términos: ¿se puede retroceder en relación con la energía atómica, el conocimiento físico matemático de la estructura de la materia, las técnicas biomédicas? Es el propio conocimiento inmaterial, y no simplemente la instalación industrial –laboratorios, observatorios, empresas, y hasta los científicos, que son siempre sustituibles–, lo que no se puede destruir, de modo que la ciencia así entendida, aunque originalmente fuera un producto derivado, acaba suplantando ese origen como destino insoslayable hasta convertirse en la otra cara de la política. La Ciencia y el Estado, de esta manera, son dos formas decisivas, que se sustentan mutuamente, de eso que se puede llamar «metafísica moderna», pero también «política» y, solo por eso mismo, «democracia». La interpretación de la política que se deriva a partir del trabajo de Heidegger sobre Nietzsche ciertamente traspasa la concepción ilustrada, que percibe la cuestión de la política como esfera particular. Esta ontologización de la política, si es que resulta acertado expresarlo en términos tan escolares, que se escapa de la discusión política de allí donde se espera que tenga lugar, no elude en cambio arriesgar una interpretación que conduce al núcleo donde se sustenta lo político. Tal vez cuando Heidegger se refería a «la interna verdad y grandeza» del nacionalismo como el «encuentro de la técnica planetariamente determinada y el hombre contemporáneo»[9] fuera la última vez en que el filósofo quiso vislumbrar una forma de control del propio ser, remedando así la posibilidad de la propia *pólis* como el ámbito de la concurrencia y el diálogo. El amargo reconocimiento de que la política se juega antes del diálogo obliga al correspondiente reconocimiento de que por sujeto no cabe entender ya ninguna figura consciente, ni siquiera la figura misma de la conciencia universal, sino algo anterior, que los propios griegos vincularon a la *húle,* a la inencontrable materia, pero que ahora modernamente se refleja como voluntad y poder. La política, entretanto y por eso mismo, ya no tiene nada que ver con la *pólis,* que todavía hermenéuticamente se puede *recordar* como el ámbito de la diferencia, sino con la democracia, entendida como la realización de la metafísica, única realización a la que corresponde el título de «política». Y en esta política ya no hay diferencia, sino concurrencia universal de todos los polos, resumibles simultáneamente como verdad y arte (industria), a lo largo de un proceso o historia que coincide con el tiempo mismo, ese que Heidegger cuestionó desde las páginas de *Ser y tiempo* como derivado.

Lo más decisivo de Heidegger en relación con lo político tiene que proceder de su propio trabajo filosófico y no de su papel público, aunque este último lo escenificara bajo la figura y la imagen de «filósofo». Es muy posible que la denuncia más radical de la modernidad, que no hay que confundir con el rechazo de la misma, sino con su descripción –recuérdese el texto titulado «La época de la imagen del mundo»–, no proceda de la crítica de estos o aquellos conceptos, sino más radicalmente entendido de la crítica del papel mismo del concepto, que coincide con la crítica al significado normalizado de tiempo, que Heidegger interpreta como derivado. De esta visión puede proceder la inquietante representación de que la democracia, cuyo funcionamiento ciertamente difiere de formas aberrantes de gobierno –suponiendo que se pueda llamar «forma de gobierno» a esas formas–, es la figura política que corresponde a la concepción moderna (es decir, según la ciencia moderna) de la naturaleza, o, lo que es lo mismo, que las formas de comprender lo humano y lo natural son solidarias de un significado del tiempo –como sucesión continua– derivado, pero que se ha vuelto dominante y rector. De este modo, la interpretación fenomenológico-hermenéutica que emprendió *Ser y tiempo* no es ajena a la discusión política, porque seguramente de ella puede proceder la idea decisiva de que *la política* no constituye una esfera determinada de la realidad humana, sino que es un nombre más, ciertamente moderno, para entender la cuestión del ser tal como ha llegado a aparecer, tal como ha llegado a *ser*. Así, resultaría que la pregunta por el sentido del ser, con la que comienza la obra filosófica de Heidegger, también es una pregunta política.

Notas

Prólogo a la nueva edición

1. J. Habermas/H. G. Gadamer, *Das Erbe Hegels, Suhrkamp,* Fráncfort del Meno, 1979, p. 13.
2. *Der Spiegel,* n.º 23/1976. La entrevista fue publicada el día 31 de mayo de 1976, pero se había celebrado el 23 de septiembre de 1966. Así pues, no fue publicada por deseo propio de Heidegger hasta después de su muerte.
3. El texto solo ha sufrido una corrección gráfica y gramatical, subsanando algunos errores de expresión, justamente porque no se pretendía otro sino el mismo libro.

Un preámbulo

1. Indicación sobre la forma de citar en este libro.

   Las referencias a las obras de Heidegger se citarán tanto por la edición alemana como por la correspondiente española, cuando exista versión traducida. Siempre que sea posible los títulos alemanes se citarán por la colección de las *Obras completas* de Heidegger conocida como *Gesamtausgabe,* editorial Vittorio Klostermann, Fráncfort del Meno, 1975 y ss. No obstante, puesto que en esta colección aún faltan títulos por aparecer, podrán citarse títulos publicados en otras ediciones alemanas.

   La *Gesamtausgabe* se citará usando las siglas GA seguidas del número de volumen en esta colección y el número de página. Cuando no se trate de un volumen de la GA se citará la referencia completa de la correspondiente edición alemana.

   Para las versiones castellanas se usarán dos tipos de referencias de página: cuando la versión castellana incluya en los márgenes del texto la paginación lateral que asimismo figura en la GA –y que remite a las páginas de la primera edición de los textos previamente editados fuera de la colección–, solo se citará dicho número lateral y no el de la paginación al pie española, para facilitar las búsquedas en el original alemán. Para ello se incluirá entre paréntesis la abreviatura (p. lat.) seguido del número de página. Cuando la versión castellana no incluya esta paginación lateral –o bien incluya una paginación lateral correspondiente al número de páginas de la GA, pero no a su paginación lateral–, se citará el número de página al pie de la edición castellana indicando entre paréntesis la abreviatura (ed. cast.) seguido del número de página.

Así pues, cuando aparezca numeración entre paréntesis debe sobreentenderse que existe versión castellana, cuya referencia completa se dará la primera vez que se cite.

En general, las referencias completas de cada obra solo se aportarán la primera vez que aparezcan citadas.

2. La cuestión apareció tematizada en el breve ensayo, de gran difusión, que llevó por título «Das Ende der Philosophie und die Aufgabe des Denkens» («El final de la filosofía y la tarea del pensar»), en: *Kierkegaard vivant,* París, Gallimard, 1966, pp. 167-204. Publicado originalmente en francés, apareció posteriormente en alemán como una de las contribuciones del título *Zur Sache des Denkens,* Tubinga, Niemeyer, 1969.
3. E. Husserl, *Logische Untersuchungen,* en: *Gesammelte Schriften*, vol. 3, Hamburgo, Meiner, 1992. Especialmente, la Investigación 5.ª, titulada: «Über intentio nale Erlebnisse und ihre "Inhalte"». (Hay versión castellana: *Investigaciones lógicas,* Madrid, Revista de Occidente, 1929.)
4. Bajo esa fórmula recoge la cuestión H. G. Gadamer en su escrito «La teología de Marburgo» (1964), recogido en el volumen *Los caminos de Heidegger,* Barcelona, Herder 2002, pp. 43-44.
5. El pasaje clásico se encuentra en: E. Husserl, *Logische Untersuchungen,* vol. 3, p. 10 (versión castellana, vol. I, p. 294).
6. Uno de los pasajes clásicos se encuentra en Aristóteles, *Physica,* Libro III, I (200 b 12-201 b 15), Oxford Classical Texts, 1.ª ed. 1950, y *Metaphysica,* Libro V, 11 (1019 a 1-15), Oxford Classical Texts, 1957.
7. A. Leyte, «Del sistema del saber al saber sobre sistemas», en: *La filosofía en el fin de siglo: Balances y perspectivas,* Salamanca, Sociedad Castellano-Leonesa de Filosofía, 2001, pp. 273-287.
8. Aristóteles, *Metaphysica,* Libro G (1003 a, 20).
9. M. Heidegger, *Sein und Zeit,* publicado por vez primera en 1927 en la revista *Jahrbuch für Phänomenologie und phänomenologische Forschung,* vol. VIII, de E. Husserl. Posteriormente fue editado en la editorial Niemeyer de Tubinga. Apareció en el año 1976 como volumen 2 en el seno de la edición de las *Obras completas* de Heidegger *(Gesamtausgabe)* que viene siendo editada por la editorial Vittorio Klostermann de Fráncfort del Meno desde 1975. La fórmula de Heidegger «La exposición de la pregunta por el sentido del ser» da título a la Introducción de la obra, GA 2, p. IX.
10. M. Heidegger, «Die Zeit des Weltbildes» (1938), en *Holzwege,* GA 5. Publicado en castellano bajo el título «La época de la imagen del mundo», en: *Caminos de bosque,* Madrid, Alianza Editorial, 1995.
11. En relación con la división y estructura de la obra, *vid.* cap. I. 2.
12. La fórmula «historia del ser», igual que la del «olvido del ser», son constitutivas del propio texto de Heidegger. La primera encuentra su mejor

expresión en dos obras, no publicadas en vida de Heidegger. Se trata respectivamente de *Beiträge zur Philosophie (Vom Ereignis),* GA 65, y *Besinnung,* GA 66. *Vid. infra.* cap. II. 6.

13. GA 2, 144 (p. lat. 108).
14. GA 65. (Hay versión castellana: *Aportes a la filosofía. Acerca del evento,* Buenos Aires, Editorial Almagesto/Biblos, 2003.)
15. *Vid. infra,* cap. II. 10.
16. *Heráclito* B 53: «La guerra es padre de todas las cosas, rey de todas las cosas. A unos hace mostrarse como dioses, a los otros como hombres, a unos los hace esclavos, a los otros los hace libres», en: Diels/Kranz, *Die Fragmente der Vorsokratiker,* vol. I, ed. Weidmann, 1974, p. 162.
17. Imagen trivial, aunque no falsa, en el sentido de que se ajusta a una cierta «narración» que se encuentra en Heidegger, sobre todo en la publicación *Nietzsche,* de 1961 (GA 6.1/6.2). *Vid. infra,* cap. II. 8.
18. *Vid. infra,* Epílogo: «Heidegger y la política». Lo que sí habría que preguntarse es por qué a su vez esa «democracia» es buena en sí misma por el mero hecho de nombrarla sin que, por así decirlo, quede justificado por su buen proceder democrático: en este sentido hay que situar al Heidegger crítico de la democracia, cuando no opuesto enemigo, y eso no en 1933 sino en los años cincuenta, sesenta y setenta.
19. F. M. Marzoa, «La palabra que viene», en: F. Duque (comp.), *Heidegger: La voz de tiempos sombríos,* Barcelona, Ediciones del Serbal, 1991.
20. El primer título fue recogido en GA 16: *Reden und andere Zeugnisse eines Lebensweges;* los otros dos en GA 13: *Aus der Erfahrung des Denkens.*
21. *Vid.* Epílogo: «Heidegger y la política».

I. El ser y el tiempo

1. GA 2, p. 1. La cita de Platón que Heidegger recoge en la primera página de *Ser y tiempo* remite a: Platón, *Sofista* 244 a.
2. A propósito de la cuestión, *vid.* A. Leyte, «*Ser e tempo* como "primeira filosofía"», en: *Ensaios sobre Heidegger,* Vigo, Galaxia 1995, pp. 49-132.
3. En torno a la cuestión de lo no-pensado, el trabajo clásico de referencia es «El sentido y lo no-pensado (Apuntes para el tema "Heidegger y los griegos")», segundo escrito del libro de F. M. Marzoa titulado *De Grecia y la Filosofía,* Universidad de Murcia, 1990. Especialmente, VII, pp. 61-65.
4. GA 2, p. 1.
5. *Ibid.* A. Leyte, *Ensaios, supra* nota 2.
6. GA 2, p. 1.
7. GA 2, p. 202 (p. lat. 152). *Vid.* también: F. M. Marzoa, *De Grecia y la filosofía*, pp. 46-48.
8. Para decir «algo (1) es algo (2)» se presupone una separación y diferencia entre (1) y (2).

9. *Vid.* Introducción, punto 2.
10. El nombre «*Dasein*» aparece por vez primera en § 2 de *Ser y tiempo,* GA 2, 10 (p. lat. 7).
11. Es decir, una teoría del ser de la conciencia (Psicología) o una teoría del ser del mundo (Física).
12. La primera aparición del término «existencia» en *Ser y tiempo* ocurre en el primer capítulo, § 4. *Vid.* GA 2, p. 16 (p. lat. 12).
13. La relación del *Dasein* con la cuestión del sujeto constituye un tópico de la investigación, protagonista de muchas interpretaciones pero generalmente decepcionante. Una versión reciente se encuentra en: S. Zizek, *El frágil absoluto,* Valencia, Pre-textos, 2002, nota 58, p. 108: «La cuestión fundamental y verdaderamente problemática es que Heidegger rechaza llamar "sujeto" a ese "trastorno" o "desequilibrio ontológico"». En cambio, H. G. Gadamer, en la obra *Los caminos de Heidegger,* p. 111, dice: «Cuando Heidegger hablaba del "ser-ahí" *(Dasein),* no se trataba solo de poner una palabra nueva de una fuerza nominadora más elemental en el lugar de la subjetividad, la autoconciencia y el ego trascendental. Al elevar al rango de concepto el horizonte temporal del ser-ahí humano, que se sabe como finito y que tiene la certeza de su fin, sobrepasó la comprensión del ser subyacente en la metafísica griega. También se mostraron como construcciones dogmáticas el sujeto y el objeto, que eran los conceptos conductores de la moderna filosofía de la conciencia».
14. *Vid.* Introducción, punto 3.
15. F. M. Marzoa, *Heidegger y su tiempo,* Madrid, Akal 1999, p. 31.
16. La tesis de fondo, sobre la que se articula mi propio desarrollo, se sostiene en F. M. Marzoa, *Heidegger y su tiempo*.
17. En realidad, expresamente no aparece ese «no». Pero justamente por eso caracteriza la descripción exclusivamente formal de la estructura del *Dasein,* a la que no corresponde ningún contenido positivo.
18. En realidad, resulta paradójico que lo que esas disciplinas recogen como materiales positivos sea aquello desechado por el reiterado «no»; que sean, en definitiva, aquellos análisis que se presentaron como descripción de un ente... que no lo era.
19. En la pregunta ¿qué es...?, además, se encuentra implícita una distancia respecto a lo que se pregunta y también una diferencia, pues, como vimos, ser se manifiesta siempre cuando algo (1) es algo (2).
20. *Vid.* gráfico 3, p. 87.
21. *Idem.*
22. GA 2, p. 19 (p. lat. 14).
23. Actualmente resulta de referencia la obra de T. Kisiel, *The genesis of Heidegger's Being and Time,* Universtiy of California Press, 1993.
24. GA 2, p. IX.
25. GA 65.
26. GA 2, pp. 59-60 (p. lat. 44).

27. No hace falta decir que todo esto es mucho más complicado y que la historia de la filosofía moderna también puede ser entendida, al modo en que lo hace Hegel, como el paso de la substancia al sujeto, para llegar al punto de que todo es sujeto, es decir, pensamiento, concepto. Pero, por lo mismo, en ese paso se ha conseguido simplemente unificar en una identidad lo que aparecía como separado, a saber, objeto y sujeto, de modo que ahora cabe hablar de una sola substancia, al modo en que, por ejemplo, lo reconoció Spinoza. Que se llame solo substancia o solo sujeto no elimina el presupuesto de que se trata de una «cosa», de una identidad, determinable por categorías. Incluso cuando las categorías no son otra cosa que la identidad, sino su propia constitución. Así, el sujeto o la substancia no serían más que las categorías. Ciertamente, de ese modo, el sujeto o la substancia no dejarían de ser los predicados (o tipos de predicados), que es lo que se puede decir de una cosa. En consecuencia, el sujeto (no-categoría) originalmente siempre habrá quedado atrás.
28. Naturalmente, en este contexto, Heidegger ya ha tenido que distinguir entre el uso que la tradición atribuyó a «existencia» –que coincide justamente con lo que él llama «estar ahí delante presente», que es siempre algo que además tiene esencia– y el uso «extraño» que él le atribuye. Desde el punto de vista gráfico, le resulta muy fácil distinguirlo en alemán: para el uso tradicional reserva el término *Vorhandenheit,* y para el suyo, el término latino *Existenz.* La diferencia, así pues, entre *Vorhandenheit* y *Existenz* es en este momento inicial absolutamente relevante. Podríamos decir que es la primera distinción ontológica fundamental. GA 2, p. 56 (p. lat. 42). En el original, la oración aparece en cursiva.
29. GA 2, p. 59 (p. lat. 44).
30. El título del capítulo 2.º de la primera parte dice: «El ser-en-el-mundo en general como constitución del *Dasein*». GA 2, p. 71 (p. lat. 52).
31. GA 2, pp. 98-99 (pp. lat. 73-74). También: F. M. Marzoa, *Heidegger y su tiempo,* cap. II.
32. GA 2, p. 98 (p. lat. 73).
33. GA 2, § 15 y § 16.
34. Me refiero respectivamente a la traducción de *Ser y tiempo* realizada por J. Gaos para F.C.E., México, 1951, y a la de Jorge Eduardo Rivera C., aparecida original mente en Editorial Universitaria, Santiago de Chile, 1998.
35. GA 2, p. 209 (p. lat. 157).
36. Para la importante cuestión del comprender y su sentido como posibilidad: GA 2, p. 191 (pp. lat. 143-144).
37. *Vid. infra* gráfico 5, p. 178.
38. El pasaje clásico se encuentra en GA 2, § 32 y § 33.
39. Diferencia entre *Rede* y *Sprache.*
40. Esto se acabará diciendo expresamente al comienzo de la *Carta sobre el humanismo:* «Liberar al lenguaje de la gramática para ganar un orden

esencial más originario es algo reservado al pensar y poetizar», en: GA 9, *Wegmarken* (314). (Existe versión castellana: *Hitos,* Madrid, Alianza Editorial, 2000, p. 260.)

41. GA 2, cap. 5.º, parte B.
42. GA 2, p. 260 (p. lat. 196).
43. GA 2, p. 240 (p. lat. 180). El capítulo lleva por título: «La cura como ser del *Dasein*».
44. Sea mesa, planta u hombre, podemos referirnos a esas cosas porque cada una de ellas es precisamente «una» y «diferente» de las demás, de modo que unidad y diferencia no son, diríamos, características físicas de las cosas en cuestión, sino caracteres ontológicos que valen para esas y para todas las demás cosas a las que nos podríamos referir, ya estén presentes o sean solo posibles. De ahí que estos caracteres ontológicos puedan ser reconocidos como metafísicos: primero, porque no son caracteres que sensiblemente pudiéramos «ver» en las cosas en cuestión como, por ejemplo, se ve el color, el tamaño o su localización; segundo, y como consecuencia de lo anterior, porque no están presentes, sino «más allá»; tercero, y como consecuencia de los dos puntos anteriores, porque valen para todo ente, para toda cosa, real o posible. Naturalmente, hemos elegido solo dos de esos caracteres, pero porque valen ejemplarmente.
45. GA 2, § 40.
46. GA 2, pp. 255-256 (p. lat. 192).
47. En alemán, *Sorge*. Se ha traducido al castellano como «cura» o «cuidado». Más decisivo resulta entender que con ese término no se añade nada nuevo a lo dicho, sino que más bien resulta un modo de nombrar. La caracterización está hecha y de ella ha resultado que propiamente lo que designa el término es una estructura o trama cuyos estratos, elementos o instancias resultan indisociables, de modo que ninguno de ellos es más importante. Para la oportunidad del término, *vid.* GA 2, § 41 y § 42.
48. *Vid.* cap. III. 4.
49. Es plásticamente curioso, y por eso lo reflejo tal como aparece en la obra, que en el primer paso el orden sea el mencionado, pero que en el segundo se sitúe como primer carácter al que procede del segundo momento, para mantener ya en el tercer paso ese orden. En efecto, a la existencialidad, primer carácter del segundo paso, se llega desde la comprensión, que figura como segundo momento del primero. En cierto modo, dentro de la estructura, la existencialidad tendrá una preeminencia que se justificará al final, cuando se asuma que el primer extásis del tiempo es el futuro, aspecto que se evidencia ya en esa preeminencia que tiene el «anticiparse a» del tercer paso.
50. *Vid.* cap. I. 2.
51. «¿Qué es?» constituye un ámbito porque supone una indagación, una irrupción, de modo que una cosa puede aparecer como resultado. En efecto, cuando se dice «esto es...». Así, tampoco tiene sentido que Hei-

degger sea solo el representante de las filosofías de la pregunta. Más bien parte de que el preguntar es precisamente el ámbito donde las cosas aparecen. Si queremos llamar a esas cosas las respuestas, Heidegger se aleja definitivamente de la interrogación.

52. En la jerga habitual, la palabra talismán que se toma como referencia para titular el llamado «segundo Heidegger» es *Kehre.*
53. GA 2, p. 157 (p. lat. 117).
54. De la cuestión del ser total del *Dasein,* posible por el papel constitutivo de la muerte, se encarga el capítulo 1.º, de la segunda sección.
55. El título del capítulo dice: «La atestiguación por parte del *Dasein* de un poder-ser-propio y la resolución», GA 2, p. 355 (p. lat. 267).
56. En alemán, *Entschlossenheit.* GA, 2, 2.ª sección, 2.º capítulo.
57. GA 2, p. 202 (p. lat. 152).
58. El decisivo parágrafo, punto culminante de la segunda sección, se titula precisamente: «La temporalidad como sentido ontológico de la cura», GA 2, § 65.
59. GA 2, cap. 4.º: «Temporalidad y cotidianidad».
60. GA 2, cap. 5.º: «Temporalidad e historicidad».
61. «El todo que buscamos no es otra cosa que el ente que se despliega "entre" nacimiento y muerte», GA 2, p. 493 (p. lat. 373).
62. Ciertamente, derivar de esta articulación algo así como el concepto de «pueblo» o cosas semejantes puede constituir fenomenológicamente un paso en falso, que habría de evitarse. «Ser con otros» resulta de una detección fenomenológica de la que tal vez solo abstractamente se pueda derivar un conjunto (el pueblo) no evidente por sí mismo. En esta noción, se trata más bien de una construcción: la construcción del concepto de pueblo con ingredientes recuperables fenomenológicamente por separado pero cuya composición es problemática.

II. La metafísica

1. Un ejemplo típico del uso contemporáneo de Heidegger, en muchas ocasiones muy lúcido, es el que ofrece F. Jameson en su opúsculo «La lógica cultural del capitalismo tardío», en: *Teoría de la postmodernid@d,* Madrid, Trotta, 2001.
2. «Was ist Metaphysik?», recogido en GA 9.
3. Tal es la tesis con la que F. M. Marzoa cierra su libro *Heidegger y su tiempo,* p. 48.
4. El pasaje clásico se halla en Aristóteles, *De la interpretación,* V (17 a 9-17 a 24). Al respecto, F. M. Marzoa, *Heidegger y su tiempo*, especialmente cap. I.
5. GA 9, p. 122. (ed. cast. pp. 107-108).
6. G.W. F. Hegel, *Wissenschaft der Logik,* Libro primero, 1.er apartado, 1.er capítulo, en: *Hauptwerke,* vol. 3, Darmstadt, Wissenchaftliche Buchge-

sellschaft, 1999, pp. 68-69 (pp. 58-60 del vol. 21 de la edición histórico-crítica).

7. GA 2, p. 156 (p. lat. 117).
8. GA 2, pp. 38-42 (pp. lat. 28-31): «A. El concepto de fenómeno».
9. Publicado en GA 3, *Kant und das Problem der Metaphysik*. (Existe versión castellana: *Kant y el problema de la metafísica,* México, F.C.E., 1954 y 1973, p. 142.)
10. De modo particular, la sección cuarta, que Heidegger tituló «La fundamentación de la metafísica en una reiteración» y, específicamente, § 43. GA 3, pp. 234-238.
11. *Vid.* cap. I. 2.
12. GA 3, p. 168 (ed. cast. p. 142) y 214 (ed. cast. p. 179).
13. GA 3, p. 168 (ed. cast. p. 142). «En el propio radicalismo de su preguntar, Kant llevó la "posibilidad" de la metafísica al borde del abismo. Vio lo desconocido. Tuvo que retroceder».
14. I. Kant, *Kritik der reinen Vernunft* (B 19), Hamburgo, Editorial Meiner, 1990, p. 51. (Existe versión castellana: *Crítica de la razón pura,* Madrid, Alfaguara, 1978, que reproduce la numeración lateral.)
15. I. Kant, *Crítica de la razón pura,* B 29, p. 58.
16. «Das Hineinfragen in die Subjektivität des Subjektes, die "subjektive Deduktion", führt ins Dunkel», GA 3, p. 214 (ed. cast. p. 179).
17. «Die Metaphysik des Daseins, die sich in der Fundamentalontologie zur Ausbildung bringen soll...», GA 3, p. 242 (201). En realidad, la división C), última de la 4.ª parte y del libro sobre Kant, lleva por título: «La metafísica del *Dasein* como ontología fundamental».
18. *Vom Wesen des Grundes,* GA 9, p. 123 (ed. cast. p. 109).
19. Ambos textos se encuentran recogidos en *Wegmarken (Hitos),* GA 9. El primer escrito data, en su primera versión como conferencia, de 1928; el segundo, de 1930.
20. La fórmula «continuo ilimitado» o «sucesión ilimitada», utilizada en nuestra expresión, es constitutiva de la tesis de F. M. Marzoa expuesta en su *Heidegger y su tiempo*.
21. *Vid.* Introducción, punto 3.
22. Evocadoras composiciones en forma de poemas y recogidas bajo el título *Aus der Erfahrung des Denkens,* GA 13, invitan al malentendido si se toman como tesis. Un ejemplo conocido y emblemático lo constituyen estos versos: «Para los dioses llegamos demasiado tarde y / demasiado pronto para el ser. Su iniciado poema / es el hombre» (p. 76).
23. La fórmula «continuo ilimitado» aparece como argumento de fondo de la interpretación de F. M. Marzoa ya citada: *Heidegger y su tiempo*.
24. Escrito entre 1936 y 1938, fue publicado en el seno de la *Gesamtausgabe* en 1989 como volumen 65.
25. El opúsculo «¿Qué es metafísica?», de 1929, fue ampliado editorialmente en 1943 con un Epílogo y con una Introducción en 1949, a la que aquí

nos referimos. Los tres textos se encuentran recogidos en *Wegmarken (Hitos),* GA 9. El escrito principal junto con el epílogo y la introducción fueron reunidos en un solo volumen en castellano bajo el título: *¿Qué es metafísica?,* Madrid, Alianza Editorial, 2003. Este volumen reproduce a su vez el texto editado en *Hitos,* Madrid, 2000.

26. GA 9, pp. 313-365.
27. Así apareció anunciado en la solapa de la publicación del vol. 65 de la *Gesamtausgabe,* igual que en el comentario editorial.
28. *Vid.* cap. I. 2.
29. M. Heidegger, *Die Grundbegriffe der Metaphysik,* en: GA 29/30, p. 68.
30. «Introducción a ¿Qué es metafísica?», en *Wegmarken,* GA 9, p. 370 (ed. cast. p. 303).
31. GA 9, p. 370 (ed. cast. p. 303).
32. M. Heidegger, *Nietzsche II,* GA 6.2, p. 318 (hay versión castellana: *Nietzsche,* 2 vols., Barcelona, Destino, 2000, vol. II, p. 287).
33. GA 2, p. 32 (p. lat. 23).
34. De esa identidad trata el escrito «El principio de identidad», recogido en el volumen *Identität und Differenz,* Pfullingen, Neske, 1976, pp. 9-12. (Existe versión castellana: *Identidad y diferencia,* Barcelona, Anthropos, 1988, pp. 61-65).
35. «Sin el errar no existiría ninguna relación de destino a destino, no habría historia», en: «Der Spruch des Anaximander», *Holzwege,* GA 5, p. 337 (p. lat. 311).
36. Las principales fueron: «Nietzsche: Der Wille zur Macht als Kunst» (GA 43), lección del año 1936-1937; «Nietzsches metaphysische Grundstellung im abendländischen Denken: die ewige Wiederkehr des Gleichen» (GA 44), lección del año 1937; «Nietzsches Lehre vom Willen zur Macht als Erkenntnis» (GA 47), lección del año 1939, y «Nietzsche: der europäische Nihilismus» (GA 48), lección del año 1940. Las tres primeras componen el *Nietzsche I* (GA 6.1).
37. *Holzwege,* GA 5.
38. Además de la edición de 1961, los dos volúmenes del *Nietzsche* fueron editados en el seno de la *Gesamtausgabe:* vols. 6.1 y 6.2.
39. F. W. J. Schelling, *Investigaciones filosóficas sobre la esencia de la libertad hu mana y los objetos con ella relacionados,* ed. bilingüe, Barcelona, Anthropos, 1989, pp. 146 y 147 (original alemán SW VII, 277).
40. F. Nietzsche, *Werke IV, aus dem Nachlass der achtziger Jahre,* edición de K. Schlechta, Hanser Verlag, 1977, p. 685.
41. El principal texto relacionado con la cuestión de la técnica procede de un conjunto de conferencias pronunciadas en torno a 1949/1950. Apareció publicada bajo el título «Die Frage nach der Technik» una versión de 1953, incluida finalmente en el volumen *Vorträge und Aufsätze,* editado a su vez en GA como volumen 7. (Existe versión castellana: *Conferencias y artículos,* Barcelona, Ediciones del Serbal, 1994.)

42. En *Holzwege,* GA 5. El texto sobre Rilke procede de una conferencia pronunciada en el vigésimo aniversario de la muerte de R. M. Rilke en el año 1946.
43. Heidegger remite el significado metafísico de la técnica al sentido de *poiesis,* documentado en el diálogo *Banquete* (205 b) de Platón.
44. «Abstenerse del uso de útiles no es de suyo una "teoría", tanto menos cuanto que la circunspección que entonces queda detenida y que "considera" (lo que pasa), está totalmente aprisionada en el útil a la mano del ocuparse. El trato "práctico" tiene sus *propias* formas de permanencia. Y así como a la praxis le corresponde su específica visión ("teoría"), así también a la investigación teorética, su propia praxis. La lectura de los índices de medición, como resultado de un experimento, requiere a menudo un complicado montaje "técnico" del proyecto experimental. La observación al microscopio depende de la elaboración de los "preparados". La excavación arqueológica previa a la interpretación del "descubrimiento" demanda muy rudas operaciones. Pero incluso la más "abstracta" elaboración de problemas y fijación de logros opera, por ejemplo, con útiles de escribir. Aunque tales elementos de la investigación científica sean "poco interesantes" y "obvios", no son de ningún modo ontológicamente indiferentes. La referencia explícita al hecho de que el comportamiento científico, en cuanto modo del estar-en-el-mundo, no es tan solo una "actividad puramente intelectual" puede parecer una complicación superflua. Pero, ¡no vaya a resultar que en esta trivialidad se nos aclare que no es en absoluto evidente por dónde pasa, en definitiva, el límite ontológico entre el comportamiento "teorético" y el "ateorético"!» *(Ser y tiempo,* p. lat. 358).
45. El significado de *Zuhandenheit* («ser a mano»). *Vid. supra,* cap. I. 3.
46. «Überwindung der Metaphysik», en: *Vorträge und Aufsätze,* GA 7, p. 77 (pp. lat. 74-75).
47. Como sinónimo del significado de *Ge-stell* aparece frecuentemente este término, *Machenschaft*, en el contexto del Nietzsche. GA 6.2, p. 429 (ed. cast. vol. II, p. 386).
48. GA 7, pp. 16-17 (pp. lat. 19-20).
49. *Vid.* GA 7, «Die Frage nach der Technik».
50. «Com-posición» es la opción elegida para *Ge-stell* en la versión castellana citada de *Identidad y diferencia.*
51. «Pero donde hay peligro, crece / también lo salvador». Los versos de Hölderlin proceden del poema «Patmos», en: F. Hölderlin, *Sämtliche Werke und Briefe,* Darmstadt, Wissenschaftliche Buchgesellschaft, 1998, vol. I, p. 447. Heidegger los recoge en: *Erläuterungen zu Hölderlins Dichtung,* GA 4, p. 21. (Hay versión castellana, *Aclaraciones a la poesía de Hölderlin,* Madrid, Alianza Editorial, 2005, p. lat. 21.)
52. GA 2, p. 214 (p. lat. 161).
53. *Vid. infra,* cap. II. 10, p. 293.

54. Originalmente publicada acompañando otro texto, precisamente bajo el título *Platons Lehre von der Wahrheit. Mit einem Brief über den «Humanismus»* por la editorial Francke de Berna en 1947, apareció posteriormente como texto autónomo que fue incluido finalmente en el volumen 9 de la *Gesamtausgabe,* titulado *Wegmarken* (versión castellana, ya citada, *Hitos).* Además de la versión castellana incluida en *Hitos,* también se recoge el mismo texto en forma de publicación independiente en: *Carta sobre el humanismo,* Madrid, Alianza Editorial, 2000. El número de página que se indica es el de *Hitos.*
55. Platón, *República* VII, 514 a, 2 hasta 517 a, 7.
56. En realidad, la expresión «la casa del ser» procede de un texto anterior a la *Carta,* «Wozu Dichter...?» («¿Y para qué poetas?») de 1946, finalmente recogido en el volumen *Holzwege.* GA 5, p. 310 (p. lat. 286).
57. El sentido de la expresión «la casa del ser», que solo se comprende a partir del deslizamiento del *Dasein* al *Da* –si se quiere, de ese descentramiento que ya se encuentra impedido de nombrar al hombre como centro, pero también al ser (este sería el propio descentramiento)– y que encuentra en el lenguaje su propio ámbito, es imposible de pensar a partir del significado habitual de «casa» como protección y seguridad. Más bien, el sentido de la casa se entiende a partir del lenguaje, esto es, de la inseguridad y la desprotección y el riesgo, como se desarrolla en el texto «¿Y para qué poetas...?» *(vid.* nota anterior) a partir del comentario de unos versos de R. M. Rilke, en concreto los que dicen: «Lo que finalmente nos resguarda / es nuestra desprotección y el que así la volviéramos / hacia lo abierto cuando la vimos amenazar, / para, en algún lugar del más amplio círculo, / allí donde nos toca la ley, afirmarla». GA 5, p. 277 (p. lat. 255).
58. GA 2, 56 (p. lat. 42).
59. Especialmente «Zur Seinsfrage», en: *Wegmarken,* GA 9, p. 385 (ed. cast. p. 313). (Hay otra versión castellana de este ensayo titulada: «Hacia la pregunta del ser», en: *Acerca del nihilismo,* Barcelona, Ediciones Paidós, 1994).

III. La finitud

1. Después de *Ser y tiempo,* Heidegger nunca volvió a escribir un libro. Sus textos, publicados o no, a excepción de la mencionada obra *Beiträge,* no publicada y que difícilmente puede soportar la calificación de «libro», se gestaron como conferencias y opúsculos cuando no como lecciones, después organizadas como una obra completa (caso del *Nietzsche).* Sus títulos principales y más conocidos son recopilaciones bajo un mismo título de algunos de esos opúsculos, conferencias y ensayos. Lo decisivo y no casual procede, sin duda, de cómo esta pauta no responde a un estilo

«elegido», sino más bien a una consecuencia del propio resultado de su obra principal de 1927, que en cierto modo habría venido a impedir semejante constitución de la obra como libro.

2. *Vid. supra,* cap. II. 6.
3. GA 5, p. 26 (p. lat. 29).
4. «¿Y para qué poetas...?», GA 5, p. 291 (p. lat. 268). El evocador y pesimista texto de R. M. Rilke dice así: «Todavía para nuestros abuelos una "casa", una "fuente", una torre conocida, incluso su propio vestido, su abrigo, eran infinitamente más e infinitamente más familiares; casi cada cosa era un recipiente en el que encontraban algo humano y acumulaban lo humano. Ahora, procedentes de América, nos invaden cosas vacías e indiferentes, cosas solo aparentes, *engañifas de vida*... Una casa, según la concepción americana, una manzana americana o un racimo de uvas de los de allí, no tienen *nada* en común con la casa, el fruto, el racimo en el que se habían introducido la esperanza y la meditación de nuestros ancestros...». Carta del 13 de noviembre de 1925, citada por Heidegger bajo la referencia: «Cartas desde Muzot», pp. 335 y ss.
5. F. M. Marzoa, *Heidegger y su tiempo,* p. 48.
6. «Der Ursprung des Kunstwerkes» («El origen de la obra de arte»), recogido en *Holzwege* como primer ensayo (GA 5). Versión castellana publicada en *Caminos de bosque*.
7. «El inicio *es* aún. No está *tras nosotros* como algo hace tiempo ya sido, sino que se encuentra *ante* nosotros», GA 16, p. 110 (ed. cast. p. 11, *vid.* nota 1 del Epílogo).
8. GA 5, pp. 67 y ss. (pp. lat. 66 y s.): «Casi desde que se inició una consideración expresa del arte y los artistas, esta recibió el nombre de Estética. La Estética toma la obra de arte como un objeto, concretamente como un objeto de la *aísthesis,* de la percepción sensible en sentido amplio. Hoy llamamos a esta percepción vivencia». *Vid.* también GA 5, p. 75 (p. lat. 69): «Un tercer fenómeno de igual rango en la época moderna es el proceso que introduce al arte en el horizonte de la Estética. Esto significa que la obra de arte se convierte en objeto de la vivencia y, en consecuencia, el arte pasa por ser expresión de la vida del hombre».
9. «El origen de la obra de arte» se encuentra dividido en tres partes, a las que se añadió un epílogo y un apéndice. Los títulos de las partes rezan: «La cosa y la obra» (al que nos referimos aquí), «La obra y la verdad» y «La verdad y el arte».
10. Aristóteles, *De las categorías,* 1 b, 3-5, Loeb Classical Library, vol. I, pp. 14-15.
11. «En la oscura boca del gastado interior del zapato está grabada la fatiga de los pasos de la faena. En la ruda y robusta pesadez de las botas ha quedado apresada la obstinación del lento avanzar a lo largo de los extendidos y monótonos surcos del campo mientras sopla un viento helado. En el cuero está estampada la humedad y el barro del suelo. Bajo las

suelas se despliega toda la soledad del camino del campo cuando cae la tarde. En el zapato tiembla la callada llamada de la tierra, su silencioso regalo del trigo maduro, su enigmática renuncia de sí misma en el yermo barbecho del campo invernal. A través de este utensilio pasa todo el callado temor por tener seguro el pan, toda la silenciosa alegría por haber vuelto a vencer la miseria, toda la angustia ante el nacimiento próximo y el escalofrío ante la amenaza de la muerte. Este utensilio pertenece a la tierra y su refugio es el mundo de la labradora. El utensilio puede llegar a reposar en sí mismo gracias a este modo de pertenencia salvaguardada en su refugio». GA 5, pp. 22-24 (pp. lat. 24-26).

12. GA 5, p. 27 (pp. lat. 30).
13. GA 5, pp. 26-27 (pp. lat. 30-31).
14. «Pero el templo y su recinto no se pierden flotando en lo indefinido. Por el contrario, la obra-templo es la que articula y reúne a su alrededor la unidad de todas esas vías y relaciones en las que nacimiento y muerte, desgracia y dicha, victoria y derrota, permanencia y destrucción, conquistan para el ser humano la figura de su destino». GA 5, pp. 27-28 (p. lat. 31).
15. GA 5, p. 29 (p. lat. 32).
16. *Ibid.*
17. GA 5, p. 28 (p. lat. 31).
18. GA 5, p. 35 (p. lat. 37).
19. GA 5, p. 42 (p. lat. 44).
20. GA 5, p. 41 (p. lat. 42).
21. GA 5, p. 40 (p. lat. 41).
22. GA 5, p. 59 (p. lat. 59).
23. GA 5, p. 61 (p. lat. 61).
24. GA 5, p. 62 (p. lat. 62).
25. «El origen de la obra de arte», *vid. supra* cap. III. 2.
26. F. Hölderlin, «Vorrede Hiperions vorletzte Fassung», en: *Hölderlin Sämtliche Werke,* Grosse Stuttgarter Ausgabe, vol. 3, Stuttgart 1957, pp. 236-237. Heidegger lo cita en GA 4, p. 134 (pp. lat. 126-127).
27. El poema «Heimkunft» comienza así: «Allá en los Alpes aún es noche clara...», en: F. Hölderlin, *Sämtliche Werke und Briefe,* vol. I, p. 368. Heidegger dedica uno de sus ensayos a este poema en GA 4 (ed. cast. *Aclaraciones).*
28. «Der Neckar», *ibid.* F. Hölderlin, *Sämtliche Werke*, p. 253.
29. Dice el poema «Andenken»: «... desde donde / baja el Dordoña y al juntarse / con el magnífico Garona con anchura de mar / desemboca la corriente». *Ibid.* F. Hölderlin, *Sämtliche Werke,* p. 473. «Andenken» es también el título de uno de los ensayos de Heidegger sobre Hölderlin recogido en sus *Erläuterungen,* GA 4. Traducido en el volumen *Aclaraciones a la poesía de Hölderlin* con el título «Memoria».
30. *Vid. supra,* comentario de Heidegger al símil de la caverna en su *Platons Lehre von der Wahrheit,* cap. II. 10.

31. El fragmento «Lleno de mérito, más poéticamente mora / el hombre sobre la tierra» es elegido por Heidegger como uno de los cinco lemas que constituyen el texto seguramente más decisivo de los dedicados a Hölderlin. Su título: «Hölderlin y la esencia de la poesía», incluido en el citado volumen de las *Aclaraciones,* GA 4. El original de Hölderlin se encuentra dentro de un fragmento en prosa titulado «In lieblicher Bläue...», *ibid.* F. Hölderlin, *Sämtliche Werke,* vol. I, p. 908.
32. Heidegger recoge un verso del poema «Mnemosyne» de Hölderlin *(ibid.* F. Hölderlin, *Sämtliche Werke,* vol. I, p. 436) que dice así: «Un signo somos, sin significado...». En: «Andenken» («Memoria»), GA 4, p. 104 (p. lat. 98).
33. El segundo lema de la mencionada «Hölderlin y la esencia de la poesía» dice así: «Para eso se le ha dado al hombre el más peligroso de los bienes, el lenguaje... para que dé fe de lo que es...», GA 4, p. 33 (p. lat. 31).
34. «Pero donde hay peligro, crece / también lo salvador». Los versos de Hölderlin proceden del poema «Patmos», *ibid.* F. Hölderlin, *Sämtliche Werke,* vol. I, 447. Heidegger los recoge en *Aclaraciones,* GA 4, p. 21 (p. lat. 21).
35. La relación entre la finitud y la muerte, ligada a la tragedia, es asunto de una de las decisivas cartas de Hölderlin a su amigo Casimir Ulrich Böhlendorf del 4 de diciembre de 1801: «Se trata, en conjunto, de una *auténtica* tragedia moderna. Porque esto sí que es lo trágico entre nosotros, que nos vayamos del reino de los vivos calladamente, metidos dentro de una caja cualquiera, y no que destrozados por las llamas paguemos por el fuego que no supimos dominar», *ibid.* F. Hölderlin, *Sämtliche Werke,* vol II, p. 913. Hay versión castellana: F. Hölderlin, *Correspondencia completa,* Madrid, Hiperión, 1990, p. 545.
36. «Aletheia» (Heraklit, Fragment 16) 1954, en: M. Heidegger, *Vorträge und Aufsätze,* GA 7, pp. 285-286 (p. lat. 271).
37. Heráclito, Fragmento B 1, Diels/Kranz, p. 150.
38. El comentario al significado de *lógos* en: «Logos» (Heraklit, Fragment 50) 1951, GA 7, pp. 211-235 (pp. lat. 199-223).
39. Heráclito, B 53, en: Diels/Kranz, p. 162.
40. Heráclito, B 50, en: Diels-Kranz, p. 161.
41. «La época de la imagen del mundo», GA 5.
42. Heráclito, B 64, en: Diels/Kranz, p. 165. Heidegger, GA 7, p. 227 (p. lat. p. 214).
43. El comentario de Heidegger al fragmento III de Parménides dice: «Pues es lo mismo pensar que ser», en: GA 7, p. 237 (p. lat. 223).
44. «Aletheia» (Heraklit, Fragment 16) 1954, GA 7, pp. 263 y ss. (pp. lat. 249 y ss.).
45. GA 7, p. 283 (p. lat. 268).
46. «Bauen Wohnen Denken» (1951), «... dichterisch wohnet der Mensch...» (1951), «Das Ding» (1950). Los tres ensayos se encuentran dentro de la segunda sección del volumen *Vorträge und Aufsätze,* GA 7.

47. *Vid. supra,* cap. II, 10.
48. M. Heidegger, «El lenguaje», en: *Unterwegs zur Sprache,* GA 12, p. 15 (hay versión castellana: *De camino al habla,* Barcelona, Ediciones del Serbal, 1987, p. 16).
49. «Construir habitar pensar», GA 7, p. 149 (p. lat. 141).
50. El término *Geviert* alude a la articulación de cuatro cosas. Heidegger emplea esta palabra para designar ese cruce, que procede de la propia tachadura del término «ser», entre los cuatro extremos de la tierra y el cielo, los hombres y los dioses. De ahí la traducción por «aspa».
51. «La cosa», GA 7, pp. 168 y ss. (pp. lat. 158 y ss.).
52. La descripción del puente como cosa *(Geviert),* «aspa», «cruce», se desarrolla íntegramente en: «Construir habitar pensar», GA 7.
53. A. Leyte, «Figuras constructivas del paisaje», en: *Sileno,* n.º 11, Madrid, 2001.
54. *Vid.* «Die Wanderung», en: F. Hölderlin, *Sämtliche Werke,* vol. I, p. 337.
55. F. Hölderlin, esbozo del poema «Mnemosyne», F. Hölderlin, *Sämtliche Werke,* vol. 1, p. 436. Citada frecuentemente por Heidegger, de forma especial en su comentario al poema «Como cuando en día de fiesta», recogido en *Aclaraciones a la poesía de Hölderlin,* GA 4, p. 69 (p. lat. 67).
56. Este fue el impactante título de la entrevista concedida el 23 de septiembre de 1966 a la revista *Der Spiegel* y publicada póstumamente también en *Der Spiegel* el 31 de mayo de 1976. Tal título procede de una frase literal de la entrevista. El texto completo fue recogido en *Reden und andere Zeugnisse eines Lebensweges,* GA 16, pp. 652-684. La frase literal en p. 671.

Epílogo. Heidegger y la política

1. M. Heidegger, «Die Selbstbehauptung der deutschen Universität (27. Mai. 1933)», en: GA 16, pp. 107-118. (Hay versión castellana del «Discurso del Rectorado» en: *Escritos sobre la Universidad alemana,* Madrid, Tecnos, 1989, pp. 7-21.)
2. GA 16, p. 109 (ed. cast. p. 10).
3. GA 16, p. 110 (ed. cast. p. 11).
4. M. Heidegger, «Nietzsches Wort "Gott ist tot"» (1943), en: GA 5. También, GA 6.1/6.2.
5. J. Habermas, *Perfiles filosófico-políticos,* Madrid, Taurus, 2000, pp. 58-59.
6. *Vid. supra,* cap. II, 4.
7. J. Habermas, *ibid., Perfiles,* p. 63.
8. Del pasaje de Platón: *República* V, 473 d. En Heidegger se recoge la cita en: «Nietzsche: Der Wille zur Macht als Kunst», GA 43, p. 204, y GA, 6.1, pp. 168-169 (ed. cast. p. 161).
9. M. Heidegger, *Einführung in die Metaphysik,* GA 40, p. 208. (Hay versión castellana: *Introducción a la metafísica,* Barcelona, Gedisa, 2003, p. 179.)

Nota bibliográfica

En esta sección se presenta una información bibliográfica sobre la obra de Heidegger según el proyecto de la edición de la obra completa *(Gesamtausgabe)*. Como único instrumento de investigación se proponen obras de referencia que dan cuenta de la bibliografía general, así como algún diccionario sobre su obra y dos entradas biográficas recientes.

Se renuncia a aportar una bibliografía general que a fecha de hoy es muy extensa y que se puede encontrar en las citadas obras de referencia.

I. Obras de Heidegger

Dividimos este epígrafe en dos apartados; en el primero se recogen las obras de Heidegger en alemán. En el segundo, las versiones castellanas que existen de los textos más señalados de este autor.

I.1 Gesamtausgabe

La *Gesamtausgabe* constituye la mejor herrramienta disponible que existe para el estudio de los textos de Heidegger. Se viene publicando en Alemania, en Fráncfort del Meno, por la editorial Vittorio Klostermann desde 1975 bajo la supervisión directa de Hermann Heidegger y Friedrich-Wilhelm von Hermann. Cuando llegue a su término –actualmente se encuentra ya muy avanzado el plan de edición– se podrán encontrar allí todos los escritos del autor, tanto los publicados en vida del mismo en forma de libros, que constituyen la primera sección, como los publicados póstumamente y que recogen también de modo exhaustivo las lecciones, conferencias, discursos, poemas, cartas y todo tipo de documentos escritos o pronunciados.

Señalaremos mediante un asterisco cuáles de estos textos ya han sido publicados dentro de esta colección hasta la fecha. Hay que advertir que también existen textos de Heidegger publicados por otras editoriales alemanas, y a veces incluso ya traducidos a nuestra lengua, que aún no han aparecido en el seno de esta edición.

Sección primera: Escritos publicados 1910-1976

Vol. 1 Frühe Schriften (1912-1916)*.
Vol. 2 Sein und Zeit (1927)*.
Vol. 3 Kant und das Problem der Metaphysik (1929)*.
Vol. 4 Erlaüterungen zu Hölderlins Dichtung (1936-1968)*.
Vol. 5 Holzwege (1935-1946)*.
Vol. 6.1 Nietzsche I(1936-1939)*.
Vol. 6.2 Nietzsche II (1939-1946)*.
Vol. 7 Vorträge und Aufsätze (1936-1953)*.
Vol. 8 Was heisst Denken? (1951-1952)*.
Vol. 9 Wegmarken (1919-1961)*.
Vol. 10 Der Satz vom Grund (1955-1956)*.
Vol. 11 Identität und Differenz (1955-1957).
Vol. 12 Unterwegs zur Sprache (1950-1959)*.

Vol. 13 Aus der Erfahrung des Denkens (1910-1976)*.
Vol. 14 Zur Sache des Denkens (1962-1964).
Vol. 15 Seminare (1951-1973)*.
Vol. 16 Reden und andere Zeugnisse eines Lebensweges (1910-1976)*.

Sección segunda: Lecciones 1919-1944

Cursos de Marburgo

Vol. 17 Einführung in die phänomenologische Forschung* (semestre de invierno de 1923/24).
Vol. 18 Grundbegriffe der aristotelischen Philosophie* (semestre de verano de 1924).
Vol. 19 Platon: Sophistes* (semestre de invierno de 1924/25).
Vol. 20 Prolegomena zur Geschichte des Zeitbegriffs* (semestre de verano de 1925/26).
Vol. 21 Logik. Die Frage nach der Wahrheit* (semestre de invierno de 1925/26).
Vol. 22 Grundbegriffe der antiken Philosophie* (semestre de verano de 1926).
Vol. 23 Geschichte der Philosophie von Thomas von Aquin bis Kant (semestre de invierno de 1926/27).
Vol. 24 Die Grundprobleme der Phänomenologie* (semestre de verano de 1927).
Vol. 25 Phänomenologische Interpretation von Kants Kritik der reinen Vernunft* (semestre de invierno de 1927/28).
Vol. 26 Metaphysische Anfangsgründe der Logik im Ausgang von Leibniz* (semestre de verano de 1928).

Cursos de Friburgo de 1928-1944

Vol. 27 Einleitung in die Philosophie* (semestre de invierno de 1928/29).
Vol. 28 Der deutsche Idealismus (Fichte, Schelling, Hegel) und die philosophische Problemlage der Gegenwart (semestre de verano de 1929). Apéndice: Nachschrift «Einführung in das akademische Studium» (semestre de verano de 1929)*.
Vols. 29/30 Die Grundbegrifffe der Metaphysik. Welt-Endlichkeit-Einsamkeit* (semestre de invierno de 1929/30).
Vol. 31 Vom Wesen der menschlichen Freiheit.Einleitung in die Philosophie* (semestre de verano de 1930).
Vol. 32 Hegels Phänomenologie des Geistes* (semestre de invierno de 1930/31).
Vol. 33 Aristoteles, Metaphysik Q1-3. Von Wesen und Wirklichkeit der Kraft* (semestre de verano de 1931).
Vol. 34 Von Wesen der Wahrheit. Zu Platons Höhlengleichnis und Theätet* (semestre de invierno de 1931/32).
Vol. 35 Der Anfang der abendländischen Philosophie (Anaximander und Parmenides)* (semestre de verano de 1932).
Vols. 36/37 Sein und Wahrheit.1.Die Grundfrage der Philosophie (semestre de verano de 1933); 2.Vom Wesen der Wahrheit (semestre de invierno de 1933/34)*.
Vol. 38 Logik als die Frage nach dem Wesen der Sprache* (semestre de verano de 1934).
Vol. 38 A Logik als die Frage nach dem Wesen der Sprache (Vollständige Neueediton, erstmals nach dem Originalmanuskript).
Vol. 39 Hölderlins Hymnen «Germanien» und «Der Rhein»* (semestre de invierno de 1934/35).
Vol. 40 Einführung in die Metaphysik* (semestre de verano de 1935).

Vol. 41 Die Frage nach dem Ding. Zu Kants Lehre von den traszendentalen Grundsätzen* (semestre de invierno de 1935/36).

Vol. 42 Schelling: Vom Wesen der menschlichen Freiheit (1809)* (semestre de verano de 1936).

Vol. 43 Nietzsche: Der Wille zur Macht als Kunst*(semestre de invierno de 1936/37).

Vol. 44 Nietzsches metaphysische Grundstellung im abendländischen Denken: Die ewige Wiederkehr des Gleichen* (semestre de verano de 1937).

Vol. 45 Grundfragen der Philosophie. Ausgewählte «Probleme» der «Logik»* (semestre de invierno de 1937/38).

Vol. 46 Nietzsches II.Unzeitgemässe Betrachtung* (semestre de invierno de 1938/39).

Vol. 47 Nietsches Lehre vom Willen zur Macht als Erkenntnis* (semestre de verano de 1939).

Vol. 48 Nietzsche: Der europäische Nihilismus* (segundo trimestre de 1940).

Vol. 49 Die Metaphysik des deutschen Idealismus. Zur erneuten Auslegung von Schelling: Philosophische Untersuchungen über das Wesen der men schlichen Freiheit und die damit zusammenhängenden Gegenstände (1809)*.

Vol. 50 Nietzsches Metaphysik (curso anunciado para el semestre de invierno de 1941/42 pero no impartido). Einleitung in die Philosophie-Denken und Dichten (semestre de invierno de 1944/45)*.

Vol. 51 Grundbegriffe* (semestre de verano de 1941).

Vol. 52 Hölderlins Hymne «Andenken»* (semestre de invierno de 1941/42).

Vol. 53 Hölderlins Hymne «Der Ister»* (semestre de verano de 1942).

Vol. 54 Parmenides* (semestre de invierno de 1942/43).

Vol. 55 Heraklit.1. Der Anfang des abendländischen Denkens (semestre de ve rano de 1943). 2. Logik. Heraklits Lehre vom Logos (semestre de verano de 1944)*.

Lecciones tempranas de Friburgo 1919-1923

Vols. 56/57 Zur Bestimmung der Philosophie:1. Die Idee der Philosophie und das Weltanschauungsproblem (semestre de 1919). 2 Phänomenologie und traszendentale Wertphilosophie (semestre de verano de 1919), 3 Apéndice: Über das Wesen der Universität und des akademischen Studiums (semestre de verano de 1919)*.

Vol. 58 Grundprobleme der Phänomenologie* (semestre de invierno de 1919/20).

Vol. 59 Phänomenologie der Anschauung und des Ausdrucks. Theorie der phi losophischen Begriffsbildung* (semestre de verano de 1920)

Vol. 60 Phänomenologie des religiösen Lebens:1 Einleitung in die Phänome nologie der Religion (semestre de invierno de 1920/21). 2 Augustinus und der Neuplatonismus (semestre de verano de 1921). 3 Die philosophischen Grundlagen der mittelalterlichen Mystik (apuntes e introducción para un curso no pronunciado de 1918/19)*.

Vol. 61 Phänomenologische Interpretationen zu Aristoteles. Einführung in die phänomenologische Forschung* (semestre de invierno de 1921/22).

Vol. 62 Phänomenologische Interpretation ausgewählter Abhandlungen des Aristoteles zu Ontologie und Logik (semestre de verano de 1922).

Vol. 63 Ontologie. Hermeneutik der Faktizität* (semestre de verano de 1923).

Sección tercera: Tratados no publicados

Conferencias-Pensamientos

Vol. 64 Der Begriff der Zeit (1924)*.
Vol. 65 Beiträge zur Philosophie (Vom Ereignis) (1936-1938)*.
Vol. 66 Besinnung (1938/39). Apéndice: Mein bisheriger Weg (1937/38)*.
Vol. 67 Metaphysik und Nihilismus.1. Die Überwindung der Metaphysik (1938/39). 2. Das Wesen des Nihilismus (1946-1948)*.
Vol. 68 Hegel.1. Die Negativität (1938/39).2. Erläuterung der «Einleitung» zu Hegels «Phänomenologie des Geistes» (1942)*.
Vol. 69 Die Geschichte des Seyns.1. Die Geschichte des Seyns. 2. Koinon. Aus der Geschichte des Seyns (1939)*.
Vol. 70 Über den Anfang (1941).
Vol. 71 Das Ereignis (1941/42).
Vol. 72 Die Stege des Anfangs (1944).
Vol. 73.1 Zum Ereignis-Denken.
Vol. 73.2 Zum Ereignis-Denken.
Vol. 74 Zum Wesen der Sprache und Zur Frage nach der Kunst.
Vol. 75 Zu Hölderlin-Griechenlandreisen*.
Vol. 76 Zur Metaphysik-Neuzeitlichen Wissenschaft-Technik.
Vol. 77 Feldweg-Gespräche (1944/45)*.
Vol. 78 Der Spruch des Anaximander (1946).
Vol. 79 Bremer und Freiburger Vorträge. 1 Einblick in das was ist. Bremer Vorträge 1949. 2 Grundsätze des Denkens. Freiburger Vorträge 1957*.
Vol. 80.1 Vorträge (Teil 1: 1915-1932).
Vol. 80.2 Vorträge (Teil 2: 1935-1967).
Vol. 81 Gedachtes.

Sección cuarta: Comentarios y apuntes

Vol. 82 Zu eigenen Veröffentlichungen.
Vol. 83 Seminare: Platon-Aristoteles-Augustinus.
Vol. 84.1 Seminare: Kant - Leibniz - Schiller.
Vol. 85 Seminar: Vom Wesen der Sprache. Die Metaphysik der Sprache und die Wesung des Wortes. Zu Herders Abhandlung «Über den Ursprung der Sprache»*.
Vol. 86 Seminare:Hegel-Schelling.
Vol. 87 Seminare: Nietzsche 1937 und 1944.
Vol. 88 Seminare: 1. Die metaphysischen Grundstellungen des abendländis chen Denkens. 2. Einübung in das philosophische Denken.
Vol. 89 Zollikoner Seminare.
Vol. 90 Zu Ernst Jünger.
Vol. 91. Ergänzungen und Denksplitter.
Vol. 92 Ausgewählte Briefe I.
Vol. 93 Ausgewählte Briefe II.
Vol. 94 Überlegungen II-VI (Schwarze Hefte 1931/38).
Vol. 95 Überlegungen VII-XI (Schwarze Hefte 1938/39).
Vol. 96 Überlegungen XII-XV (Schwarze Hefte 1939-1941).
Vol. 97 Anmerkungen I-V (Schwarze Hefte 1942-1948).
Vol. 98 Anmerkungen VI-IX (Schwarze Hefte 1948/49-1951).
Vol. 99 Vier Hefte I und II (Schwarze Hefte 1947-1950).
Vol. 100 Vigiliae und Notturno (Schwarze Hefte 1952/53-1957).
Vol. 101 Winke I un II (Schwarze Hefte 1957-1959).
Vol. 102 Vorläufiges I-IV.

I.2 Heidegger en castellano

Para esta nueva edición en la colección de Bolsillo, se mantienen las referencias de las obras traducidas al español en aquel momento. Como entretanto han sido editados y traducidos muchos más títulos, se remite a la página web en la que se recogen todas las obras traducidas que proceden de la *Gesamtausgabe*: https://es.wikipedia.org/wiki/Anexo:Bibliografía_de_Martin_Heidegger

Libros publicados

-Sein und Zeit (GA 2): *El Ser y el Tiempo,* trad. de J. Gaos, México, F.C.E., 1951. *Ser y Tiempo,* trad. de J. E. Rivera, Santiago de Chile, Editorial Universitaria, 1997.

-Kant und das Problem der Metaphysik (GA 3): *Kant y el problema de la metafísica,* trad. de G. I. Roth, México, F.C.E., 1954.

-Erläuterungen zu Hölderlins Dichtung (GA 4): *Aclaraciones a la poesía de Hölderlin,* trad. de H. Cortés/A. Leyte, Madrid, Alianza Editorial, 2005.

-Holzwege (GA 5): *Caminos de bosque,* trad. de H. Cortés/A. Leyte, Madrid, Alianza Editorial, 1995.

-Nietzsche I, Nietzsche II (GA 6.1. y 6.2.): *Nietzsche,* trad. de J. L.Vermal, Barcelona, Destino, 2000.

-Vorträge und Aufsätze (GA 7): *Conferencias y artículos,* trad. de E. Barjau, Barcelona, Ediciones del Serbal, 1994.

-Was heisst Denken? (GA 8): *¿Qué significa pensar?,* trad. de H. Kahnemann, Buenos Aires, Editorial Nova, 1978.

-Wegmarken (GA 9): *Hitos,* trad. de H. Cortés/A. Leyte, Madrid, Alianza Editorial, 2000.

-Der Satz vom Grund (GA 10): *La proposición del fundamento,* trad. de F. Duque/J. Pérez de Tudela, Barcelona, Ediciones del Serbal, 1991.

-Identität und Differenz (ed. Neske; aparecerá en GA 11): *Identidad y Diferencia,* trad. de H. Cortés/A. Leyte, Barcelona, Anthropos, 1988.

-Unterwegs zur Sprache (GA 12): *De camino al habla,* trad. de Y. Zimmermann, Barcelona, Ediciones del Serbal, 1987.

-Zur Sache des Denkens (GA 14): *Tiempo y ser,* trad. de M. Garrido, J. L. Molinuevo, F. Duque, Madrid, Tecnos, 1999.

Lecciones y conferencias

-«Die Selbstbehauptung der deutschen Universität», en (GA 16): *La autoafirmación de la Universidad alemana,* trad. de R. Rodríguez, Madrid, Tecnos, 1989.

-Prolegomena zur Geschichte des Zeitbegriffs (GA 20): *Prolegómenos para una historia del concepto de tiempo,* trad. de J. Aspiunza, Madrid, Alianza Editorial, 2006.

-Logik. Die Frage nach der Wahrheit (GA 21): *Lógica. La pregunta por la verdad,* trad. de A. Ciria, Madrid, Alianza Editorial, 2004.

-Die Grundbegriffe der Metaphysik. Welt-Endlichkeit-Einsamkeit (GA 29/30): *Los conceptos fundamentales de la metafísica. Mundo, finitud, soledad,* trad. de A. Ciria, Madrid, Alianza Editorial, 2007.

-Einleitung in die Philosophie (GA 27): *Introducción a la filosofía,* trad. de M.J. Redondo, Madrid, Cátedra, 1999.

-Logik als die Frage nach dem Wesen der Sprache (GA 38): *Lógica. Lecciones de M. Heidegger,* trad. de V. Farías, Madrid, Anthropos, 1991.

-Einführung in die Metaphysik (GA 40): *Introducción a la metafísica*, trad. de A. Ackermann Pilári, Barcelona, Gedisa, 2003.

-Die Frage nach dem Ding (GA 41): *La pregunta por la cosa,* trad. de E. García Belsunce y Z. Szankay, Barcelona, Orbis, 1986.

-Grundbegriffe (GA 51): *Conceptos fundamentales,* trad. de M. E. Vázquez García, Madrid, Alianza Editorial, 1989.

-Grundprobleme der Phänomenologie (GA 58): *Los problemas fundamentales de la fenomenología,* trad. de J. J. García Norro, Madrid, Trotta, 2000.

-Phänomenologie des religiösen Lebens (GA 60): *Estudios sobre mística medieval,* trad. de J. Muñoz, México, F.C.E., 1997.

-Ontologie. Hermeneutik der Faktizität (GA 63): *Ontología. Hermenéutica de la facticidad,* trad. de J. Aspiunza, Madrid, Alianza Editorial, 1998.

-Der Begriff der Zeit (GA 64): *El concepto de tiempo,* trad. de R. Gabás y J. A. Escudero, Madrid, Trotta, 1999.

-Beiträge zur Philosophie. Vom Ereignis (GA 65): *Aportes a la filosofía. Acerca del evento,* trad. de D. V. Picotti, Buenos Aires, Biblos, 2003.

II. Bibliografía secundaria

En este apartado se ofrecen solo algunas obras de máxima referencia para introducirse en el estudio de Heidegger. Para buscar material bibliográfico adicional sobre los muy variados aspectos de la obra o la persona de Heidegger existe una abundantísima bibliografía que puede encontrarse fácilmente en los distintos repertorios bibliográficos y obras generales de consulta aquí citados, u otros similares.

II.1. Repertorios bibliográficos sobre Heidegger

-Sass, Hans-Martin: *Martin Heidegger.Bibliography and Glossary,* Bowling Green, 1982.

Existen varias fuentes de información bibliográfica muy completas en Internet. Indicamos una de ellas:

-Universitätsbibliothek Freiburg: *Martin Heidegger-Wegweiser durch die Heidegger-Literatur:* www.ub.uni-freiburg.de/index.php?id=3908

II.2. Diccionarios e índices

-Bast, Rainer A./Delfosse, Heinrich P.: *Handbuch zum Textstudium von Martin Heideggers «Sein und Zeit»*, vol. 1, Stuttgart-Bad Cannstatt, 1979.

-Denker, Alfred: *Historical Dictionary of Heidegger's Philosophy,* Lanham, 2000.

-Feick, Hildegard: *Index zu Heideggers «Sein und Zeit»* (1961), revisado por Susanne Ziegler, Tubinga, 1991.

-Inwood, Michael: *A Heidegger Dictionary,* Oxford, 1999.

II.3. Biografías

-Ott, Hugo: *Martin Heidegger,* Reinbeck, 1973. (Existe versión castellana).

-Safranski, Rüdiger: *Ein Meister aus Deutschland. Heidegger und seine Zeit,* Múnich/Viena, 1994. (Existe versión castellana).